한국 선거 예측가능한가

정당 체계의 변화와 선거예측모형

한국 선거
예측가능한가

정당 체계의 변화와 선거예측모형

조기숙 지음

이화여자대학교출판문화원

큰 가르침을 주시고 언제나 격려와 응원을 듬뿍 해주시는

어수영 · 박충석 · 진덕규 교수 세 은사님께 이 책을 바칩니다.

선거 예측에 실패한 정치학도 과학인가?

얼마전 〈스토브리그〉라는 드라마가 인기였다. 이 드라마를 본 사람은 브래드 피트가 주연한 2011년 영화 〈머니볼Moneyball〉을 떠올릴 것이다. 〈머니볼〉은 야구에 통계Sabermetrics를 도입해 맨날 꼴찌만 하다 우승의 세계로 진입한 실존팀 미국 오클랜드 애슬래틱스Oakland Athletics의 빌리 빈Billy Beane 단장을 모델로 했다. 〈스토브리그〉는 주인공이나 출연진의 심리 묘사가 영화보다 디테일하고 갈등 구조도 매우 한국적이지만 기본적으로 야구에 통계를 도입해 투자 대비 성과를 높인다는 점에서 〈머니볼〉과 맥을 같이하는 드라마이다. 이 드라마에서 수학이나 통계를 인간 심리가 작동하는 스포츠에 적용하는 게 가당키나 하냐는 한 코치의 질문에 전직 야구선수이자 통계학과 출신 데이터분석팀원은 "축구나 아이스하키와 달리 야구는 선수들끼리 상호작용이 제한돼 있고 개인의 성적을 계량화할 수 있다는 점에서 통계를 사용할 때 가장 큰 도움을 받을 수 있는 스포츠"라고 설득한다.

정치학이 과학이 될 수 있는지에 대한 회의는 여전히 지속되고 있지만 선거만큼 통계로 설명하고 예측하고 이에 따라 이길 수 있는 전략을 세울 수 있는 분야도 흔치 않다고 본다. 선거와 정당 분야에서는 '두베르제의 법칙Duverger's Law'이 존재할 만큼 이론이 발전했다. 미국은 물론 우리 학계에서도 가장 고도화된 수학과 통계학적 방법론을 사용하는 분야는 단연코 선거 연구라고 할 수 있다. 학자들이 실력도 매우 뛰어나서 다른 분야와 달리 선거 분야 논문은 웬만해선 주요 학회지에 실리기 어려울 만큼 심사가 까다롭기로도 유명하다.

이처럼 선거 분야가 학문적으로 발전했다면 학자들이 선거 예측을 정확히 하는 게 정상이다. 그런데 아직까지 정확한 선거 예측은 예외에 속한다. 늘 선거가 끝나면 예측을 뒤엎고 어느 당이 승리를 했다는 말이 나온다. 1996년 총선, 2000년 총선, 2002년 대선, 2004년 총선, 2012년 총선, 2014년 지방 선거, 2016년 총선이 대표적이다. 이렇게 선거 예측이 자주 틀린다면 왜 정치학이라는 학문이 존재하는지, 정치학이 과학인지에 대해 의문을 제기하게 될 것이다. 요즘 포퓰리즘의 분위기가 우리 사회에서도 완연한데 엘리트에 대한 시민들의 전반적인 불신에 선거 예측 실패도 한몫하는 게 아닐까 싶다.

필자는 정치과학의 목표는 설명하고, 예측하고, 통제control하는 것이라는 논리실증주의의 입장에 동의한다. 이 세 가지 목표는 서로 다른 것 같지만 사실은 하나의 작업이다. 어느 편이 승리했는지를 논리적으로 설명할 수 있으면 당연히 그 논리를 토대로 다음 선거의 예측에도 성공해야 한다. 선거 예측에 성공한 사람은 이기는 전략의 제안을 통해 특정인이나 정당의 당선에 도움을 줌으로써 세상을 변화시킬 수 있다. 정치학을 공부하는 사람이라면 자신의 학문을 통해 좀 더 나은 세상을 만드는 게 꿈일 것이다. 그것이 정치학을 과학으로서 연구하는 사람들의 목표 중 하나라고 본다.

학문적으로 습득한 이론이 현실 세계에 적용되지 않는다면, 그래서 선거 결과를 설명하고 예측하고 세상을 변화시키는 데 사용할 수 없다면 그건 죽은 이론일 뿐이다. 선거 이론의 우수성은 선거 결과를 얼마나 정확히 예측하느냐에 따라 평가된다. 병을 잘 고치는 의사가 우수한 의사이듯이 선거 결과를 잘 예측하는 정치학자가 본연의 업무에 충실하다고 생각한다. 필자가 선거 예측의 정확성에 집착하는 이유가 여기에 있다. 선거의 예측력을 올리는 것이 정치의 과학화에 기여하고 우리 정치를 한 단계 도약시키는 가장 중요한 방법이라는 믿음으로 그동안 출간한 논문을 엮고 보완해 한국선거 예측모형을 제안하게 되었다.

필자는 "선거 예측을 정확히 해왔다"는 말을 SNS나 책에서 자주 해왔다. 그럴 때마다 듣는 핀잔이 '잘난 척한다'는 것이다. 이런 비난에 흔들리지 않고 필자가 꾸준히 선거 예측의 중요성을 강조하는 이유는 그것이 우리 일상사에 엄청나게 큰 영향을 미치기 때문이다. 가령, 현 문재인 정부의 대통령과 핵심 참모들은 '참여정부 실패론'에 일정 부분 공감하고 있다. 이들은 노무현 정부가 잘한 것도 많지만 양극화 해소에 실패했다는 좌파의 주장에 동의한다. 참여정부가 보수 언론의 눈치를 보느라 혹은 너무 실용적인 정책을 쓰느라 국가의 적극적 역할을 방기했다고 생각한다.

필자는 생각이 다르다. 노 대통령도 복지나 비정규직 문제 해결을 좀 더 적극적으로 하지 못한 걸 후회하기는 했지만 정부의 적극적 개입이 시장에 주게 될 부정적 영향 때문에 자제한 것이라고 생각한다. 그리고 양극화가 더 심해졌다는 언론의 왜곡 보도와는 달리 복지를 감안한 가처분소득에서는 양극화는 감소되고 출산율은 늘어나는 추세였다. 무엇보다 이명박의 당선은 노무현에 대한 평가와는 무관하기 때문에 이 책의 5장에서 보여주겠지만 2007년 이명박의 당선이 노무현 정부의 실패 때문이라는 주장에 동의하기 어렵다. 노무현 대통령에 대한 재평가는 사후에 만들어진 감상이 아니라, 생전에 2008년 촛불 정국에서 이미 이성적으로 이뤄졌다.

2007년 대선에 대한 평가가 달랐기에 필자는 문재인 캠프와 뜻을 같이하기 어려웠다. 필자는 경제 정책 좌클릭으로는 선거에 패할 것이니 선거에 이기기 위해선 계층 문제의 핵심인 교육을 주요 쟁점으로 삼아 스윙 보터인 중상층을 끌어들여야 한다고 조언했다. 문재인 캠프는 필자의 제언과는 반대로 큰 정부를 모토로 경제에서 좌클릭 정책으로 2012년 대선에 임했다. 안철수 후보의 사퇴로 문재인이 이긴다는 분위기에 지지자들이 들떠 있을 때, 필자는 선거를 일주일 앞두고 출연한 한 팟캐스트 생방송에서 아무리 표를 계산해도 문재인 후보의 당선이 가능해 보이지 않는다는 발언으로 청중을 혼란에 빠뜨렸다.

과거 선거에 대한 잘못된 평가는 2012년 대선 패배로 그치지 않았다. 2020년 총선을 앞두고 높은 대통령·여당 지지도에도 불구하고 필자는 민주당의 총선 전망을 그리 낙관적으로 보지 않는다. 문재인 정부의 부동산 정책 실책에 민생 문제가 가중되면서 경제가 선거의 중요한 쟁점으로 떠오를 가능성이 크기 때문이다. 문대통령은 2012년, 2017년 후보 시절에도 유난히 일자리와 복지, 경제 문제에 초점을 맞췄다. 그러니 2020년 총선도 경제 성과 평가로 흘러갈 가능성이 농후하다.

현 정부의 부동산 정책 실책의 배경에는 참여정부가 종부세로 선거에 참패했다는 트라우마가 자리하고 있다. 2020년 총선이 정부 여당에 대한 심판 선거가 될 것이라고 필자의 선거모형은 이미 오래전부터 예견했었다. 그러나 문재인 정부의 핵심 참모들은 선거 전문가도 아니면서 역대 선거의 승인과 패인에 대한 자의적 해석으로 종부세 인상을 미루다 부동산 폭등에 직면하게 된 것이다. 대통령과 여당의 지지도가 이렇게 높은 상황에서도 어려운 총선을 맞이하게 된 건 순전히 과거 선거에 대한 잘못된 해석에서 비롯되었으니 필자가 선거예측모형의 중요성을 어떻게 강조하지 않을 수 있겠는가.

예측모형은 하루아침에 완성되지 않는다. 미국에서는 1960년 이후 경제지표를 비롯한 각종 변수를 사용해 선거 예측을 매우 정확하게 해왔다. 그러던 어느 해에 갑자기 대다수 학자들이 틀렸던 적이 있다. 바로 아들 부시George W. Bush Junior와 앨 고어Al Gore가 경쟁했던 2000년 대선이다. 양 후보가 오차 범위 내에서 우열을 다툰 데다 미국의 복잡한 선거인단에 의한 승자 결정 방식이 오류를 가져오기도 했다. 특히 수개표를 인정하지 않겠다는 연방대법원의 편향된 판결을 받아들여야 했던 고어로서는 결과에 승복하기 어려웠을 것이다. 그런데 이때 학자들의 예측은 오차 범위 내에서 어긋난 것이 아니라 틀려도 매우 많이 틀렸다. 대부분 고어의 압도적 우위를 예측했기 때문이다.

학자들이 이렇게 실패한 가장 큰 이유는 당시 백악관 인턴이었던 르윈스키와의 성추문에도 불구하고 클린턴의 임기 말 지지도가 65%를 기록했고, 경제도 매우 좋았던 데에서 찾을 수 있다. 필자의 예측모형에 따르면 대선은 현직 대통령이 재선거에 출마하지 않는 한, 전망적 투표로 예측했어야 함에도 다수의 전문가들이 회고적 투표 모형에 클린턴의 지지도와 경제적 조건을 주요 변수로 사용해 고어의 압도적 승리를 예측하는 실수를 범한 것이다. 현직자가 없는 대선에서는 유권자가 전망적 투표를 하는 경향이 있으므로 예측모형은 후보자 요인과 선거 전략을 중요한 변수로 고려했어야 했다. 이에 피오리나Fiorina는 고어가 클린턴의 업적을 강조하는 회고적 투표 전략으로 갔어야 하는데 스캔들을 피하기 위해 차별화하느라 전망적 투표 전략을 택해 선거에 패했다고 주장했다. 그러나 현직자가 없는 대선에서 고어가 회고적 전략을 사용했다고 해서 과연 이길 수 있었을지는 여전히 의문이다.

또 한 번의 큰 실수는 2016년 트럼프의 승리였다. 그 바로 직전에 있었던 영국의 브렉시트 투표 또한 학자나 언론이 예상치 못한 결과였다. 이 두 예측이 틀린 이유는 둘 다 포퓰리즘 선거였기 때문이라고 필자는 생각한다. 21세기 초 유럽에 만연하기 시작한 극우정당, 2012년에는 우리나라를 강타했던 안철수 현상이 대표적인 포퓰리즘 현상이라고 생각해 필자는 2016년 『포퓰리즘의 정치학』이라는 책을 냈다. 2016년 미국 대선을 한 달 앞두고 필자는 〈정봉주의 전국구〉라는 팟캐스트에서 포퓰리즘의 기승으로 트럼프의 당선이 불가능한 건 아니니 긴장해야 한다고 말했는데 그게 설마 현실이 될지는 필자도 몰랐다. 그만큼 오늘날 포퓰리즘은 점점 더 기세를 얻어갈 것이므로 앞으로 학자들의 이성적 모형으로는 선거 예측이 빈번하게 실패할 가능성이 있다.

그렇다면 우리는 이런 실패 사례 앞에서 선거예측모형을 폐기해야 하는가? 그렇지는 않다. 모형을 통한 예측이 실패하면 어떤 변수가 실패를 가져왔는지 역으로 점검하고 이를 통해 모형을 한 단계 발전시킬 수 있다. 이것이 모형이나 이론을 사용한 예측의 장점이다. 예측이 실패하든 성공하든 각 선거 사례는 모형의 발전에 어떤 식으로든 기여한다. 필자의 모형도 마찬가지이다. 공식 모형을 학회지에 발표한 건 2013년이었지만 필자는 나름의 이론적 틀로 2002년부터 거의 모든 선거 결과를 미리 예측해왔다. 그 후에 발표된 수많은 다른 학자들의 논문은 필자의 모형이 맞다는 것을 반복적으로 간접 확증해주었다. 이러한 사후 연구로부터 더 많은 지혜를 얻어 더 복잡하고 정교한 모형을 발전시켜 이 책에 소개하게 되었으니 선거예측모형은 집단 연구의 결과라고 할 수 있다.

다만 주의할 점은 실험실에서 검증되는 자연과학의 모형과 달리 사회과학 모형은 선거 예측 자체가 선거에 영향을 미칠 가능성을 배제할 수 없다는 것이다. 하지만 그 영향이 모형을 폐기할 만큼 크지는 않다고 생각한다. 언론이나 전문가들이 사전의 예상을 뒤엎고 이런 결과가 나왔다고 할 때마다 필자는 한 번도 동의한 적이 없다. 언론과 여론 전문가에 의한 예상이 필자의 예상과는 사뭇 달랐기에 여론 전문가의 예상이 애초에 틀렸을 수도 있다고 본다. 따라서 언론의 잘못된 예측이 선거 결과에 크게 영향을 미쳤다고 보기 어렵다. 선거 결과는 대체로 구도가 결정하고 전략과 후보는 부차적인 영향을 미치기에 학자나 언론의 잘못된 예측 그 자체가 큰 영향을 미쳤다고 보기 어렵다. 필자가 선거 1~2년 전에 과감하게 선거 예측을 하고 그것이 정확히 맞아 떨어진 것은 선거 예측보다는 선거 구도가 선거 결과에 얼마나 중요한 영향을 미치는지를 단적으로 말해준다.

이 책은 선거 연구자로서 필자가 가장 중요하게 생각했던 한국 선거 예측모형과 적용에 관한 필자의 기존 연구 성과를 종합하는 결과물이자 선거 관련 책으로는 마지막이 되리라 생각한다. 이 분야 연구는 데이터 분석과 높은 수준의 통계적 기법을 필요로 하므로 수시로 새롭게 등장하는 컴퓨터 기술과 통계적 방법을 소화할 수 있는 젊은 학자들에게 연구의 짐을 넘겨줄 때라고 생각한다. 따라서 선거 예측모형은 어떤 식으로든 후배 학자들에 의해 비판받고 교정되면서 발전해갈 것으로 기대한다.

이 책은 모두 세 부분으로 구성되는데, 1부는 선거, 여론, 민주주의와 선거예측모형의 관계, 그리고 모형의 소개로 이뤄진다. 2부는 모형을 적용한 사례 연구와 시뮬레이션 결과이다. 3부는 한국 정당 체계의 전망과 포퓰리즘의 도전 그리고 2020년 총선 예측을 담았다.

보다 구체적으로 1장에서는 선거 예측의 필요성을 논한다. 이에 대한 답을 찾기 위해 이 책에서 사용하는 민주주의 개념과 선거의 관계를 살펴본다. 여론이 선거를 결정한다는데 왜 여론조사 결과는 선거 결과와 동떨어지는지, 여론과 선거의 관계를 통해 민주주의에서 선거의 중요성, 그리고 선거 예측의 중요성을 논의한다. 독자들의 흥미를 위해 역대 총선에서 언론과 여론 전문가의 예측은 필자의 예측과 얼마나 달랐는지 그 근거를 밝힌다. 1장은 이 책을 위해 새로 집필했다.

2장은 필자의 선거예측모형의 핵심 개념이라고 할 수 있는 한국 정당 체계의 변동을 설명하기 위해 필자가 1997년에 만든 모형과 이를 적용해 재해석한 한국 정당의 역사적 체계 변화를 설명한다. 이에 기초해 3장에서는 2013년에 발표한 한국선거 예측모형을 소개한다. 2장에는 『한국과 국제정치』에 게재된 "정당 재편성 이론으로 분석한 2007 대선"(2011)의 전반부가, 3장에는 『한국정치학회보』에 게재된 "'정당 지지'에 기초한 선거예측 종합모형"(2013) 전체가 포함된다.

2부에서는 앞에서 제안한 선거예측모형을 사용해 역대 선거에 대한 재해석이 시도된다. 선거 예측을 위해서는 선거의 구도, 선거 전략, 그리고 후보자의 3요소가 필요한데 여기에서는 선거 구도는 물론, 후보자와 선거 구도를 쟁점으로 연결시키는 선거 전략에 대해 논의한다. 4장은 모두가 놀랐다는 2002년 대선 결과가 필자의 예측모형으로 볼 때 별로 놀랍지 않다는 내용이며, 5장은 2007년 대선에서 노무현에 대한 평가로 이명박이 당선되었다는 다수 학자의 주장이 오류임을 '정당 지지' 변수를 사용해 밝힌다. 6장에서는 총선에도 예측모형이 여전히 유효하다는 점을 2012년 총선에서의 양당 전략을 평가함으로써 확인해본다. 4장에는 『Korea Observer』의 영문 논문 "Continuity and Change in 2002 Presidential Election"(2003)의 번역본이, 5장에는 『한국과 국제정치』의 "정당 재편성 이론으로 분석한 2007 대선"(2011)의 후반부가, 6장에는 『한국정당학회보』에 게재된 "4.11 총선의 선거 전략 평가"(2012)가 포함된다. 7장은 예측모형을 통한 역대 선거 시뮬레이션 결과로서 새로 작성됐다.

3부는 향후 선거 결과에 결정적인 영향을 미칠 정당 체계의 미래를 전망한다. 8장은 요즘 기승을 부리는 포퓰리즘의 양상과 이것이 향후 정당 발전에 미치는 영향에 대한 논의를 담는다. 안철수의 '국민의당'을 사례로 분석한다. 『한국의 선거 VII』(오름, 2017)에 수록된 "국민의당은 포퓰리즘 정당인가"를 출판사의 허락을 받아 게재했다. 9장에서는 한국 정당의 미래에 영향을 미칠 변수를 조망해보고, 10장에서는 선거예측모형을 사용해 2020년 총선에 대한 예측을 시도한다. 9장과 10장은 이 책을 위해 새로 작성했다.

이 책이 나오기까지 많은 분들의 도움을 받았다. 미시간학파로서 행태주의 1세대라고 할 수 있는 어수영 교수를 필자가 1982년 이화여대 석사과정에서 만나지 못했다면 한국에서부터 이 분야에 눈을 뜨고 당시만 해도 매우 흔하지 않던 통계적 방법을 거부감 없이 받아들이지 못했을 것이다. 어 교수께서 은퇴한 지도 많은 시간이 지났지만 지금도 교수님의 은덕을 입은 제자들이 스승의 날이면 모여 감사의 인사를 드린다. 만날 때마다 제자들을 격려하시고 긍정적 에너지를 듬뿍 주시는 어수영 교수와, 전공은 다르지만 필자에게 학부 시절부터 응원을 아끼지 않으신 박충석 교수, 진덕규 교수께 감사의 마음으로 이 책을 바친다.

무엇보다 우리나라에서는 최초로 선거연구회를 이끌고 선거학회와 사회과학데이터센터를 설립한 이남영 교수께 가장 큰 공을 돌리고 싶다. 이남영 교수의 선구자적 노력이 없었다면 사회과학데이터센터의 선거 후 설문조사 결과를 매 선거마다 분석해 연구를 수행했던 필자의 학술 활동은 불가능했을 것이다. 초창기부터 선거 연구를 함께 시작한 선거연구회 원년 멤버인 한국외국어대 김웅진 교수, 서울대 박찬욱 교수, 명지대 정진민 교수, 서강대 이현우 교수, 한림대 김재한 교수께도 함께 연구해서 행복했다는 말씀을 전하고 싶다. 필자의 논문을 읽어주고 인용해주고 아낌없이 칭찬까지 해주는 서울대 강원택 교수와 필자에게 많은 지적인 영감을 준 건국대 이현출 교수께도 감사드린다.

이 책의 핵심 논문인 "선거예측 종합모형"은 『한국정치학회보』에 게재되기 위해 1년의 수정 작업을 거쳤다. 처음엔 중요한 논문의 의미를 몰라 게재를 거부하는 심사위원이 야속하기도 했지만 마음을 비우고 썼던 원고를 많이 삭제하고 처음부터 다시 쓴다는 각오로 수정한 덕분에 마침내 세상의 빛을 볼 수 있게 되었다. 한 선거 전문가는 그 논문을 읽고 눈물을 흘릴 만큼 감동을 받았다고 고백했는데 가혹한 익명의 심사위원이 아니었다면 그런 논문이나 이 책이 나올 수 없었을 것이다. 그동안 출간된 논문을 읽고 세심한 심사평으로 지혜를 공유해준 익명의 심사위원들께도 감사드린다이 책을 저술지원작으로 2017년 선정하여 2020년 총선을 앞두고 출간하겠다는 필자의 요청을 받아들여 오랜 시간을 기다려준 이화여자대학교출판문화원 식구들과 특히 이 책을 멋지게 편집해준 이혜지 주간께 깊이 감사드린다. 집단 집필했던 책에 있던 필자의 포퓰리즘 관련 논문의 재수록을 허락해준 오름의 부성옥 사장께도 감사드린다. 관련 논문 집필 시 통계 분석에 도움을 준 이화여대 국제대학원의 박혜윤 교수와 데이터 수집과 그래프를 그려준 석박사 통합과정의 황미애 조교, 참고문헌을 정리해준 박사과정의 김서연 조교에게도 진심으로 고마운 마음을 전한다.

내가 쓴 책은 모조리 사서 읽는다는 적지 않은 수의 SNS 친구들과 강의에서 만난 민주 시민들께 가장 많은 빚을 졌다. 학계에 몸담고 있으면서 학계 밖의 일반 시민들과 SNS와 팟캐스트를 통해 끊임없이 소통했던 필자는 정체성의 혼란은 물론이고, 학계에선 왕따 분위기 비슷한 걸 느낄 때가 많았다. 양립 불가능해 보이는 정치학도와 대중소통가로서의 이중 정체성을 필자가 초지일관 유지해온 데에는 열심히 학습하는 시민들의 응원이 큰 힘이 되었다. 한 분 한 분께 깊은 감사의 마음을 담아 인사드린다.

2020년 3월

저자 씀

차례

2부 선거예측모형으로 다시 읽는 한국 선거

| 1부 |

선거예측모형의 설계

1장 선거예측모형 왜 필요한가?

2장 정당 재편성 이론의 한국적 적용

3장 한국선거 예측모형: 2012년 총선의 구조를 중심으로

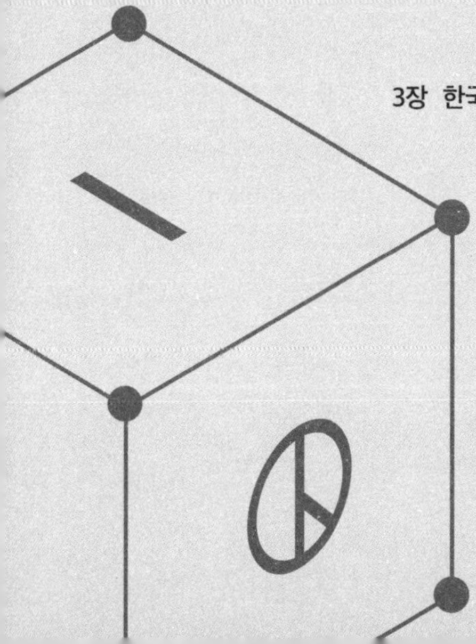

1장

선거예측모형 왜 필요한가?

1. 정치학은 과학인가?

OECD의 정의에 따르면 사회과학은 자연과학과 함께 과학으로 분류된다. 사회과학의 핵심 분야인 정치학이 과학인지에 대해선 아직도 논쟁 중이다. 정치학이 과학이라는 사실에 동의한다 하더라도 과학이 무엇을 의미하는지에 대해선 인식론적 접근에 따라 다르다. 과학의 정의, 특징, 목표도 다르다. 아직도 유럽 쪽에서 정치학은 철학이나 사상, 정부론의 범주에 머물러 있고, 정치과학의 선두주자라 할 수 있는 미국에서도 극소수이기는 하지만 일부 대학은 여전히 정부학Department of Government을 정치학과 동일시하고 있다.

정치학에 대한 인식론적 접근법은 크게 네 부류로 나눠질 수 있다. 우선 자연과학처럼 사회 현상도 반복적인 규칙성을 연역적인 방법이나 귀납적인 방법으로 이론화할 수 있다고 믿는 형식주의와 경험주의 전통이 있다. 이 둘은 친화성이 있는 관계로 결합되어 논리실증주의로 불리기도 한다. 세 번째 인식론적 접근법은 인류학에서 주로 사용하는 해석학적 방법이라고 할 수 있고, 네 번째로는 정치의 문제를 자본주의의 모순에서 찾는 마르크스의 계보를 잇는 비판이론이 있다. 이 네 가지 방법론은 배타적으로 사용되기보다는 논리실증주의처럼 경험주의와 형식주의가 결합하기도 하고 비판 이론에 해석주의적 전통이 결합되기도 한다. 필자처럼 수학 모형을 해석하면서 해석주의적 전통을 사용하기도 하고, 어떤 학자는 형식주의 전통을 지닌 합리적 선택 이론을 비판 이론에 적용하기도 한다.

인식론에 있어서 중요한 점은 어떤 인식론을 사용하느냐에 따라 정치과학의 목표가 다르다는 점이다. 경험주의는 통계적 방법을 통해 반복적인 현상을 찾아내 법칙을 만들고 이론의 목표는 형식주의와 마찬가지로 설명하고 예측하고 통제하는 것이다. 반면, 해석주의의 목표는 사회 현상을 연구 대상의 입장에서 이해하는 것이다. 이 때문에 연구 대상을 부분으로서가 아니라 총체적으로 파악할 수 있는 참여 관찰의 방법론을 강조한다. 반면 비판 이론은 역사의 발전 단계에서 이론을 찾아내는데, 비판 이론의 궁극적인 목표는 자본가 계급을 무너뜨림으로써 인간을 지본가의 지배와 자본주의의 모순으로부터 해방시키는 데 있다. 선거 연구는 이 네 가지 인식론적 접근법 중에서 부분적으로 해석학적 방법을 활용하기는 하지만 과학의 목표에 있어서는 논리실증주의를 추구한다.

경제학처럼 수학 모형의 적용이나 연역적 이론을 추구하는 형식주의를 채용하는 학자들은 정치학에도 법칙이 존재한다고 믿는다. 그 대표적 예가 두베르제의 법칙Duverger's Law이다. 선거 제도에 따라 정당 제도가 결정된다는 두베르제의 법칙은 현실 정치의 역사 속에서 확증되었다. 물론 예외 없는 법칙은 없다. 그러나 법칙이라고 부를 만큼 정치에도 연역적 이론이 존재한다. 연역적 이론은 유권자상을 어떻게 정의하는지에 따라 역사적으로 변화해왔다.

선거 연구에 가장 최초로 사용되었던 이론은 1940~1950년대 컬럼비아학파의 사회경제적 모형이라고 할 수 있다. 이 모형은 유권자가 속한 사회적 집단을 준거로 투표 행태가 결정된다는 이론이다. 가령, 유권자가 속한 종교, 인종, 성별 등 사회경제적 집단을 알면 투표 행태를 예측할 수 있다. 이 이론의 기본 가정은 사람은 자신이 속한 집단으로부터 유무형의 규범을 따르도록 요구받기 때문에 유권자는 자신이 속한 집단의 투표 행태를 따라가는 경향이 있다는 것이다. 따라서 이 이론에서는 집단의 규범이나 사회경제적 집단에의 소속을 투표 선택의 결정 요인으로 본다.

그 후 사회적 집단에 대한 소속이 투표 행태에 결정적으로 영향을 미치기보다는 소속된 집단이 특정 정당에 대한 심리적 일체감에 영향을 미침으로써 간접적인 영향을 준다는 미시간학파가 등장하게 되었다. 이들은 투표 결정에 영향을 미치는 건 어려서부터 부모의 무릎에서 물려받은 장기적으로 지속되는 정당 일체감이라는 사회심리학적 모형을 내세우며 1960년대에 전성기를 맞는다. 이는 컬럼비

아학파의 이론을 수정한 것으로서 집단에 대한 소속이 투표 결정을 좌우한다기보다는 집단의 소속이 정당에 대한 심리적 애착에 영향을 미치고, 실제로 투표 결정에 영향을 미치는 변수는 사회심리학적 요인인 정당 일체감이라는 것이다.

앤서니 다운스Anthony Downs의 선구적 연구는 손익 계산에 투철한 경제학적 인간을 상정한다. 1970~1980년대에는 경제학 이론을 도입해 합목적적 유권자를 가정한 합리적 선택 이론이 미국 정치학계의 주류를 형성했다. 이때 합목적적 유권자란 객관적인 정보를 취합해 손익 계산을 통해 자신의 이익을 극대화하는 대안에 투표하는 사람으로 가정된다. 합리적 선택 이론은 가정의 단순함으로 이론적 기여도는 높았지만 경험적 연구에서 확증되는 데에는 일부 어려움이 있기도 했다.

이에 '실질적substantive' 합리성의 가정을 '제한된bounded' 합리성으로 수정하는 인지심리학적 이론이 등장했다. 여기엔 1978년 노벨경제학상을 수상한 인지심리학자 허버트 사이먼Hebert A. Simon의 기여가 컸다. 유권자는 모든 정보를 취합하는 객관적 합리성보다는 정보 처리 비용을 절약하기 위해 지름길short-cut이나 스키마 등을 활용해 최대 이익보다는 만족할 만한 대안을 선택한다는 이론이 주를 이루게 됐다. 선거 연구에서는 인지심리학적 모형이 현실을 가장 잘 설명하는 것으로 많은 경험적 연구 결과 드러났다.

필자는 기본적으로 한국 선거 분석에 있어서 합리적 선택 이론을 도입해 모형을 만들고 경험적 분석을 통해 이를 확증하는 연구를 해왔다. 그러나 경제학적 모형과 인지심리학적 모형은 서로 배타적이기보다는 보완적이라고 생각한다. 선거예측모형을 구성할 때에는 기본적으로 합리적 유권자를 가정하지만, 경험적 가설의 검증에 있어서는 제한된 합리성이 더 설명력이 높다고 생각한다. 위의 이론 중 어떤 모형을 사용하느냐 하는 것은 전적으로 학자 개인의 선택이다. 중요한 건 어떤 인식론적 접근을 받아들이든, 어떤 선거 모형을 사용하든, 정치학은 과학이 되려고 노력해야 한다는 점이다. 선거 분야에서 선거 결과를 미리 예측하는 것이야말로 정치의 과학화를 증명하는 가장 쉬우면서도 필수불가결한 과제라고 생각한다.

2. 민주주의와 선거

선거는 민주주의의 꽃이라 불릴 만큼 민주주의 최대 축제의 장이다. 민주주의에 대한 정의는 최소주의로 접근하는 방법과 최대주의로 접근하는 방법이 공존한다. 따라서 각 학자들이 정의하는 민주주의는 양자의 중간 어디쯤 된다.[1] 다수의 선거 연구자는 좁은 의미의 개념으로서 슘페터Shumpeter의 민주주의 정의를 사용한다. 이는 경험적 분석의 편의를 위한 것인데, 이론적 개념적 연구를 하는 비교민주주의자들도 분석의 편의를 위해 최소 정의를 따르는 경향이 있다(김형기, 2005: 14).

슘페터는 민주주의란 "개인이 국민의 투표를 얻기 위한 경쟁

1 2절에서 민주주의에 대한 정의 부분은 조기숙, "한국의 지역주의 선거와 민주화", 『21세기 한국 정치』, 법문사, 2001에서 발췌 수정한 것이다.

을 통해 권력을 획득하는 정치적 결정에 도달하기 위한 제도적 장치"(Schumpter, 1943: 269)라고 정의한다. 민주주의 스펙트럼의 반대편에는 보다 포괄적인 헬드(Held, 1987)의 민주주의 개념이 존재한다고 할 수 있다(Sörensen, 1993). 헬드는 개인의 삶의 조건을 결정함에 있어서 자유롭고 평등한 권리를 누릴 수 있는 자치제autonomy가 민주주의의 본질이라고 주장한다. 민주적 자치제는 참여를 위한 평등한 기회가 보장되는 투표권 이상의 권리 법안이 요구된다고 한다.

최장집은 "민주화 과정은 민주주의를 어떻게 정의하느냐를 둘러싼 정치적 경쟁이나 투쟁이 아닐 수 없다"(1993: 4)고 주장한다. 양극단 사이에서 민주주의를 정의하는 것조차 정치적 투쟁의 산물이라고 한다. 따라서 민주주의를 정의하는 문제 자체에 대해서도 각 진영은 상반된 시각을 가질 수 있다.

다행히 선거 연구자들은 슘페터의 민주주의 최소 개념에 묵시적으로나 명시적으로 동의한다. 즉 자유와 경쟁 선거라는 최소한의 절차를 민주주의의 기본 요소로 간주한다. 그러나 이러한 최소의 개념은 분석을 단순화하는 장점은 있지만 경험적인 개념이 규범적 개념과 혼동되는 단점이 있다. 쇠렌센(1993)은 특정 국가가 민주주의 국가인지 아닌지를 판단하려면 형식적 차원이 아니라 경쟁과 참여, 자유의 세 가지 요소가 실제로 존재하는지 살펴봐야 한다고 주장한다. 이는 자유화와 민주화의 두 차원이라고 할 수 있다. 이보다 더 중요한 문제는 자유화와 민주화에 덧붙여 사회화라는 요소를 민주주의의 정의에 포함시켜야 할지의 여부이다. 자유화, 민주화가 형식적 · 절차적 수준에서의 민주화라고 할 때, 사회화는 실질적 민주주의를 지칭한다. 최장집은 사회화란 마샬이 말한 "시민권citizenship의 확대, 즉 시민적 권리civil rights, 정치적 권리political rights, 사회경제적 권리 socio-economic rights에 상응하는 개념"(1993: 377)이라고 주장한다. 소위 비판주의적 시각을 견지하는 학자들은 실질적 민주주의substantive democracy를 분석의 개념으로 사용해왔다(조기숙, 1997).

그러나 최장집이 의미하는 실질적 민주주의가 포함해야 할 사회화의 개념은 자유화와 민주화와는 양립되기 어려운 긴장 관계에 있다. 따라서 이 세 요소를 모두 포함하는 민주주의 개념을 분석적 개념으로 사용하는 것은 불가능하다. 물론 맥퍼슨(Mcpherson, 1977)의 경우 자유화와 사회화가 반드시 긴장 관계에 있는 것은 아니며 오히려 양자가 서로 보완적인 관계에 있다는 점을 설득력 있게 보여주었고, 필자도 이에 동의한 바 있다(조기숙, 1992b). 그러나 이러한 개념은 이상형ideal type으로는 의미가 있을지 몰라도 분석 개념으로 사용되는 데에는 한계가 있다.

필자는 선거 연구에 있어서 절차적 민주주의라는 최소주의적 시각을 견지하면서도 민주주의의 규범적 문제를 논의할 때에는 슈미터Schmitter가 제시하는 민주주의의 다섯 가지 기본 원리를 포괄하고자 한다. 임혁백은 이를 다음과 같이 정리한다. 첫째, 개별 시민들이 집단적 결정을 내리는 데 있어 적극적이고 평등하게 참가해야 한다(참여의 원칙). 둘째, 모든 시민들이 인민의 정부에 동등하게 접근할 수 있어야 한다(접근의 원칙). 셋째, 인민에 의해 선출된 지배자는 항상 인민과 상의해서 자의적이지 않은 방법으로 정책을 수행해야 한다(책임의 원칙). 넷째, 정부는 시민이 원하는 데 따라 행동할 것을 보장해야 한다(응답의 원칙). 마지막으로, 경쟁은 위에 언급한 4가지의 원칙이 제대로 작동하기 위해 공통적으로 필요한 요건이다(1994: 230).

선거는 민주주의의 핵심 정의인 경쟁을 가능하게 한다는 점에서 양자는 뗄 수 없는 관계이다. 선거가 민주주의의 꽃이라 불리는 이유는 선거 때가 되면 사회적으로 해결되지 않고 누적되었던 갈등적 쟁점이 불거져 나오고, 각 정당은 이를 해결할 대안을 제시한다. 민주주의의 주인인 시민은 그 해결책을 비교해본 후 자신에게 이익이 되는 정당에게 표를 준다. 이러한 경쟁의 과정에서 참여, 접근, 책임, 응답의 원칙이 지켜지게 된다.

그런데 필자는 왜 선거의 행태나 제도에 대한 수많은 연구 분야 중에서도 하필이면 한국선거 예측모형에 관심을 갖게 되었는가? 정치의 과학화는 이론화에 의해 가능하며, 이론의 목적은 현상의 설명과 예측에 있기 때문이다. 정치의 과학화는 왜 필요한가? 정치학이 전문 분야로 인정을 받고 정치학자들이 사회에서 전문가로서 역할을 담당하는 데 중요한 기능이라고 보기 때문이다.

우리 사회가 워낙 전문가에 대한 불신이 심하기도 하지만 정치학자들이 대중으로부터 신뢰를 얻지 못하는 가장 큰 이유 중 하나는 선거 예측의 실패에 있다고 생각한다. 어차피 전문가나 전문가가 아닌 사람이나 다 선거 예측에 실패하니 우리 사회는 정치 논평에 있어서 전문성을 요구하지 않는다. 누구나 말 좀 하고 글 좀 쓰는 사람은 정치에 대해 한마디씩 하고 틀린 말이나 잘못된 예측을 해도 그에 대해 책임지지 않아도 된다. 결국 정치 발전에 도움이 되는 담론이 형성되지 않고 선거 결과로부터 정확한 민심을 파악하는 데 각 정당은 실패하고 있다. 이는 민주 정치의 발전에 최대 장애 요인이 되어왔다.

선거 예측을 위한 과학적 모형은 전문가 간 상호 학습을 통해 더욱 발전되고 세련되게 다듬어질 것이다. 이는 예측의 정확도를 올리게 된다. 이런 연구는 정치권이 국민이나 지지자가 원하는 바를 정확히 이해할 수 있도록 돕는다. 정당이나 후보자가 다음 선거에서 국민에게 무엇을 제시해야 할지 고민하고 보다 나은 선거 전략을 세우는 데 도움이 된다. 선거와 선거 사이에 정치권은 다음 선거에 이기기 위해, 국민의 요구에 부응하기 위해 노력할 것이다. 이런 노력은 다음 선거에서 다시 표로 보상받거나 심판받게 될 것이다. 이러한 사회적 학습이 선순환을 이루면 선거는 국민을 보다 잘 대변하는 민주 정부를 만드는 데 기여하게 되고 민주 정치는 보다 성숙해질 것이다. 즉 정확한 선거예측모형은 선거를 통해 민주주의의가 보다 발전하고 성숙하는 데 기여한다. 이것이 필자가 선거예측모형에 집착하는 이유이다.

선거 결과에 대한 해석을 잘못했을 때 어떤 일이 벌어지는지는 한 가지 예를 들면 쉽게 알 수 있다. 문재인 정부는 역대 어떤 정부보다 좋은 환경에서 탄생했고, 또 역대 민주 정부의 성공과 실패로부터 많은 학습을 하고 대통령이 직접 국정 경험까지 한 결과 임기 전반기에 국민과의 소통에 매우 성공적이었다. 대통령 업무수행평가에서 받은 높은 지지도가 이를 증명한다. 선거를 석 달여 앞둔 시점까지도 문 대통령과 여당인 민주당은 높은 지지도를 누리고 있었다. 선거법이 민주당에 매우 불리하게 바뀌었음에도 이 시점의 여론조사에 기초해 한 언론은 민주당이 137석, 자한당이 110석의 의석을 확보할 수 있다고 내다봤다(손덕호, 2019).

그러나 3부에서 전망해보겠지만 그럴 가능성이 높아 보이지는 않는다. 가장 큰 문제는 문재인 정부의 부동산 정책 실패가 수도권 선거에서 발목을 잡을 가능성이 크다는 것이다. 문재인 정부의 기획재정부는 대통령 취임 1년이 넘은 2018년 7월 7일 '종합부동산세 개편 방안'을 발표했다. 그 며칠 전 재정개혁특별위원회는 1.1조 원의 종부세 증세안을 권고했는데, 기재부는 그보다 낮은 0.74조 원 증세안을 발표했다. 프레시안은 이번 개편 방안이 부동산 개혁을 포기하겠다는 선언이나 다름없다고 혹평했다(남기업, 2018). 보유세 강화 없는 부동산 개혁은 불가능하다는 것이 이유이다. 이 정책을 누가 만들었는가? 이 기사는 친재벌적인 김동연 부총리와 소득 불평등에서 부동산이 차지하는 비중이 매우 낮다고 주장하는 장하성 정책실장을 정책 입안 책임자로 지목하고 있다.

종합부동산세 개편 방안은 2014년부터 조금씩 타오르던 부동산 시장에 기름을 부었다. 부동산 가격이 폭등 조짐을 보이기 시작했다. 시장 참여자들이 참여정부에서 종부세를 한 번 경험했기에 문재인 정부에서는 보유세가 대폭 강화될 것이라는 경고에 숨죽이고 있었는데 솜방망이 보유세가 청신호를 준 것이다. 2017년 말에 발표된 임대주택 정책은 임대인에게 막대한 세제 혜택과 대출 혜택까지 주었다. 문재인 정부의 임대주택 정책은 경제철학이 정반대인 박근혜 정부에서 만들어진 정책을 대폭 확대한 것인데, 전 세계에 유례가 없는 전세를 임대로 인정해 부동산 투기꾼들에게 갭투자의 길을 합법적으로 열어주었다. 부동산 시장이 심상치 않게 돌아가는 걸 눈치 챈 이해찬 민주당 대표는 2018년 8월 말 국회에서 열린 취임 후 첫 고위 당정청 회의에서 "3주택 이상이거나 초고가 주택 등에 대해선 종부세 강화를 검토해야 하지 않을까 하는데 정부에서도 강력히 검토해주길 바란다"고 밝혔다(김남권, 2018).

결국 솜방망이 보유세, 종부세에 결정적인 영향을 미친 핵심 인물이 K씨임이 2018년 9.13 부동산대책 발표 자리에서 밝혀졌다. K씨는 참여정부가 종부세 인상으로 2006년 지방 선거에서 패했다는 생각에 세제 인상에 소극적인 것으로 알려졌다. 실제 노무현 대통령이 너무 많이 개혁하려다 실패했기에 반보만 앞서가려고 했다며 보유세 인상에 소극적이었던 이유를 설명하기도 했다(신상호, 2017). 이에 대해 『부동산 공화국 경제사』를 쓴 전강수는 노무현 정부의 부동산 정책이 성공했음에도 불구하고 K씨가 종부세로 선거에 패배했다는 트라우마를 가지고 있어 보유세 강화에 미온적이라고 지적했다(김시연, 2019).

K씨는 부동산 전문가이지 적어도 선거 전문가는 아니다. 그럼에도 그는 선거에 대한 자신의 분석을 토대로 참여정부가 실패했다며 직접 본인의 잘못을 사과까지 했다. K씨는 2006년 지방 선거의 참패, 2007년 대선 패배가 참여정부 실패의 근거라고 생각한다. 특히 지방 선거 직전 재산세 인상, 보유세 신설이 선거 참패의 원인이라고 생각해 종부세 인상에 소극적이었던 것이다. K씨가 문재인 정부의 부동산 문제를 이토록 악화시킨 것은 임기 초 개혁의 고삐를

잡아야 할 때 2018년 지방 선거를 앞두고 보유세 인상을 고민하다 시기를 놓친 데다 총선 걱정까지 했기 때문이라고 본다. 필자의 예측모형에 따르면 2018년 지방 선거는 해볼 것도 없이 민주당의 싹쓸이 승리가 명확한데도 선거를 고려해 막상 임기 초 힘 있을 때 제대로 된 개혁을 하지 못한 것이다.

문재인 정부는 2019년 12월 16일 강도 높은 부동산 규제책을 발표했다. 일단 폭등하던 집값은 일부 지역을 중심으로 진정 국면에 들어갔지만 문제를 근본적으로 해결했다고 보기 어렵다. 무리한 대출 규제로 주택 거래를 금지시킨 효과에 불과할 뿐, 풍선 효과가 나타나고 있기 때문이다. 수도권 주택 가격은 9억을 향해 달려가고 있을 뿐만 아니라 일부 지역에서 전세가 폭등 조짐도 있어, 집이 있든 없든 유권자의 불만은 팽배하게 될 것이다. 정책 결정자가 전문가의 도움 없이 선거 결과를 자의적으로 해석하면, 정책 실패는 물론 그 높은 지지도를 제대로 활용해보지도 못하고 다시 선거에서 심판당할 위기에 처할 수도 있다는 교훈을 얻을 수 있다. 이처럼 민주주의에서 선거 예측의 중요성은 아무리 강조해도 지나치지 않다.

3. 여론은 왜 선거 결과와 다른가?

언론학자인 김창룡은 『여론이 선거를 결정한다』(2014)라는 책에서 "선거철이 되면 정당마다 여론에 민감해지는 것은 바로 여론이 표로 직결되기 때문"이라고 말한다. 선거철이 되면 각 정당이 기자회견을 통해 정책을 발표하는 것도 여론의 지지를 얻기 위함이라는 것이다. 이 때문에 선거에서 여론 조작은 매우 위험하며, 이는 불법 선거 개입이 된다. 특히 2012년 대선에서 국정원 직원들을 동원한 '댓글 달기'로 기소된 원세훈 전 국정원장의 여론 조작 행위가 처벌받은 것도 이 때문일 것이다. 여론이 선거에 미치는 영향을 고려할 때 여론 조작 행위는 처벌받아 마땅하다는 김 교수의 주장에 동의한다.

하지만 여론이 선거를 결정하는지는 의문이다. 두 가지 문제가 있다. 하나는 여론조사 방법론의 문제로 여론조사 결과가 선거 예측을 제대로 하지 못한다는 점이다. 다른 하나는 여론조사가 전문가에 의해 정교하고 엄밀하게 이루어진다 해도 여전히 일부 표본의 태도를 측정하는 여론조사는 행태를 전수 조사하는 선거와는 다르다는 점이다. 필자가 여론조사를 공천에 활용하는 걸 적극 반대하는 이유도 이 때문이다. 물론 안심번호에 의한 투표를 경선에 활용하는 걸 여론조사라고 보기는 어렵다.

여론조사의 방법론적 문제

여론조사는 설문을 작성하는 과정부터 샘플을 추출하고 조사를 통해 데이터를 수집하는 전 과정에 수많은 체계적인 그리고 비체계적인 오차error를 내포한다. 유권자가 시간과 노력을 투자해 비밀 투표를 하는 선거와는 완전히 다르다. 물론 선거도 민의를 반영함에 있어서 체계적인 편향bias이 존재할 수 있다. 가령, 실직 중이거나 경제적 여유가 없는 사람은 투표할 확률이 낮기에 과소 대표될 가능성이 있다. 고소득, 고학력자는 투표율이 높다. 연령대에 따른 투표율 차이도 특정 세대의 과대 대표 혹은 과소 대표의 문제를 노정한다. 하지만 선거 결과는 이런 대표성의 문제조차도 인구 전체를 대상으로 전혀 오차 없이 계산할 수 있다.

반면 샘플을 사용하는 여론조사는 어느 사회나 각종 오차의 위험에 노출된다. 게다가 우리 사회는 다른 나라와 달리 특별한 사회문화적 특징에서 초래되는 체계적 오차도 존재한다. 더욱이 충분한 공론의 장이 펼쳐지지 않은 가운데 실시된 여론조사 결과를 그대로 믿는 건 매우 위험하다. 설문지의 단어 하나로 여론의 찬반이 뒤바뀌는 상황에서 여론조사를 통한 여론 조작은 얼마든지 가능하기 때문이다. 댓글로만 여론을 조작할 수 있는 건 아니다. 우리말에 '아 다르고 어 다르다'는 말의 의미는 여론조사 설문에 따른 결과에 분명히 드러난다. 여론조사의 수많은 과정 중에서 어느 하나만 삐걱해도 결과가 완전히 정반대로 나오는데, 우리 사회에서는 일반인이 봐도 잘못된 설문이 얼마나 난무하는가.

여론조사가 여러 가지 방법론적 문제로 인해 선거 결과를 예측하는 데 실패하는 이유를 먼저 살펴보자. 대선의 경우는 국가 전체가 하나의 지역구이니 비교적 예측이 쉬운 편이지만, 총선의 경우는 오차를 줄이기 위해 한 지역구당 최소 1,200명 이상의 응답자를 조사해야 하므로 500개 정도 표본을 사용하는 지역구 여론조사는 선거 결과를 제대로 예측할 수 없다. 조선일보 기자 홍영림은 이 문제를 신랄하게 지적한 바 있다.

선거가 끝나면 '이변'이란 단어가 신문 1면 머리기사 제목으로 자주 등장하곤 한다. 다른 말로 하면 "여론조사로 선거 판세를 미리 읽는 데 실패했다"는 고백이었다. 선거를 앞두고 지지율이 높으면 반드시 승리할 것 같지만 그렇지 않은 경우도 있었고, 워낙 지지율 차이가 많이 나서 한쪽이 압승할 것 같았지만 박빙薄氷 승부가 펼쳐진 경우도 많았다. 특히 역대 총선은 '여론조사의 무덤'이었다. 대선에선 실패하지 않던 방송사 출구조사가 총선에선 15대(1996년) 이후 19대(2012년)까지 승리한 쪽의 의석을 과대 예측하는 등 5전 5패를 기록했다.[2]

홍 기자는 이어서 여론이 선거 결과를 예측하지 못하는 방법론적 이유로 세 가지를 꼽는데 전문가적 식견이 돋보여 필자는 이를 세분하여 다음의 여섯 가지로 정리하고 보완해보겠다.

1. 낮은 응답률로 인한 표본의 비대표성: 전화면접원 조사의 응답률은 10% 안팎, ARS(자동응답시스템) 조사는 5%를 넘기 어렵다.

2. 판세 오독하게 한 '샤이 야권층' 현상: 대개는 여권 성향의 응답자가 많이 포함돼 있어 야당층의 소극적 참여로 조사 결과를 신뢰하기 어렵다.

그 대표적인 예로 홍영림은 "지난 연말 KBS 여론조사에선 '2016년 총선 지역구에서 어느 당 후보에게 투표를 했는가'라는 질

2 홍영림, "15대 이후 출구조사 5전 5패", 조선일보, 2020/1/19.
https://news.chosun.com/site/data/html_dir/2020/01/17/2020011703129.html

문에 민주당(49%), 새누리당(22%), 정의당(4%), 국민의당(3%) 순이었고 '투표하지 않았다'와 '모름 · 무응답'은 19%였다"고 한다. 이는 중앙선관위 자료의 당시 각 당의 지역구 후보 전체 득표율이 "새누리당(22%), 민주당(21%), 국민의당(9%), 정의당(1%) 순이었고 투표 불참자가 42%"였던 것과 거리가 멀다는 것이다. 이것이 여당 지지층의 응답자가 여론조사에 과대 대표되고 있는 증거라고 주장한다.

이는 반드시 여당 지지층이 과대 대표된다기보다는 사후 설문조사에서 오는 승자 과대 대표 현상일 수 있다. 이는 미국은 물론 다른 나라에서도 흔히 발견되는 체계적 오차인데 실제 승자를 뽑았다고 거짓말로 응답한 경우로 인해 승자가 10% 정도 과대 대표되는 경향이 있다. 그러나 유권자의 거짓 응답으로만 치부하기에는 역대 우리 선거에서 여론과 선거 결과가 많이 동떨어져 있었던 것이 사실이므로 체감 여론과 여론조사의 결과에 차이가 나는 이유를 더 꼽아보았다.

세 가지 정도의 이유를 생각해볼 수 있다. 첫째, 홍영림의 주장처럼 야권 지지층의 심리적 위축 때문일 가능성인데, 실제 독재 시대의 전통 때문에 야당을 지지하는 응답자가 불이익을 염려해 선뜻 자신의 생각을 면접원에게 밝히지 못할 수 있다. 둘째, 열정의 문제일 수 있다. 정부를 지지하지 않는 중도층이나 야당 지지층의 경우, 여론조사에 기꺼이 시간을 할애할 생각이 없는 것도 한 이유일 수 있다. ARS의 경우 중도층보다는 양 극단의 지지자들이 과대 대표되는 경향(강찬호, 2020)이 있는데 ARS의 불편함을 감수할 만큼 선호 강도가 강한 사람이 참여하기 때문일 것이다. 셋째, 도덕적으로 떳

떳하지 못하기 때문에 지지 의사를 밝히지 못하는 경우도 있다. 가령, IMF 위기 이후, 박근혜 탄핵 이후, 보수 정당 지지자가 선뜻 자신의 지지를 밝히는 게 부끄러울 수 있다. 실제로 전화 면접을 하는 갤럽보다 ARS를 사용하는 리얼미터의 경우 자유한국당 지지도가 약 10% 정도 높게 나오는 경향이 있다. 외국에서 포퓰리스트 지도자가 여론조사에 비해 당선될 확률이 높은 것도 이 때문일 것으로 추측된다.

> 3. 통신 환경의 변화에 따른 정확한 표본 추출의 어려움: 과거 집전화를 사용하던 환경에서 휴대전화를 통한 여론조사로 바뀌면서 정확한 표본 추출이 힘들다.

이번 총선부터는 안심번호를 사용한다니 방법론적 문제는 일부 극복이 가능하리라 생각된다.

> 4. 밴드왜건 효과보다 큰 언더독 효과: 역대 총선에선 승리 가능성이 높은 쪽으로 지지가 쏠리는 밴드왜건bandwagon 효과보다 약세인 쪽이 동정표를 받아 막판에 지지가 오르는 언더독underdog 효과가 더 크다.

언더독 효과가 더 큰 것은 우리 사회의 고유한 문화적 특성을 반영한다고 생각한다. 미국인은 운동 시합에서 한 편이 형편없이 지고 있어도 봐주는 법이 없다. 완벽하게 이기는 게임을 통해 지지자의 만족을 극대화한다. 우리는 두 팀의 경기력에 큰 차이가 나면 후보 선수들에게 실전 경험 기회를 주면서 적당히 이긴다. 이는 약자에게 온정적이고 정의감이 발휘되는 우리 국민의 특성이라고 생각된다. 겸손이 미덕인 유교 문화의 영향도 한몫한다고 생각한다. 선거에서도 강자나 대세론보다는 약자의 위치를 선점하는 전략이 훨씬 더 효과적이다. 2017년 대선 '문재인 대세론'을 내세운 민주당의 선거 전략을 필자는 문재인을 힐러리 클린턴으로 만들 생각이냐며 비판하면서 『왕따의 정치학』 출간을 통해 '문재인 왕따론'으로 전략 수정을 시도했다. 이 책이 베스트셀러가 되고 많은 공감을 얻은 것은 언더독 효과가 더 크다는 것을 입증한다. 노무현이 지역주의 기득권에 맞서 깨지고 쓰러지면서 다시 도전할 때 국민들이 힘을 실어준 것도 같은 맥락에서 이해할 수 있다.

> 5. 부동층 효과: "투표율이 50~60%에 그치는 총선은 투표자 중에 여론에 편승하는 정치 무관심층이 적은 반면, 지지 정당이 약세를 보여도 힘을 보태주기 위해 투표장에 가는 소신파 유권자가 많다는 것이다. 이런 분석이 맞다면 전체 유권자가 100% 투표하는 것을 전제로 지지율 수치를 내는 여론조사는 빗나갈 가능성이 크다. 이와 관련해선 투표 의향층을 정확하게 추출해서 최종 득표율을 예측해야 한다."

부동층에는 두 종류가 있다. 소극적 부동층과 적극적 부동층이 그것이다(조성대, 2013). 소극적 부동층은 정치에 대한 정보가 적거나 양가적 태도로 인해 결정을 하지 못하는 경향이 큰데, 정치에 대한 관심도 적기 때문에 투표를 포기할 가능성이 높다. 그러나 적극적 부동층은 고학력 유권자로 마지막 순간까지 정치 정보를 수집하며 결정을 미루는 집단이라 투표할 확률이 매우 높다. 이들은 정파적 선호가 있음에도 불구하고 마지막까지 정당에 대한 최종 평가를 미루기 때문에 어느 한쪽으로 선거 판세가 기울었다고 판단될 때 약자에게 힘을 실어줌으로써 균형을 맞출 가능성이 있다. 언더독 효과를 초래하는 핵심 유권자가 적극적 부동층이 아닐까 생각된다.

> 6. 여론조사 발표 선거 전날까지 허용해야: "최종 득표율과 일주일 전까지 실시한 여론조사 결과를 동일한 것으로 여기고 있지만, 현재로선 막판에 급변하는 표심票心을 포착하기 힘들어서 혼란을 가중시키고 있다."

투표 의향층을 정확하게 추출하는 것도 불가능하겠지만(실제 투표율은 투표 의향층의 투표율보다 10~15% 낮은 경향이 있다) 추출한다 해도 2002년 대선처럼 투표 하루 전날 무슨 일이 벌어질지 모르기 때문에 적극적 부동층의 선택을 예측하기란 여전히 쉽지 않다. 특히 정당 해체의 기간에는 부동층이 압도적으로 많은데 여론조사로는 부동층의 향배를 예측할 수 없다. 부동층의 선택은 과거 선거에 대한 분석을 통해 이론을 개발하고 이론으로 예측하는 수밖에 없다. 결론적으로 여론조사는 여러 가지 방법론적 문제로 인해 선거 결과를 예측하는 데 한계가 있다고 생각된다. 이러한 사실은 이론적 예측모형의 필요성을 더욱 강화시켜준다고 할 수 있다.

여론과 선거는 파도와 조류의 관계

앞에서 검토한 여론조사의 방법론적 문제를 완벽히 극복한다 해도 여전히 필자는 여론조사와 선거는 다르다고 생각한다. 그동안 여론조사 전문가의 선거 예측이 빗나간 경우가 많았던 이유도 여론조사와 선거가 다르다는 점을 입증해준다. 필자가 선거 이론에 기초해 선거 결과를 예측하는 게 가능하다고 하자, 여론조사로도 못 맞추는 선거 결과를 어떻게 이론으로 예측할 수 있는지 많은 이들이 의구심을 표한다. 필자가 여론조사 기관의 예측, 심지어 국회의원 선거에서는 출구조사 결과도 믿지 말라고 SNS에 대놓고 경고를 한 이유는 여론조사 결과와 선거 결과는 상당히 다르기 때문이다.

여론이 시류라는 바람에 흔들리는 파도와 같다면 민심은 체계적인 방향으로 흐르는 조류와 같다는 게 필자의 오랜 주장이다. 여론이 물 위에 떠오른 빙하의 일부에 해당한다면, 민심은 수면 아래에 잠겨 해류에 의해 움직이는 거대한 빙하의 몸체라고 할 수 있다. 따라서 조류를 알면 민심을 알 수 있지만 물위에 떠오른 빙하를 보고선 그것이 어디로 흘러갈지 예측하는 건 불가능하다. 여론조사가 선거를 예측할 수 없는 결정적인 이유이다.

여론조사는 대체로 즉흥적으로 떠오르는 응답을 측정하기에 태도의 안정성이 현저히 떨어진다. 선거 전 몇 개월간 패널조사에서 자신의 이념에 대해 일관된 응답을 한 비율이 6%에 못 미친다(이내영 · 허석재, 2010). 그러나 선거가 가까워지면 태도가 매우 안정되는 경향이 있다고 한다. 선거일이 다가오면 평소에 정치에 관심이 없던 사람도 선거 정보에 관심을 기울이고 후보자의 TV 토론을 시청하면서 복잡한 계산을 통해 선택을 결정하게 된다. 무엇보다 각 정당의 선거 전략에 따라 특정 쟁점이 부각되면서 유권자는 질적으로나 양적으로 평소와는 매우 다른 정보를 접하게 된다.

여론조사 결과가 그렇게 믿을 만하지 않다면 민주 정치는 불가능하냐는 질문이 제기될 수 있을 것이다. 민주주의에서 민심을 가장 정확히 파악하는 기제가 바로 선거이다. 선거가 민주주의의 꽃이라 불리니 장식품 정도로 생각하는 사람도 있다. 실제 전체주의 독재 국가나 신생 민주 국가에서는 선거가 무의미한 경우가 많다. 여러 가지 문화적 · 제도적 장애가 민심을 왜곡하는 선거 결과를 초래하기에 그렇다. 하지만 적어도 민주적 제도와 문화, 절차를 갖춘 나라에서는 샘플을 활용하는 여론조사와 달리 선거는 투표권을 가진 주권자 전체의 목소리를 결집한다는 점에서 민심의 가장 정확한 바로미터이다. 무엇보다 파도에 흔들리지 않는 도도한 시대정신을 반영하는 민심이 선거 결과에 그대로 반영된다. 김영삼, 김대중, 노무현의 당선뿐 아니라 이명박, 박근혜의 당선도 시대정신을 반영한다는 점에선 차이가 없다.

그런데 여러 가지 의견과 태도를 묻는 여론조사와 달리 선거 결과는 딱 한두 개의 표로 결과가 단순하게 나타나기에 선거에 나타난 민심에 대한 해석이 분분할 수 있다. 선거 결과에 대한 해석이 이현령비현령耳懸鈴鼻懸鈴이라고 하는 이유도 이 때문이다. 우리는 선거 이전의 여론조사에 수많은 비용을 낭비하면서도 선거 결과 예측에는 종종 실패한다. 반면에 선거 후 결과 해석을 위한 여론조사에는 큰 관심이 없다. 외국에서 언론사들이 선거 전뿐만 아니라 후에도 학계와 함께 설문조사를 실시함으로써 선거 결과를 해석하는 데 더 많은 비용을 들이는 것과는 대조적이다. 우리 언론이나 여론조사기관이 선거 결과의 예측에 번번이 실패하는 이유는 바로 사후 조사를 소홀히 하는 관행과 문화에 있다.

국민이 표로서 혹은 기권으로서 표현하고자 했던 의도가 무엇인지는 어느 후보 혹은 어느 정당을 찍을 것이지를 묻는 간단한 사전 설문조사만으로는 파악이 불가능하다. 유권자가 왜 그런 선택을 했는지는 사후적 조사와 이를 통한 엄밀한 분석만이 정확한 해석에 근접하도록 만들기 때문이다. 물론 선거 결과에 대한 해석은 매우 다양할 수 있으므로 여러 개의 이론이 경합한다. 선진국에서 선거 예측을 비교적 정확히 하는 것은 이러한 사후 노력이 수십 년간 축적된 집단적 학습의 결과 덕분이라고 할 수 있다. 따라서 정확한 선거 결과 예측을 위해선 선거 결과에 영향을 미치는 장기적 · 단기적 요인에 대한 이론적 시도가 선행되어야 한다. 예측모형은 미래에 대한 예측도 가능하지만 사후적으로 어느 정당이 왜 승리했는지, 왜 이만큼의 의석을 확보했는지를 설명할 수 있다. 예측모형이 틀렸을 때에는 사후적인 설명을 통해 어느 변수에서 예측이 틀렸는지 파악함으로써 예측모형의 수정과 발전에도 도움이 된다.

선거가 민주주의의 장식품이 아니라 본질이 되기 위해서는 연구자의 역할이 매우 중요하다고 생각한다. 정치인이 투표에 나타난 민심을 정확히 파악하도록 도움을 주는 역할은 연구자만이 할 수 있기 때문이다. 필자가 선거예측모형의 개발에 매달리는 이유도 바로 이 때문이다. 필자가 꾸준히 선거 전에 예측을 하고 선거 후에 예측이 맞았느니 틀렸느니 논쟁하는 건 흥미를 위한 것도 예측력을 과시하기 위한 것도 아니다. 학자가 현실 정치와 거리를 두고 상아탑에서 연구에만 몰두하는 것도 개인의 선택이자 의미 있는 일이라고 생각한다. 하지만 정치학자가 사용하는 이론이 현실 정치에서 쓸모 있는 것으로 인정받지 못한다면 대중의 신뢰를 얻을 수 없다. 정치 현상을 예측하고 설명하고 미래 지향적 제안을 하는 것이 정치학자의 역할이라면 현실 정치에 적용 가능한 이론을 제시하는 것도 연구자의 몫이다.

민주 정치는 여론 정치라고도 한다. 그래서 민주 국가에서는 자연히 여론조사 기법도 발전되고 수시로 여론조사를 실시한다. 문재인 정부에서는 대학 입시를 포함한 각종 정책 입안은 물론이고 심지어 총리 임명에도 여론조사 결과를 참고했다고 한다. 이런 여론 정치는 순기능도 있지만 앞에서 제시한 두 가지 문제로 여론은 선거와 달리 민심을 정확히 측정하지 못하고 적지 않은 부작용을 초래한다. 따라서 여론 정치는 잘하면 여론 추종형 포퓰리즘 정치, 잘못하면 여론 조작형 권위주의 통치가 될 위험을 안고 있다.

4. 선거예측모형은 여론과 어떻게 다른가?

필자의 선거예측모형은 하루아침에 만들어진 게 아니라 오랜 세월 진화해온 것이다. 합리적 유권자 가정에 기초한 연역적 모형에 정당 재편성 이론을 결합한 게 기본 뼈대이지만 그 후 선거에 대한 경험적 연구 결과가 더해지면서 지속적으로 진화해왔다고 할 수 있다. 앞에서 소개한 기사에서 홍영림 기자는 기존의 여론조사 전문가들의 선거 예측이 얼마나 잘못됐는지를 조목조목 지적하고 있다. 이 절에서는 기존의 예측과 필자의 예측을 대비함으로써 이론으로 예측하는 선거 결과는 여론조사에 의한 것과 어떻게 다른지 비교해보겠다.

필자가 막연히 선거 예측을 처음으로 해본 건 미국에서 대학원 공부를 하고 있을 때였다. 1985년 2월 12일 선거를 앞두고 있었다. 여당인 전두환의 민정당과 관제 야당이었던 민한당의 대결에 선거 직전 급조된 신한민주당(신민당)이 출사표를 던졌다. 마침 필자가 공부하던 아이오와대학에서 한국 학생들이 주축이 되어 김대중 선생을 초청해 강의를 듣고 밤새 대화를 나눌 기회를 가졌던 필자로서는 2월 8일 그의 귀국을 가슴 졸이며 지켜보고 있었다. 한국에 있을 때보다 한국 신문을 더 열심히 읽었던 것 같다.

당시 가택연금 상태였던 김영삼에 이어 귀국과 함께 김대중 또한 접촉이 금지된 채 자택에 연금되었지만 김대중의 귀국은 선거에 상당한 영향을 미쳤다. 두 지도자가 대리인으로 내세운 이민우 총재가 신민당 후보로 종로에 출마했다. 지금처럼 대중 매체도 발달해 있지 않고 언론의 자유도 없는 상황에서 과연 신민당이 의석을 얼마나 차지할 수 있을지 유학생들 사이에서도 난상토론이 벌어졌다. 신민당의 돌풍을 예상했던 필자에게는 다른 이의 비관적 전망이 오히려 충격적이었다. 그래봐야 독재 하에서 언론의 자유도 없고 시간도 촉박해서 시민들이 정보가 없는데 어떻게 좋은 결과가 나오겠냐는 사람이 다수였다. 필자는 그때도 우리 국민의 민도에 대해 매우 긍정적인 생각을 가지고 있었다. 비슷한 상황이었지만 우리 국민은 4.19 의거를 통해 이승만 정권의 붕괴를 가져오지 않았던가. 신문의 행간까지 읽을 줄 아는 국민들이니 당연히 민의가 신민당으로 모아질 것이라 예상했다.

필자의 예견은 적중했다. 신민당은 서울 14개 지역구에서 전원 당선되었고, 득표율은 민정당보다 15%가 더 많았다. 제도의 왜곡 덕분에 민정당이 여전히 압도적인 1당을 유지했지만 득표율로는 민정당 35.2%, 신민당 29.3%, 민한당 19.7%, 국민당 9.2%였다(민청련동지회, 2017). 동시대를 살았던 사람이 역대 선거 중 가장 기억에 남는 선거가 무엇이냐고 묻는다면 필자는 당연히 1985년 총선을 꼽을 것이다. 지금 생각해도 온 몸이 전율하고 가슴이 폭발할 것 같은 감동을 느낀다.

또 한 번의 경험은 필리핀의 전 상원의원 베니그노 아키노가 정적인 독재자 마르코스 대통령에 의해 암살당하자 독재 권력에 맞서 야당 연대의 대표 후보로 아키노의 부인 코라손 아키노가 출마한 1986년의 선거였다. 아키노의 승리를 점치는 내게 한 선배는 어차피 부정 선거를 할 것이므로 꿈 깨라고 말했다. 독재자의 부정으로 아키노가 선거에서는 패했지만 이에 항의하는 필리핀 국민들의 시위는 날로 거세졌다. 시위대는 결국 탱크로 진압될 것이라는 그 선배의 예견과 달리 필자는 국민들의 저항이 성공할 것 같았다. 우리의 4.19 의거, 부마항쟁, 1985년 총선에서 발휘된 국민의 힘이 한때 우리보다 더 잘살고 민주주의 선진국이었던 필리핀에서는 왜 분출되지 않겠는가. 결국 마르코스는 하와이로 망명을 떠났고 아키노는 아시아 최초의 여성 대통령이 되었다.

박사 공부를 마치고 1991년 귀국 후 필자는 여러 번의 선거를 관찰할 기회가 있었는데 필자의 예측은 언론이나 여론조사자의 예측과는 늘 달랐다. 선거 이론에 따른 첫 번째 예측을 시도한 사례가 노무현의 부상이었다. 2000년 5월 필자는 김광웅, 함성득 교수와의 저녁식사 자리에서 다음 대선엔 노무현이 폭발할 것이니 잘 지켜보라고 말했었다. 2001년 가을, 민주당 경선에 출마하고 싶다며 조언을 구하는 정동영 의원에게 "다음은 노무현이다. 노무현 이후를 기다리는 게 좋겠다"고 조언했다. 필자의 예상대로 노무현은 민주당의 후보가 되었다.

노 후보가 김영삼과 김대중의 결별로 갈라진 민주화 세력을 복원하기 위해 김영삼을 찾아간다는 보도가 있었다. 〈백분토론〉에서 만난 유시민에게 "노무현 후보가 김영삼을 찾아가면 지지자들이 실망할 것이다. 국민은 미래를 지향하는 정치인을 원하지 과거로 회귀하는 사람을 원치 않는다"며 내 생각에 반대하는 유시민과 얼굴을 붉히며 논쟁하기도 했다. 결국 YS 시계를 차고 김영삼을 찾아간 노 후보의 지지도는 반 토막이 났고 민주당이 지방 선거에서 패하자 후보 교체론이 들끓었다.

2002년 8월 정동영 의원과 (후에 민주당 의원이 된) 모 교수와의 식사 자리에서 필자는 "노 후보가 후보직을 내놓고 정몽준과 단일화를 하면 다시 후보가 될 수 있다. 국민들은 노 후보가 새로운 정치를 추구하는 사람인 줄 알고 지지했다가 YS를 찾아가자 실망했지만 노 후보에게 완전히 등을 돌린 것은 아니다. 노 후보의 지지가 떨어져도 이회창의 지지가 19%에 머물러 있는 것이 그 증거다. 지지자들은 다시 노 후보를 지지할 수 있는 명분을 원한다. 명분이 될 만한 이벤트가 필요하다. 노 후보와 월드컵 스타인 정몽준은 배경은 달라도 새로운 정치에 대한 기대는 똑같이 받고 있다. 후보직을 사퇴하고 단일화에 나선다면 노 후보가 단일 후보가 될 것이라고 확신한다"고 말했다. 모 교수는 내 말이 끝나기도 전에 끼어들어 드라마나 쓰라며 화를 냈다.

결국 노 후보는 단일화를 통해 대통령에 당선되었지만 막상 투표 당일 필자는 노 후보의 당선을 예견하지는 못했다. 그날 오후 1시까지의 여론조사에서 노 후보가 뒤지고 있다는 소식을 들었기에 단일화가 깨진 상태에서 역전은 어렵지 않을까 생각했다. 그런데 인터넷과 전화로 오후에 젊은 층이 동원되면서 노 후보는 선거에서 역전의 승리를 거머쥐게 되었다. 이때 우리 국민들은 약자로 보이는 노무현을 응원하는 마음에 밀어주었다는 생각이 들었다. 우리 문화엔 언더독 효과가 존재할지도 모른다는 가설을 그때 처음 세웠다. 만일 전날 밤 노 후보가 정몽준의 자택을 방문해 냉대를 당하지 않았다면 선거 결과는 또 달라졌을 것이다. 노무현이 정몽준을 찾아가지 않고 오만한 모습을 보였다면 젊은 지지층은 투표를 포기했을 것이고 이회창의 당선으로 선거는 마무리되었으리라 생각한다. 후보가 할 수 있는 도리를 다하고도 힘이 부족하여 언더독이 된다면 국민들이 아낌없이 힘을 실어준다는 교훈을 이때 얻었다.

앞에서 홍영림은 샤이 야당 지지층이 언더독을 밀어준다고 했는데 이 말은 정확하지 않을 수 있다. 야당의 후보라고 늘 언더독은 아니기 때문이다. 당시 이회창 후보는 야당 후보였다. 금융 위기 이후 몇 년 지나지 않았으니 이회창 후보를 지지해도 드러내지 않는 샤이 야당 지지층이 꽤 있었으리라 생각한다. 이회창의 지지도는 늘 19%를 넘지 못했으니 노무현 후보의 지지도가 오히려 더 높았다. 그럼에도 국민들의 눈에는 이회창은 기득권을 대표하고 여당 후보인 노무현이 언더독으로 보였다. 후보가 스스로 언더독을 자처하는 선거 전략이 늘 성공하는 건 아니라는 말이다. 빌 클린턴의 선거 전략가 딕 모리스(2002)는 그의 저서 『신군주론』에서 "이기고 싶은 정치인이라면 정치 현실보다 훨씬 이상적인 기준을 세우고 지켜가는" 정치인이 되라고 조언했는데 이런 정치인이 언더독일 때 지지가 결집된다고 생각한다.

2002년을 제외하고는 대선의 승패가 여론조사 예측에서 크게 벗어난 적이 없었다. 그러나 왜 이기고 졌는지에 대해서는 서로 다른 견해가 존재한다. 이에 대해서는 2부에서 엄밀하게 검증할 것이므로 이 절에서는 여론조사의 무덤이라고 할 수 있는 역대 총선에서 여론조사와 필자의 선거 예측의 차이를 16대(2000년)부터 20대 총선(2016년)까지 검토해보겠다. 우선 총선이 대선과 달리 예측에 실패하는 데에는 앞에서 제시했던 여론조사의 방법론적 문제 말고도 몇 가지 이유가 더 존재한다.

첫째, 전국적 지지도는 의석수와 직접 관련이 없을 수 있다. 가령, 수도권의 경우는 몇 백표 심지어는 한두 표 차이로도 승패가 갈린다. 따라서 특정 지역에서 지지를 받는 지역 정당의 경우 특정 지역 선거에서는 예측력이 있을지 몰라도 지역적으로 압도적인 지지가 전국 지지도를 높인다고 한들 수도권의 접전 지역 선거 승리와는 무관한 경우가 많다. 대통령의 지지도도 마찬가지이다. 내적 효능감(나는 정부가 하는 일에 이래라저래라 할 자격이 있다)이 낮은 순응적인 유권자는 단지 대통령이라는 이유로 대통령이 일을 잘한다고 응답할 가능성이 높다. 고연령, 저학력 유권자 중에 순응적 유권자가 다수 있는데 이들이 정파와 무관하게 어떤 대통령이든 지지의 마음을 보낸다고 해서 반드시 선거에서 여당 투표를 하는 건 아니다.

둘째, 총선에서는 적은 표로도 승패가 갈리기 때문에 정당의 선거 전략에 의해 승패가 예민하게 반응한다. 뒤에서 살펴보겠지만 2000년 총선 직전 남북정상회담이 발표되었기에 여론조사자나 언론은 선거 지형이 여당에 유리할 것이라고 내다봤다. 그러나 한나라당은 총선 직전에 남북정상회담 계획을 발표한 것은 민족의 운명마저도 정부 여당이 선거 승리를 위해 정략적으로 이용한 것이라며 정부의 선거 개입을 규탄했다. 이것이 투표율에 영향을 미친 것으로 필자는 연구 결과 발표했다(조기숙, 2002). 잠재적 민주당 지지자들이 투표에 불참함으로써 기록한 역대 최저 투표율 63.9%는 수도권의 박빙 지역이 신한국당으로 다수 넘어가는 데 기여했다고 생각한다. 반면 한나라당 지지 기반인 영남의 투표율은 늘 호남 지역보다 낮았는데 2000년 총선에서는 호남 지역을 앞질러 정부 견제 투표를 했다.

셋째, 무당파에게도 정당 편향이 발견된다(이현출, 2001). 자신이 무당파라고 하지만 실제 투표 결과로는 지속적으로 특정 정당을 지지하는 무당파가 상당수 있다. 보수 정당 편향의 무당파는 보수 정당을 지지하는 경향이 있는 반면, 민주당 지지 편향의 무당파는 민주당이 마음에 들지 않으면 기권을 택하는 경향이 있다. 따라서 민주당의 승패에는 투표율이 매우 중요하다.

이상의 세 가지 사실은 여론조사 방법론의 내재적 문제 외에도 여론조사만으로 투표 결과를 예측하기 어려운 이유를 설명해준다. 그러면 2000년 총선부터 여론조사에 의한 예측과 선거 결과는 홍영림 기자가 잘 정리해놓았으므로 이를 굵은 글씨체로 보여주고, 필자의 예측 결과와 비교해보겠다. 다만 홍 기자의 기사에서 발견되는 한 가지 문제점은 기사에 인용된 여론조사의 시점이 일관성이 없다는 점이다. 그럼에도 불구하고 이 기사가 당시의 대체적인 분위기를 전달한다는 점에서 필자의 선거 전 예측과 대비해 살펴보는 데에는 유용하다고 생각한다.

2000년 16대 총선

16대 총선(2000년)은 임기 절반을 마친 김대중 전 대통령의 새천년민주당과 이회창 총재의 한나라당이 승부를 펼친 선거였다. 당시엔 보수 야당의 현역들을 타깃으로 한 낙선운동이 이슈 몰이를 하면서, 선거 한 달 전 갤럽 조사에서 새천년민주당(22%)이 한나라당(18%)에 앞섰고 자민련(4%)이 뒤를 이었다. 그러나 선거 결과는 야당이던 한나라당(133석)이 제1당을 차지했다. 새천년민주당(115석)과 JP(김종필) 자민련(17석)은 선거

직전 공동 여당 공조가 무너지면서 기대 이하의 성적에 그쳤다. 16대 총선은 국회의원 정수가 273명이었기 때문에 한나라당은 절반에 육박하는 선전을 펼친 셈이다.

우선 2000년 총선의 선거 전 여론조사는 부동층이나 지지 의사를 밝히기 꺼리는 유권자가 50%에 육박했기에 예측 자체가 의미가 없었다고 할 수 있다. 당시 중앙일보(2000/1/26)의 전국 유권자 800명 대상 여론조사에서는 '지지 정당 없다'가 71.1%로 중앙일보 여론조사 팀이 생긴 이후 가장 높은 수치였다고 한다. 그럼에도 불구하고 여당이 이길 거라는 분위기가 팽배했던 이유로 네 가지를 꼽을 수 있다.

첫째, 금융 위기로 IMF의 구제 금융을 받은 후 정권 교체가 되었고, 첫 선거인 1998년 지방 선거에서 국민회의와 자민련 공동 여당이 압승을 거두었기에 여당이 또 승리할 것이라는 기대가 있었다. 둘째, 정부 여당이 경제 위기를 순조롭게 극복했고 기초생활보장과 같은 복지 제도를 도입한 공로로 여당에 우호적인 분위기가 만들어졌다. 한나라당은 외환 위기의 책임에서 완전히 벗어나지 못한 상황이었다. 거기에 남북정상회담이 발표되면서 이에 대한 기대가 적지 않았다. 셋째, 총선연대의 낙천/낙선운동의 대상이 새천년민주당보다는 한나라당에 더 많았기 때문에 시민단체의 운동이 여당에 유리하게 작용할 것이라는 잘못된 기대가 있었다. 넷째, 국민회의와 통합민주당 일부의 합당으로 과거 민주화 세력이 일부 복원되었다는 우호적 분위기가 있었다. 노무현의 부산 출마는 이런 점에서 희망을 주었다. 여기에 결정적인 이유를 한 가지 덧붙인다면 출구조사에서 여당이 압승하는 것으로 나타났다.

그러나 위의 가정은 사실이 아니거나, 새천년민주당이 위의 호의적 조건을 선거 전략으로 제대로 추진하지 못한 결과, 결코 민주당에 유리한 선거 분위기라고 보기 어려웠다. 첫째, 지방 선거는 금융 위기 이후 정권 교체가 일어난 후 집권 몇 개월 만에 치러졌기에 새 정부에 대한 기대가 반영되었고, 공동 여당의 공조로 선거에 크게 승리할 수 있었다. 2000년 총선에서는 공동 여당의 공조가 깨졌기에 민주당의 승리를 예견할 수 있는 상황은 아니었다. 그러나 선거 공조가 깨진 것이 반드시 민주당에 불리한 것도 아니었다. 민주당이 좀 더 개혁적이기를 바라는 수도권 유권자의 경우는 공조 파기를 반기는 분위기였다. 2001년 정동영의 정풍운동이 호응을 얻은 것을 봐도 수도권 유권자는 보다 개혁적인 정치를 원하고 있었다. 지역색을 극복한 새천년민주당의 탄생은 이런 개혁 색을 강화하기에 좋은 환경이었다.

그런데 두 번째 이유인 남북정상회담 계획 발표가 정략적이라는 역풍이 불면서 잠재적 민주당 지지자들의 기권으로 이어졌고 오히려 한나라당 지지자의 견제 심리를 자극해 영남 지역의 투표율 상승을 가져와 결집시켰다고 본다. 이때 필자는 "선거 한 달 전부터 선거가 민주당에게 유리하게 진행될 것으로 전망했었고 남북정상회담을 선거에 이용하는 것이 오히려 불리할 것이라고 경고한 바 있다"(조기숙, 2002: 123). 이때만 하더라도 시민들이 언론의 정파성에 대한 이해가 부족했고, 금융 위기로 보수당에 대한 지지를 드러내지도 못하던 전통적 여당 지지자들이 북한에 대한 적대감만으로 구심점을 되찾은 것이다. 가령, 순수 무당파 유권자의 경우 지역주의 투표를 하지 않는 게 특징인데 유독 영남을 고향으로 하는 순수 무당파만 한나라당 투표를 더 많이 한 것으로 나타났다(이현출, 2001). 이 때문에 천 표 이내에서 승부가 결정된 박빙의 지역구 15석 중 13석이 한나라당의 승리로 끝나는 이변이 발생한 것이다(조기숙, 2002: 124-125).

셋째, 총선연대의 낙선운동이 민주당에 유리했다는 주장은 보수 언론이 만들어낸 허구였다. 필자는 그것이 사실이 아님을 다각도로 증명하기 위해 책을 한 권 냈을 정도이다(조기숙, 2002). 낙선운동은 민주당에게 불리하게 작용했다. 그 이유는 "한나라당은 낙천자 명단을 선택적으로 이용하여 낙천한 데 비해 민주당은 김상현 씨를 제외한 대부분의 낙천 대상 현역 의원을 공천했기 때문이다. 그 결과 민주당 후보들의 낙선 숫자가 한나라당 후보보다 더 많았으며 실제로 통계 분석을 행한 연구에서도 민주당의 득표율이 낙선운동에 의해 부정적인 영향을 받은 것으로 드러났다"(조기숙, 2002: 125). 결과적으로 한나라당의 경우 낙선 대상자 28명 가운데 10명만 낙선돼 낙선율이 36%였던 반면, 민주당은 16명 가운데 12명이 낙선돼 낙선율 75%를 기록했다. 표면적으로 봐도 민주당이 두 명 더 낙선했다. 이렇게 한나라당의 낙선율이 낮은 이유는 영남권 대상자 17명 중 한 명도 낙선되지 않았기 때문이다(이갑윤 · 이현우, 2000: 161-162). 낙선운동이 지역주의를 극복하지 못했다고 비난을 받는 이유이다. 혹 낙선한 대부분 후보들이 군소 정당 무소속이었으니 그 혜택을 민주당이 누린 것 아니냐는 의문이 제기될 수 있는데 실제 무소속이 가장 부정적인 영향을 받은 것은 맞지만 양당 중에는 민주당에게 불리한 것으로 나타났다(Horowitz & Kim, 2002).

넷째, 새천년민주당은 국민회의의 지역적 한계를 벗어나려고 꼬마 민주당으로 불렸던 통합민주당과 합당해 창당되었고 서민과 중산층을 위한 정당이라는 선거 전략이 나쁘지 않았다. 필자가 한 달 전에 민주당이 과반은 어렵지만 1당은 가능하다고 예측했던 이유이다. 하지만 이인제가 이끌었던 선거에서 인물이나 정책의 뚜렷한 개혁성은 눈에 띄지 않았다. 오히려 당시 이회창은 보수 중에서는 상대적으로 개혁적으로 비쳤고 30대 후보의 공천을 민주당과 비슷하게 할 만큼 공천 혁명이라 불리는 과감한 공천을 했기 때문에 개혁 쟁점이 가려졌다. 정상회담 외에는 눈에 띄는 쟁점도 없었다. 필자는 그해 1월에 〈위클리 경향〉과의 인터뷰에서 논쟁적인 쟁점이 없어 투표율이 떨어질 거라고 예측한 바 있다. 일부에서는 총선연대의 네거티브 운동이 투표율을 떨어뜨렸다고 보수부터 진보 언론까지 한목소리로 비판했는데 필자와 김선웅(2002)의 공동 연구에 따르면 낙선 대상 후보가 있는 지역구가 타 지역구에 비해 투표율이 높은 것으로 나타났다. 낙선운동이 그나마 선거 관심을 불러일으킨 것이다.

무엇보다 대통령의 임기가 3년이나 남은 상황에서는 전망적 투표가 작동하여 대통령에 힘을 실어주는 게 필자의 모형에 따른 예측인데, 정부 여당의 부진한 성적에는 보다 구조적인 이유가 있었다. 2000년 선거에서도 지역주의 투표는 매우 강하게 살아 있었기 때문에 수도권 유권자의 지역주의 혐오는 극에 달했다. 지지하는 정당이 없다는 응답이 50~70%까지 나왔던 게 그 증거이다. 이를 필자는 정당 해체 현상으로 지적하며 1993년 이후 선거에서 투표율 하락을 예측한 바 있다(조기숙, 1993). 정당 해체가 일어나면 투표율이 떨어진다. 투표율이 떨어지면 민주당에 불리하다는 점은 앞에서 지적한 바 있다.

그러나 지역적으로 소수인 호남에 기반을 둔 새천년민주당이 2000년 총선에서 273석 중 115석(42.1%)을 얻은 건, 1996년 총선에서 국민회의가 얻었던 의석이 299석 중 79석(26.4%)임을 감안하면 그렇게 나쁘지 않은 성적이다. 즉 지역주의가 심한 선거에서 민주당이 인구수의 불리함을 극복하고 이 정도 선전한 것은 김종필이 아니라 이인제를 차기 주자로 택했던 충청 지역에서의 선전이 일조했다고 생각한다. 결과적으로 정부 여당에 우호적인 분위기가 여론조사뿐만 아니라 선거 결과에도 일부 반영되었다고 할 수 있다.

그럼에도 불구하고 민주당의 선거 전략 실패를 지적하지 않을 수 없다. 정부가 남북정상회담 분위기만 조성하면서 이를 공식으로 발표만 하지 않았더라도 수도권의 박빙 선거구가 대부분 민주당으로 넘어갔을 것이다. 김대중 대통령의 더 큰 실책은 선거를 앞두고 IMF를 졸업했다고 선언한 것이었을지 모른다. 금융 위기를 겪었던 다른 나라의 경우 보통 20년 이상 그 후유증이 계속된다고 하니 우리도 금융 위기를 완전히 극복했다는 건 어불성설이다. 그러나 선거를 앞두고 실적을 자랑하기 위해서든 국민에게 희망을 주기 위해서든 금융 위기를 극복했다는 선언은 유권자의 긴장감을 떨어뜨리고,

금융 위기가 별것이 아니라는 생각에 신한국당에 면죄부를 준 결과를 가져왔다고 생각한다.

결론적으로 선거 전략의 실패로 수도권에서 민주당이 더 많은 의석을 얻을 기회를 놓친 것만은 사실이다. 하지만 여전히 지역주의가 팽배한 선거에서 소수인 호남에 지역 기반을 가진 민주당이 자민련과 연대도 없이 압승을 한다는 기대는 애초에 불가능한 것이었을지 모른다.

2004년 17대 총선

17대 총선(2004년)은 18대 총선과 정반대였다. 노무현 전 대통령에 대한 탄핵 후폭풍으로 한나라당이 위기에 몰리며 열린우리당의 예상 의석수가 200석에 달했지만 역시 152석에 그쳤다. 탄핵 이슈가 터지기 전인 2003년 말 갤럽 조사에선 한나라당(32%)이 열린우리당(16%)과 새천년민주당(14%)을 크게 앞섰다. 그런데 노 전 대통령에 대한 탄핵안이 한나라당 주도로 국회에서 가결된 직후인 3월 17일 갤럽 조사에선 탄핵안 가결에 '공감하지 않는다'(71%)가 '공감한다'(25%)를 압도했고, 정당 지지율도 열린우리당(47%)이 한나라당(16%)을 3배가량 앞섰다. 총선이 다가오면서 열린우리당(37%)과 한나라당(24%) 지지율이 좁혀지긴 했지만 여전히 열린우리당이 여유 있게 앞섰다. 하지만 총선 결과는 열린우리당(152석)과 한나라당(121석)의 차이가 그다지 크지 않았다.

필자는 2003년 9월 MBC와의 인터뷰에서 당시엔 존재하지도 않던 탈지역주의 신당(열린우리당)이 만들어져서 과반수 의석을 확보할 것이라고 예측했다. 당시 학교에서 필자를 인터뷰했던 피디는 그 인터뷰를 방송에 내보내지 않았을지 모른다. 그는 손가락으로 자기 머리를 빙빙 돌리면서 웃으며 갔기 때문이다. 한마디로 불가능한 예측을 하는 당신을 믿기 어렵다는 표현이었다.

2003년 초 새 정부의 탄생 배경을 설명하기 위해 아시아재단 주최로 미국 워싱턴DC, 시카고, 샌프란시스코에서 열린 세미나에 참석했을 때에도 필자는 민주당, 개혁당, 한나라당의 이탈 의원 세 집단으로 신당이 만들어질 것이라고 점쳤다. 2004년 총선을 앞두고 조선일보에서 전문가 20명을 상대로 한 조사에서 19명이 한나라당의 승리, 열린우리당의 선거기획단장이었던 김한길 한 명만이 유일하게 열린우리당의 승리를 점쳤을 만큼 대부분 한나라당의 승리를 예견했던 건 앞의 여론조사 결과 때문이었다. 필자는 탄핵 와중인 2004년 3월 미국 워싱턴DC에 있는 부르킹스연구소 주최 세미나에서 다시 한번 열린우리당의 과반 승리를 예측했음을 중앙일보가 보도했다.

필자는 탄핵 전이나 후나 심지어 열린우리당이 창당되기 전에도 여당의 과반 의석을 예측했다. 무슨 근거로 그렇게 과감한 예측을 했을까? 앞에서 밝혔듯이 2000년 총선은 지역주의 구도 하에서 치러졌다. 이인제는 여전히 충청의 지역주의를 자극했고, 선거 전략엔 쟁점도 개혁성도 없었기에 투표율이 하락했다. 하지만 수도권 유권자의 낮은 투표율은 탈지역주의 후보가 나타나면 동원될 수 있는 잠재적 민주당 지지자가 존재함을 의미한다. 필자가 앞에서 2000년

5월에 노무현 후보가 폭발할 것이라고 예측한 이유가 바로 이 때문이다. 2000년 총선에 종로 지역구를 버리고 부산에 가서 패배한 노무현은 이미 탈지역주의 정치 개혁의 아이콘이 되어 있었다. 지역주의 정당이 해체할 때 지역주의에 실망해 기권한 유권자를 동원할 수 있는 후보는 지역주의에 맞서 싸워온 노무현밖에 없다고 생각했다. 필자가 노무현 후보에게 대선 구호로 새 정치 대 낡은 정치를 제안한 것도 이런 배경에서 나온 것이었다.

따라서 필자는 노무현이 대통령이 되면 자연히 탈지역주의 개혁 정당이 탄생할 것이라고 내다봤고 통합민주당에서 한나라당으로 갔던 사람들이 탈당하면 개혁신당과 민주당이 합쳐서 신당이 만들어지는 시나리오를 상상했다. 불행히도 공천권 갈등으로 민주당이 분열을 겪게 되었는데 필자는 그때에도 공천 지분을 나누는 한이 있어도 분당은 안 된다는 입장이었다. 그러나 민주당과의 분당으로 열린우리당이 만들어졌을 때에도 필자는 여전히 과반을 예측했었다. 민주당과의 분당은 호남에서 의석을 잃는 대신 영남에서 의석 확보에 도움이 될 것이라 믿었기 때문이다. 그러나 탄핵 역풍으로 여론조사엔 열린우리당이 200석을 얻는 것으로 나오기도 했다. 필자는 그건 감성적인 거품일 뿐이라며 우리 국민은 선거에 매우 이성적으로 임하기 때문에 거품을 믿으면 안 된다고 경고했다. 당의장인 정동영의 발언 파문으로 열린우리당의 지지도는 하루가 다르게 빠지다가 예상 의석이 140석까지 내려갔다.

필자가 그 순간 열린우리당 입당을 택한 것은 결국 선거 결과를 좌우하는 건 구도인데 어차피 과반은 얻겠지만 이대로 두면 끝 모르게 추락해 반전의 기회를 잡지 못할 수도 있다고 생각했기 때문이다. 노무현의 후보 사퇴와 단일화 이벤트로 대선에서 반전의 기회를 잡았듯이 유사한 선거 전략이 필요하다고 생각했다. 입당 후 필자는 선거 구호로 '의회 권력 교체'를 내세우면서 대통령을 탄핵에서 구하려면 과반 의석이 절실하다며 호소했다. 이때 필자는 이미 언더독 효과를 알고 있었기에 열린우리당과 대통령을 약자로 포지셔닝하는 선거 전략을 사용했다. 추락하던 열린우리당의 지지도가 멈추면서 서서히 다시 오르기 시작했다.

선거 후 영남 후보들은 정동영의 노인 폄훼 발언 때문에 자신들이 선거에 패했다고 원망했는데 필자는 이에 동의하지 않는다. 금융위기 때처럼 탄핵에 대한 부끄러움으로 숨죽이고 있는 한나라당의 영남 지지자들이 울고 싶은데 빰 때려줬을 뿐, 지역적 지지 기반은 절대로 하루아침에 허물어지지 않는다. 탄핵 역풍으로 열린우리당이 영남에서 많아야 두세 지역 더 얻었을지 몰라도 그 이상 호남에서 얻었다고 생각한다. 결론적으로 필자가 탄핵 전이나 후나 변함없이 과반을 예측했던 건 선거 구도에 기반한 것이었다. 앞에서 선거 예측이 투표 행태에 미치는 영향이 미미하다고 밝힌 바 있는데 정당 구도상 열린우리당이 최고의 선거 전략을 사용했을 때 얻을 수 있는 최대치는 과반수라고 생각했다. 2000년보다 14.5% 오른 60.6%의 투표율이 이를 입증한다. 이는 2000년 이후 지금까지 역대 총선 중 최고의 투표율이다. 결국 탄핵이나 정동영의 발언은 선거 결과에 별 영향을 미치지 못했다고 생각한다. 잠시 거품으로 지지도가 출렁였을 뿐, 결국은 선거 구도에 따른 균형점에서 선거 결과가 나왔다고 본다.

17대 총선의 가장 큰 의미는 열린우리당이 얻은 영남(부산 1, 울산 1, 경남 2)의 5석이다. 이는 탈지역주의 개혁을 향한 정당의 재편성에 시동이 걸렸음을 의미한다. 이것이 급진적 정당 재편성critical realignment이 아닌 점진적 재편성secular realignment이라 시간이 걸리겠지만 되돌릴 수 없는 정당 발전의 흐름이라고 할 수 있다. 영남지역에서 민주당의 득표율은 지속적으로 확대되어왔다. 고연령층의 정당 일체감으로 인해 겉으로는 지역주의 투표가 지속되는 것처럼 보이지만 2008년 총선에서 이미 정당 지지를 통제하면 영남 유권자는 다른 지역에 비해 민주당에 투표할 확률이 몇 배 높은 것으로 나온다(조기숙, 2011). 2016년 총선에서 더불어민주당이 영남에서 얻은 9석의 의석 또한 2004년에 뿌린 씨가 일부 열매를 맺은 것이다.

필자는 지역주의를 극복하지 못해 자신의 정치가 실패했다는 노무현 대통령에게 "지역주의 극복은 하루아침에 불가능하다. 미국도 지역주의 극복에 백년 걸렸다. 우리는 대통령께서 씨를 뿌렸으니 지역주의 정당이 탄생한 1988년으로부터 30년이 되는 2018년에는 어느 정도 극복하게 될 것이다. 우리는 대통령 덕분에 미국보다 빠른 것"이라고 위로했다. 이 또한 정당 재편성 이론에 기초한 것인데 이것은 뒤에서 선거예측모형을 설명할 때 그 근거를 다시 설명하겠다.

2008년 18대 총선

> 18대 총선(2008년)도 여론조사의 실패가 도마 위에 올랐다. 당시엔 불과 4개월 전이던 2007년 대선에서 압승한 MB 바람으로 총선 직전 갤럽 조사에서도 여당이던 한나라당(42%) 지지율이 통합민주당(15%)을 압도했다. 친박연대(4%)와 자유선진당(3%) 등 범여권 정당과 민노당(6%)도 위협적이지 않았다. 한나라당이 개헌선인 200석 획득도 가능하다는 전망까지 나왔다. 하지만 총선 결과는 한나라당이 절반을 겨우 넘는 153석에 머물렀다. 자유선진당(18석)과 친박연대(14석) 등이 돌풍을 일으키며 보수표를 분산시킨 결과였다. 야당이던 통합민주당은 81석을 획득했다.

우선 2008년 총선은 투표율이 가장 낮은 46.1%라는 점을 기억해야 한다. 즉 민주당의 개혁적 지지층이 불참한 선거라고 할 수 있다. 임기 말 노무현 대통령이 퇴임 후 세우고자 했던 미래발전연구원 작업을 위해 청와대에서 만났을 때 통합민주당 건설을 위해 열린우리당을 해체하는 데 대통령이 동의한 것은 잘못이라고 따졌다. "대선이야 어차피 패하겠지만 곧 2008년 총선인데 열린우리당을 해체하면 개혁 세력이 다시 일어설 기반마저도 없애겠다는 겁니까?"라는 필자의 불만에 "친노에게도 어느 정도 지분이 있을 겁니다"라는 낙관적인 답변이 돌아왔다. 선거는 반노 노선을 걸던 정동영이 패했는데 선거 결과에 대한 해석은 노무현 때문에 이명박이 당선되었다는 게 학계나 언론의 정설이었다. 노무현에게 표를 주었던 5백만 명이 불참한 대선에서 승리한 이명박이 어떻게 노무현 때문에 당선되었다는 것인가? 정동영이 노무현 지지표를 끌어내는 데 실패한 선거라는 게 더 정확하지 않겠는가? 이론이 없으면 2007년 대선에 대한 시각이 이렇게 극과 극으로 다르게 된다.

대선 후 대통합민주신당의 당대표가 된 손학규는 탈당한 이해찬, 유시민에 이어 친노 전멸 공천을 했다. 그는 '50%도 안 되는 낮은 투표율은 민주주의의 위기'라고 했는데 틀렸다. 유권자는 마음에 드는 정당이 없으면 기권으로 기존 정당을 심판하는 투표를 해왔고 그것이 2002년 노무현 부상의 밑거름이 되었다. 2008년 총선은 노무현의 이름을 지운 민주당이 심판받은 선거였다. 그러나 민주당 못지않게 이명박의 한나라당도 심판을 받았다. 한나라당이 과반 의석을 점한 것은 노무현에게 힘을 실어줬듯이 보수 유권자도 새 대통령에게 힘을 실어주는 전망적 투표의 결과였다.

노무현의 시스템 정치에 익숙했던 시민들은 임기 초부터 시작된 고소영으로 대표되는 인사 난맥은 물론 주먹구구식 이명박의 인치에 실망했다. 무엇보다 친박근혜계의 공천 학살은 친박연대에 신당 창당의 명분을 주었다. 수도 이전으로 친열린우리당 지지 성향인 충청 지역이 친노가 사라지자 다시 무주공산이 되었다. 세종시 계획을 축소하거나 무산시키려던 이명박에 맞서 충청도민이 이회창의 자유선진당을 야당으로 선택한 것은 견제를 위한 결정이었다고 본다. 친박연대에 대한 지지도 이명박 견제를 원한 보수 유권자의 선택이었다.

2004년 총선이 노무현을 탄핵에서 구해내기 위해 최대한으로 개혁 세력을 결집시킨 선거였다면, 2008년 선거엔 호남 기반의 민주당 지지자만 남고 개혁 세력이 불참한 선거였다고 할 수 있다. 한나라당 지지 성향은 약하지만 이명박을 지지할 잠재적 보수 유권자는 2007년 대선에서 이명박의 BBK 의혹이 중요한 이슈가 되자 불참을 택하기보다는 이회창을 지지한 것으로 나타났다(강원택, 2009). 민주당의 잠재적 지지자들은 2000년, 2008년 총선에서 목도했듯이 대안이 마음에 들지 않으면 투표하지 않고 기권을 택한다. 필자가 투표율을 승패 예측에 가장 중요한 변수로 보는 이유이다. 이 와중에도 경남에서 민주당 1명, 민노당 2명이 당선돼 영남 지역에서 지역주의 해체는 2004년보다는 후퇴했지만 지속되고 있음을 보여주었다.

2012년 19대 총선

19대 총선(2012년)에선 정반대 현상이 벌어졌다. 20대 총선이 야권이 왜 이겼는지 몰라서 혼란스러웠다면, 19대 총선은 야권이 왜 패했는지 설명하기 곤혹스러운 선거였다. 총선을 한 달 앞두고 '지지할 후보의 정당'을 묻는 미디어리서치 조사에서 민주당과 통합진보당 등 야권이 49%, 새누리당은 37%였다. 안풍安風, 서울시장 보궐선거 패배, 디도스 사건 등으로 어수선한 여당을 상대로 야당이 '질레야 질 수 없는 선거'란 말이 나왔다. 선거 일주일 전 갤럽 조사에서도 야권(38%)과 새누리당(35%) 차이가 많이 좁혀졌지만, 여전히 야권연대가 우세했다. 특히 당시 이명박 대통령의 국정 운영에 대한 부정 평가(54%)가 긍정 평가(29%)를 압도해서 야권의 승리 전망에 힘을 실어줬다. 하지만 총선 개표함을 열어본 결과는 사전 예측과 크게 달랐다. 민주당(127석)과 통진당(13석) 등 야권은 140석에 그치면서 박근혜 비상대책위원장의 새누리당(152석)에 패했다.

이명박 대통령에 대한 지지도는 임기 초부터 낮았지만 2012년 총선과 대선에서 야당의 승리나 야당으로의 정권 교체 가능성은 매우 낮다는 게 필자의 오랜 주장이었다. 이 때문에 필자는 2010년부터 야권 단일 정당 운동인 〈국민의 명령〉의 정책위원장을 맡아 야권연대 운동을 시작했고 세미나마다 참석해서 이런 주장을 펼쳤다. 이러한 예측은 민주주의 국가에서 정부의 집권이 8~10년만 지속된다는 주기설과 2007년 대선에서 발전 이데올로기로 한나라당의 정당 재편성이 이뤄졌다는 주장에 기초해 있다(조기숙, 2008). 이 주기설은 노무현 대통령이 처음 주장한 것인데, 김대중 대통령의 임기 말 지지도가 낮았어도 노무현에게 한 번 더 기회를 주었지만, 2007년 대선에서 정동영이라는 인물에 대한 평가와는 별개로 다시 한번 민주 진영에 기회를 줄 가능성은 없다고 노 대통령은 예견했다. 돌이켜보면 빌 클린턴의 임기 말 높은 지지도에도 불구하고 앨 고어가 패배한 것이나, 버락 오바마의 임기 말 높은 지지도에도 불구하고 힐러리 클린턴이 패배한 것도 이 주기설로 보면 쉽게 이해가 된다. 민주 국가에서 유권자는 전임 정부가 아무리 잘했어도 한 정당에서 다른 정당으로 교체하기를 원한다는 것이다.

2012년 선거가 민주당에 쉽지 않은 선거가 될 것이라는 필자의 예측은 이명박의 지지도가 들쭉날쭉한 데 비해 2008년 촛불집회 정국에서도 새누리당의 지지도가 안정돼 있다는 것이 가장 큰 이유였다. 2007년 대선에 경제 성장과 복지와 분배라는 경제적 균열이 정당 지지에 처음으로 나타나기 시작했다(조기숙, 2008). 2007년 대선에서 이명박의 박정희 코스프레가 먹힌 이유는 역설적으로 노무현이 양극화 해소를 위해 던진 분배와 복지의 담론이 정당의 주요 균열로 등장했기 때문이다. 한나라당의 지지 기반은 변하지 않았을지 몰라도 지지를 구성하는 쟁점의 내용이 변화되기 시작한 것이다. 이러한 재편성으로 박정희의 발전주의를 계승한 한나라당이 다수당의 위치를 점했을 뿐만 아니라 지지 기반이 매우 안정되기 시작했다.

무엇보다 무기력한 81석의 민주당이 못 하는 야당 노릇을 박근혜가 당내에서 이명박의 독주에 맞서 해냈다. 세종시 계획을 무력화시키려는 이명박에 맞서 이를 지켜낸 것도 박근혜였다. 19대 총선은 2012년 2월 2일 창당한 박근혜의 새누리당으로 치러졌다. 이명박 심판의 분위기가 무르익은 건 사실이었지만 2012년 12월 대선을 몇 개월 남겨둔 상태에서 유력한 여당 후보였던 박근혜의 존재는 유권자의 회고적 투표를 전망적 투표로 돌려놓는 데 결정적인 역할을 했다(장승진, 2012b; 조기숙, 2013). 게다가 박근혜의 존재는 이명박을 심판하면서도 여당에 다시 한번 기회를 주고 싶은 여당 지지자의 마음에 갈등을 일으키지 않았다. 여기에 결정적으로 야당에 치명상을 안기는 선거 전략을 구사함으로써 박근혜는 선거를 승리로 이끌었다. "이념 세력에게 나라를 맡길 수 없다", "말 바꾸기 세력을 심판해 달라"는 구호가 그것이다(조기숙, 2012).

2012년 총선을 앞두고 시민운동과 친노 운동 세력이라고 할 수 있는 〈혁신과 통합〉, 〈국민의 명령〉 등 외곽 단체와 민주당의 통합으로 탄생한 민주통합당은 호남 기반의 정치 세력과 친노 개혁 세력의 통합이었기에 40% 이상의 지지도를 누렸다. 민주통합당의 선거 전략이 좋았다면 2004년에 준하는 투표율과 새누리당에 근접한 의석수 확보가 가능했을 것이다. 그러나 야당의 결정적인 패인은 민주통합당과 통합진보당의 무리한 선거 연대에서 비롯되었다고 생각한다(조기숙, 2012). 박선숙이 공천 지역을 무리하게 양보한 두 당의 협상 결과를 발표한 직후부터 민주통합당의 지지도는 떨어지기 시작했다. 2010년 지방 선거에서 민주당과 민노당의 제한적인 선거 연대는 몇 지역에서 이뤄졌기에 이를 아는 사람도 많지 않아서 좋은 결과를 얻을 수 있었다. 하지만 무리한 선거 연대와 이를 위한 한미 FTA 폐기 혹은 재협상 공약은 노무현의 가치를 스스로 부정하는 것이었다.

선거를 얼마 앞두고 터진 통진당 내 불법 경선을 둘러싼 내부 갈등이 언론의 주목을 받게 되었고, 통진당의 최대 계파인 경기동부연합의 폐쇄성과 부정적 측면이 진중권에 의해 폭로되면서 연일 언론에 대서특필되었다. 이 사건은 FTA 이슈와 함께 40대 수도권 유권자의 기권을 유발했는데, 황아란(2008)은 유권자는 자신이 선호하는 정당보다는 자신이 가장 싫어하는 정당을 배제하는 투표를 한다고 주장해왔다. 보수 성향의 무당파 유권자는 통진당에 대해 반대하기 위해 보수당에 표를 줬고, 개혁 성향의 무당파 유권자는 통진당을 거부하기 위해 기권을 선택한 것으로 추측된다.

박근혜에 비해 초선으로 출마한 문재인은 존재 자체가 미미했고 총선 당시 안철수보다도 지지도가 낮았다. 그러나 그가 민주통합당의 가장 유력한 대선 주자가 될 수 있다는 점에서 그에 대한 선호도는 민통당에 대한 지지에 긍정적 영향을 미쳤다. 민통당은 부산에서 2명, 경남에서 1명 의석을 확보하면서 영남의 공고한 지역주의에 지속적인 균열을 냈다. 2004년부터 시작된 정당 재편성은 꾸준히 지속되고 있었지만 2012년의 54.2%라는 낮은 투표율이 민주당이 더 많은 의석을 확보하는 데 제동을 걸었다.

2016년 20대 총선

> 20대 총선(2016년)의 경우엔 출구조사는 맞혔지만 개표 결과가 사전事前 여론조사와 완전히 달라서 여론조사 무용론無用論이 쏟아졌다. 당시엔 총선 직전 한국갤럽 정당 지지율 조사에서 새누리당(39%)이 더불어민주당(21%)과 국민의당(14%)을 압도했다. 갤럽뿐만 아니라 모든 조사가 비슷해서, 야권野圈이 문재인 당(민주당)과 안철수 당(국민의당)으로 나뉜 게 여당이던 새누리당의 압승으로 이어질 것이란 전망이 지배적이었다. 하지만 선거 결과는 민주당(123석)이 새누리당(122석)에 간발의 차이로 승리를 거뒀고, 국민의당(38석)도 예상을 넘는 성적을 거뒀다. 요약하면 새누리당 참패, 민주당 역전, 국민의당 약진이었다. 새누리당은 텃밭이던 영남에서 비박非朴 탈당파에 흔들리고, 민주당은 텃밭이던 호남의 대다수 지역구에서 국민의당에 패하는 등 각자 지지층 분열 양상을 사전 여론조사는 포착하지 못했다.

필자는 2012년 여름 제주에서 개최된 총선 평가를 위한 한국정당학회에서 선거 구도상 박근혜가 대통령에 당선될 가능성이 높은 편인데, 그해 겨울에 있을 대선에서 만일 당선된다면 임기 중 치러지는 재보궐 선거, 2014년 지방 선거를 모두 이길 것이라고 예측했다. 그러나 2016년 총선에서는 민주당이 과반 의석의 승리를 할 것이라고 내다봤다. 지방 선거는 새 대통령에게 힘을 실어주는 선거이니 승리할 것이고, 재보궐 선거의 승리는 이명박 임기 내내 새누리당에 대한 정당 지지도가 안정돼 있었기 때문에 했던 말이다. 재보궐 선거는 충성적인 정당 지지자가 많은 정당이 승리한다. 게다가 2012년 대선 패배 이후 민주당에 반노 지도부가 등장한다면 투표율 하락으로 선거에 이기기 어려울 것으로 내다봤다.

2016년 총선에서 민주당의 과반 의석을 예상했던 이유는 보수정당의 대통령이 10년 집권했으니 임기를 1년 남긴 총선에서는 보수 정당 심판론이 중도층의 마음을 얻으리라 생각했다. 민주당에는 차기 주자로 문재인이 있지만, 새누리당에는 박근혜를 이을 차기 후보가 뚜렷하지 않았다. 무엇보다 2008년 총선에서 수모를 당한 박근혜가 이명박계를 공천 학살함으로써 2016년 총선에서 공천 파동을 일으킬 것으로 내다봤다. 2008년에는 민주당이 전멸한 상황이라 이명박의 공천 파동은 친박연대를 보상하는 것으로 끝이 났지만, 2016년의 공천 파동은 문재인이 차기 주자로서 존재하는 민주당으로 스윙 보터가 넘어올 것으로 내다봤다. 게다가 친노가 다시 전면에 등장하면 수도권의 개혁 세력과 부울경의 민주 세력이 결집하리라 예상했다.

2012년 대선 직후 필자는 오마이뉴스에 대선 패배의 책임을 지고 친노들의 2선 후퇴를 촉구하는 글을 썼다. 대선 패배의 가장 큰 요인으로 거버넌스의 불안정성을 들면서 당대표 선거와 최고위원 선거의 분리를 주장했다. 그리고 이해찬 대표의 사퇴가 선거에 미친 악영향이 적지 않으니 향후에는 선거 패배와 무관하게 무조건 2년 당대표 임기를 보장해줘야 거버넌스가 제대로 작동한다고 주장했다. 친노로 분류되는 필자가 친노의 대선 책임론을 주장하니 민주당의 반노 의원들이 반겼다고 한다. 거버넌스 체제 개혁에 대해선 다수 의원이 공감했다고 들었다.

그 결과 거버넌스 체제가 개혁되었고 2013년 5월 당대표로 선출된 김한길은 안철수와 합당해 새정치민주연합을 만들었다. 두 대표의 공동대표 체제에서 새정연은 지방 선거를 치르고 패했다. 그 후 7월 30일 재보궐 선거에서 참패한 후, 공동대표는 사의를 표했다. 안철수와의 합당까지 모든 것이 필자가 예견한 대로 흘러갔지만 필자가 미처 예상치 못했던 건 김한길·안철수 체제의 갑작스러운 중단이었다. 그렇게 하지 못하게 하려고 임기를 보장하자고 했는데 그들이 스스로 중단할 줄은 미처 몰랐다. 우여곡절 끝에 2015년 2월 문재인이 당대표로 선출되었다. 그러나 그해 있었던 재보궐 선거에서 좋은 성적을 거두지 못하면서 지속적으로 당대표 사퇴 요구에 시달리게 되었다. 임기를 2년으로 못 박았으니 더 늦게 등판해 2016년 총선을 지휘할 거란 필자의 예상과는 다르게 일찍 등판함에 따라 질 수밖에 없었던 재보궐 선거에 패했고 난감한 상황을 맞이하게 된 것이다. 문재인 대표는 당대표 사퇴 요구에 흔들리지 않고 시스템 공천을 만들었다.

결국 당대표 사퇴 요구를 관철시키지 못한 안철수와 김한길 공동대표는 호남 지역 현역 의원들과 함께 새정연을 탈당해 국민의당 창당을 선언했다. 필자는 분당으로 드디어 민주당이 과반 의석 획득이 가능해졌다고 트위터에 썼다. 중도보수 성향 의원들의 탈당으로 민주당의 개혁성이 강화되었기에 했던 말이다. 노무현이 자신을 흔들던 호남 기득권 의원들에게 흔들리지 않고 뺄셈 정치가 더 나은 전략이라고 응대했듯이 화합할 수 없는 사람들과는 뺄셈 정치가 정체성 강화나 선거 전략에 훨씬 유리하다. 분열은 무조건 패배라는 인식은 새누리당에서 바른정당이 탈당할 때처럼 개혁 세력이 탈당할 때에만 해당된다.

문재인은 더불어민주당으로 당명을 바꾸고 이미지 쇄신과 새로운 인물 영입으로 과반수 의석에 성큼 다가갔다. 2004년의 과반 의석이 2016년에 불가능할 이유가 없었다. 본인이 당대표로 버텼어도 대세에 지장이 없는데 박영선과 이종걸의 압력에 결국 무릎을 꿇었다. 필자는 요즘 시민들의 판단을 고려할 때 박영선의 탈당은 선거 구도에 어떤 영향도 미치지 못한다고 봤기에 문재인의 굴복은 끝내 아쉬움이 남는다. 결국 타협책은 비대위원장으로 김종인을 영입하는 것이었다. 김종인은 토지 공개념이라는 진보적 개념을 내세워 새누리당의 대선에 조연 역할을 톡톡히 했다. 보수 정당에 진보의 무기를 지닌 보수 인사(노태우의 경제수석비서관)를 영입하는 건 액세서리로서 큰 도움이 된다. 하지만 호남에서 5.18의 악몽은 아직도 진행 중인데 김종인의 영입은 역대 민주당 최악의 선거 전략이라고 평가된다. 필자는 트위터에 김종인의 영입으로 선거 결과는 블랙홀로

들어갔으며, 어떤 것도 예측 불가능하다고 썼다. 김종인이라는 인물에 대해 예측이 불가능하기는 했지만 개혁 공천이 아닐 거란 점은 쉽게 예상할 수 있었다. 비대위원들의 나눠 먹기 공천도 트위터에선 많은 분노를 일으켰다.

김종인은 민주당에 꼭 필요한 정청래, 이해찬을 공천에서 배제했고 자신을 비례대표 2번에 셀프 공천함으로써 물의를 일으켰다. 민주당의 승리 가능성이 멀어지는 게 보였다. 이렇게 좋은 구도를 저렇게 말아먹을 수도 있구나 하는 생각을 했다. 그나마 김종인의 비례 순번을 뒤로 옮겼으니 망정이지 그렇지 않았으면 비례대표 득표율은 더 낮았을 것이다. 필자는 김종인 영입 이전에는 국민의당 의석수를 간신히 20석 부근으로 내다봤었다. 38석의 획득은 순전히 김종인 효과라고 필자는 분석한다.

그나마 필자가 민주당이 1당은 하겠구나 내다봤던 건 수도권에서의 시스템 공천 결과가 나왔기 때문이다. 2012년 한명숙 대표에 의해 선발된 비례대표 의원의 공천이 매우 성공적이었다. 그 결과 이들 중 다수가 2016년 총선에서 수도권의 지역구 공천을 따냈고 개혁성이 뚜렷한데다 여성 후보가 많아서 당선 가능성이 높아 보였다. 필자는 트위터에 수도권 시스템 공천 결과 민주당이 선전할 수 있으니 절대로 여론조사 믿지 말고, 심지어 출구조사도 믿지 말고 끝까지 투표하라고 독려했다. 애초의 예측과 달라진 결과가 많이 아쉽기는 하지만 그나마 구도가 많이 깨진 것은 아니었다. 많은 이들은 김종인의 기여로 공천을 그렇게 엉터리로 하고도 카리스마 덕분에 반발이나 잡음이 많지 않았던 것을 꼽는다. 보수 집권을 두 번 경험하면서 정권 교체를 하고 싶은 간절함이 민주당 후보들이 선당후사하도록 만든 게 아니었을까. 김종인이 무슨 리더십의 기반을 갖췄는가. 그나마 민주당이 선방한 건 팔로우십 덕분이었다고 필자는 생각한다. 얼마 전 자한당과 새로운 진보당이 김종인 모형을 본따서 통합을 한다는 언론 보도를 보며 언론의 선거 결과 해석이 얼마나 현실 정치에 해악을 미치는지 알 수 있다. 다행히 미래통합당은 김종인 대신 보다 합리적인 김형오 전 국회의장을 공천관리위원장으로 영입해 선거 과정이 순조롭게 진행되는 듯 싶었지만 각종 갈등이 불거져 나오면서 김종인 선대위원장 영입설이 고개를 들고 있다. 보수 정당의 김종인 영입이야 민주당만큼 피해를 당하지는 않겠지만 중도보수층의 마음까지 얻을 수 있을지는 의문이다.

2장

정당 재편성 이론의 한국적 적용

1. 선거예측모형에서 정당의 역할

서구의 선거예측모형에서 가장 중요한 변수는 유권자들의 '정당 일체감party identification'이다. 투표 행위의 결정에 있어서 정당 일체감이 가장 중요하다는 발견은 미시간대학의 『미국 유권자American Voters』의 저자(Campbell 외, 1960)들에 의해 이루어졌다. 정당 일체감은 특정 정당에 대한 개인의 장기적이고 안정적인 심리적 애착이나 소속감을 의미한다. 이 변수가 선거에서 중요한 이유는 투표 결정에 가장 큰 영향을 미치기 때문이다. 이 개념은 어린아이가 아주 어려서부터 사회화 과정에서 부모로부터 물려받는 심리적 애착을 의미하기에, 정치적인 개념이라기보다는 사회심리학적 개념이라고 할 수 있다.

정당 일체감이 단지 어려서부터 비자발적으로 습득된 태도가 아니라 정치적 경험을 통한 종합적 평가가 내재화된 개념이라는 피오리나의 수정론이 등장했다(Fiorina, 1981). 이 시각에 따르면 정당 일체감은 개인이 정치적 경험을 통한 종합적 평가의 산물이므로 정치적인 변수이다. 양자 중 어느 개념이 더 적실성이 있는지는 연구대상에 따라 다르다고 생각한다. 급격한 변화가 없는 안정된 사회라면 미시간학파의 정당 일체감이나 수정주의학파의 정당 일체감이나 큰 차이가 없을 것이다(Franklin, 1992; Franklin and Jackson, 1983). 부모에게 물려받은 정당 일체감이 정치적 경험에 의한 평가와 크게 충돌할 일이 없을 것이기 때문이다. 그러나 가령, 대공황이나 전쟁과 같은 급격한 사회 변동이 있는 곳이라면 어린 시절 습득된 정당 일체감으로부터 벗어나 정치적 경험으로부터 새로 습득한 정당 일체감을 갖게 될 수도 있다.

다만, 사회적 변동 하에서도 정당 일체감이 한쪽에서 다른 쪽으로 급격히 이동하는 것은 쉽지 않다고 학자들은 주장한다. 가령, 노동자의 자녀로 태어나 자수성가한 소기업인이 있다고 가정해보자. 어려서부터 민주당에 애착을 느끼며 자랐지만 중년이 된 후에는 자신의 이익에 따라 공화당에 투표를 하게 될 것이다. 부모로부터 물려받은 정당 선호와 자신의 정치적 경험으로부터 선택한 정당 선호가 충돌할 때에는 어떻게 될까? 부모의 정당 일체감이 서로 다르다면 자녀는 어떻게 될까? 이렇게 서로 갈등적인 상황에 놓인 사람은 무당파가 되거나 약한 정당 일체감을 갖게 된다고 한다(Carmines, McIver and Stimson, 1987). 급격한 사회 변동을 경험한 사람들도 한 번에 정당 일체감을 A정당에서 B정당으로 전환conversion하는 경우는 드물다고 한다. A정당에 대한 선호는 여전히 가지고 있지만 이익에 의해 B정당에 한 번 두 번 반복적으로 투표하는 가운데 긴 시간을 두고 B정당에 대한 일체감을 갖게 된다고 한다(Erikson and Tedin, 1981; 1986).

이러한 정당 일체감에 대한 개념을 우리 사회에도 적용할 수 있는지에 대해서 과거에는 반대론자들이 훨씬 많았다. 대표적인 정당학자라고 할 수 있는 김용호는 "우리나라 정당 정치는 여전히 유동적이고 구조화되어 있지 못하다. 다시 말해 우리나라 정당 정치는 아직 체계성systemness이 부족하기 때문에 정당 체계 혹은 정당 체제라고 부르는 것은 정확한 표현이 아니다"라며 세 가지 근거를 제시한다. 첫째, 지난 10여 년간 3번의 대선에서 동일한 명칭의 정당이 계속 선거에 참가한 적이 없을 만큼 정당 체계의 구성 요소가 유동적이다. 둘째, 정당 정치와 정당이 자율성을 확보하지 못하고 여전히 지역 패권을 가진 지도자에 의존하는 사당적 요소가 있다. 셋째, 3권 분립이 제대로 이루어지지 않아 원내 정당이 독자적으로 국회를 운영하지 못하기 때문에 원내 정당과 국회가 대통령으로부터 자율성을 확보할 수 없다는 점이다. 또한 그는 같은 정당학자로서 김수진도 "동일한 이론적 맥락에서 한국 정당 정치에는 아직 정당 체계라는 개념을 적용할 수 없다고 주장한다"고 소개한다(김용호, 2001: 297).

정당이 조직이나 정부에서는 체계가 갖추어지지 못했을지 몰라도 유권자 마음속에는 이미 여야 개념으로 체계적으로 자리 잡고 있다. 그러나 1987년 민주화 이후에는 다수의 야당이 탄생함으로써 여야 개념의 적실성도 재검토할 때가 되었다(조기숙, 1993; 이현출, 2001에서 재인용). 더 나아가 서구의 정당 체계를 설명할 때 사용하는 정당 재편성 이론을 한국의 선거에도 적용하면 투표 행태를 설명하고 투표율이나 선거 예측에 있어서 시사점을 얻을 수 있다(조기숙, 1993; 1997; 2000: 232-233). 최근엔 다수의 학자들이 이 대열에 합류해왔다(정진민, 2003; 2007; 강명세, 2004; 최준영 · 조진만, 2005).

그 후 이현출(2001)은 한국 무당파에 대한 연구를 통해 그동안 우리 학자들이 사용했던 여야 성향은 정당 일체감으로 대체되어야 한다고 주장했다. 우리 정당의 잦은 이합집산과 명칭 변경으로 미시간학파가 주장하는 안정된 심리적 귀속감으로서의 정당 일체감으로 사용하기는 어렵지만 피오리나처럼 정당에 대한 평가적 관념으로서의 정당 일체감은 어느 정도 일관성을 보인다는 것이다. 한국 정당이 인물 정당의 특성을 가지고 있고 유동성이 높지만 지도자를 중심으로 한 정당 일체감은 꾸준히 지속되어온 점을 부정할 수 없다는 것이다.

필자도 같은 주장을 오래전부터 했을 뿐만 아니라 우리의 역대 대선에서 정당 일체감이 가장 중요한 투표 결정 요인으로 등장했음을 발견함에 따라 '정당 지지' 개념을 도입해 5장에서 2007년 대선 결과에 대한 설명을 시도했다. 정당 일체감이라는 용어는 자연스럽게 미시간학파의 심리적 귀속감의 의미를 내포하지만 우리 사회에서 짧은 정당의 역사를 고려할 때 부모로부터 얻은 사회심리적 변수인 정당 일체감을 사용하기에는 학계의 반발이 클 것이라 예상했다. 필자가 쟁점의 균열 구조에 따른 정당 재편성 이론을 사용해 1987년 민주화 이후 '민주/반민주 구도가 약화되면서 지역 균열이 등장했다'는 주장을 1992년 학회에서 했을 때만 하더라도 서구의 이론을 무비판적으로 적용한다고 호된 비판을 들었기 때문이다. 그래서 변동성이 높지만 정치적 평가의 종합이라고 생각되는 '정당 지지'라는 개념을 만들어냈고 이 개념은 설문에서 '지지하는 정당이 있느냐'에 대한 응답으로 측정했다. 요즈음은 지역 균열의 등장 배경에 대한 주장은 거의 모든 학자들이 보편적으로 사용하고 있으며, 2012년 이후에는 정당 일체감을 사용하는 선거 분석도 보편화되었다(한정훈, 2012; 장승진, 2012b; 박원호 · 송정민, 2012).

2. 정당 재편성 이론

한국의 선거 분석에 '중대 선거critical election'(Burnham, 1974) 개념은 아주 오래전부터 활용되어왔다(안병만, 1977). 그러나 키(Key, 1955; 1959)의 정당 재편성 이론이 한국의 선거 분석에 적용되기 시작한 건 1990년대에 들어서이다(조기숙, 1992a). 정당 재편성 이론이란 정당 체계를 살아 있는 생물처럼 발전하는 존재로 가정하고 그 발전 과정을 이론적으로 설명하는 것이다. 이 이론은 각국의 정당 체계가 유기체처럼 연합alignment, 발전 및 안정, 해체dealignment, 그리고 재연합realignment의 변화 과정을 주기적으로 반복한다고 가정한다. 여기에 대해서는 학자들 사이에 이견이 없다(Clubb et al., 1980).

정당의 재편성을 판단하는 기준은 두 가지이다. 첫째는 각 정당을 지지하는 유권자의 구성에 변화가 관찰되었느냐 하는 것이고, 둘째는 정당 체계에서 지속적으로 우위를 차지하는 정당이 변했느냐 하는 것이다. 두 조건이 모두 만족되어야 정당 재편성으로 규정되는 것이 보통이지만, 학자에 따라서는 우위 정당dominant party에 변화가 없어도 정당 지지 세력의 구성에 변화가 발견되면 정당 재편성으로 간주하기도 한다(Sundquist, 1983).

정당의 재편성을 가져오는 데 결정적인 역할을 하는 것은 기존 연합 구도의 균열 쟁점을 가로지르는 교차 쟁점crosscutting issue이다. 정당 재편성을 가져오는 쟁점은 대립 쟁점이면서 쉬운 쟁점이며 이를 균열 쟁점이라 부른다(조기숙, 1996). 20세기 초부터 서구 민주주의의 정당들에서는 자본과 노동에 대한 균열을 기초로 정당 재편성이 이루어졌다. 균열 쟁점에 의한 정당 재편성이 이루어지면 서로 다른 사회 집단이나 조직이 각 정당의 핵심적 지지 세력을 구성한다(Lipset and Rokkan, 1967). 미국의 대공황 이전에는 시장에 모든 것을 맡기는 공화당이 다수당이었지만 시장의 실패로 국가가 적극적으로 개입하는 뉴딜 이후에는 민주당이 다수당으로 변했던 것도 정당 재편성의 결과라는 것이다.

일단 정당 재편성이 성공하면 각 정당은 기존의 균열을 가로지르는 새로운 균열 쟁점에 대한 차별적 입장을 바탕으로 안정된 연합을 누리게 된다. 안정된 연합의 시기에는 정당이 투표 결정의 중요한 변수가 되므로 의회와 행정부를 같은 정당이 지배하는 단점 정부가 만들어진다. 그러나 기존의 쟁점이 어느 정도 해결되면서 유권자는 새로운 쟁점에 주목하게 된다. 정당이 새로운 쟁점에 대응하지 못하고 유권자와의 관계가 멀어지게 되면 정당 해체 현상이 일어나게 된다. 이 시기에는 기존 정당에 대한 지지가 하락하고 투표율도 감소하며, 무소속이나 소수 정당이 약진하게 된다. 정당의 해체는 새로운 정당 재편성을 예견하는 징조가 되는데 해체가 진행된다고 해서 항상 재편성이 성공하는 것은 아니다.

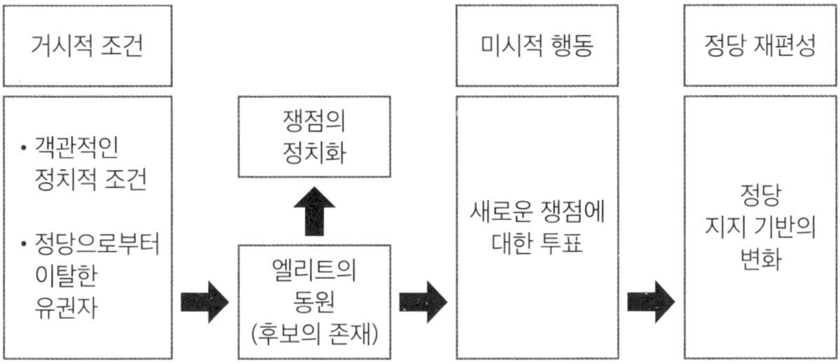

<그림 1> 정당 재편성 모형
(출처: Cho, 1998)

정당 재편성이 성공하기 위해서는 〈그림 1〉에서와 같이 세 가지 조건이 존재해야 한다. 1) 새로운 균열 쟁점을 부각시키는 거시적인 정치적 조건, 2) 기존 정당으로부터 이탈해 정당 재편성을 기다리는 다수 유권자의 존재, 그리고 3) 앞의 양자를 결합시키는 쟁점과 이 쟁점을 통해 정치화를 시도하는 정치 엘리트의 존재라는 3박자가 맞아 떨어져야 한다(Carmines, 1991; Cho, 2000: 108).

정당 재편성은 크게 두 가지 유형의 과정을 통해 이루어진다. 하나는 급진적 재편성critical realignment으로서 중대 선거를 통해 새로운 다수 정당이 출현하는 경우이다. 다른 하나는 점진적 재편성secular realignment으로서 1964년 공화당 후보였던 배리 골드워터Barry Goldwater가 인종 문제를 선거 쟁점화한 이후 남부의 백인이 뉴딜 연합에서 이탈하여 점차 공화당으로 이동한 것이다. 이러한 변화는 매우 오랜 시간 동안 이루어져 갑작스러운 다수당의 변화는 없었지만 세대교체를 통해 정당의 지지 기반에 근본적인 변화를 초래했다. 폴 크루그먼Paul Krugman은 미국에서 신보수주의의 등장이 인종 쟁점에 의해 가능했고 이것이 공화당이 의회에서 새로운 다수당이 되는 데 기여했음을 지적하고 있다(Krugman, 2007). 이러한 주장은 이미 정치학자들에 의해 오래전에 제기된 바 있다(Carmines and Stimson, 1989).

유권자의 미시적 투표 행위가 거시적으로 정당 구조에 변화를 가져올 때 정당 재편성이 완성된다. 정당 재편성을 가져오는 데 기여하는 유권자의 투표 행위는 크게 세 가지이다(Erikson and Tedin, 1981). 1) 전환conversion, 2) 동원mobilization, 3) 세대교체population replacement가 그것이다. 실제로 대공황 이후 루즈벨트와 민주당의 압승은 전환에 의해 가능했다고 한다(Erikson and Tedin, 1981; 1986). 이러한 전환은 대공황이나 전쟁과 같은 충격적인 정치적 사건이 존재할 때에만 일어난다. 두 번째 유형은 상습적 기권자, 무관심층을 동원하는 것이다. 기존 정당으로부터 이탈해 투표를 하지 않던 유권자들이 새로운 쟁점이 떠오르면서 유입되는 것이다

(Campbell, 1985). 세 번째 유형은 인구의 자연 증감에 의한 세대교체를 의미한다.

급진적 정당 재편성은 위의 세 가지 유권자 변화를 동반하지만 그중에서도 전환의 비중이 가장 클 때 일어난다. 반면 점진적 재편성은 세대교체에 의해 점진적으로 이루어진다. 이 때문에 미국에서는 매 30년마다 정당 재편성이 이루어졌다고 한다(Beck, 1979). 적어도 한 세대가 지나야 집합적인 인구 구성에 변화가 오기 때문이다. 그러나 지속적 무관심층, 기권층의 '동원' 없이는 어떤 유형이든 정당 재편성은 불가능하다. 정당 재편성 기간에는 뚜렷한 차별적 쟁점에 대해 각 정당이 정책적 대안을 제시하기 때문에 그동안 정당 간 정책에 차이가 없어 소외나 무관심으로 기권하던 유권자들이 다수 동원된다.

3. 한국 정당 체계의 변화

현재호(2008)는 선거 강령에 나타난 한국 정당의 이념적 갈등을 경험적 자료에 근거해 세 시기로 구분한다. (1) 해방 후 분단국가의 건설 시기를 근대 국민국가의 형성, (2) 1960년대 이후 민주화 시기까지를 자본주의적 산업화 분단국가의 형성, (3) 민주화 이후 현재까지를 탈냉전 및 신자유주의적 세계화의 시기로 나눈다. 각 시기를 대표하는 지배적 이념을 반공주의, 자본주의적 산업화와 발전주의, 복지주의라고 명명한다. 필자는 이러한 결과에 기초해 해방 이후 각

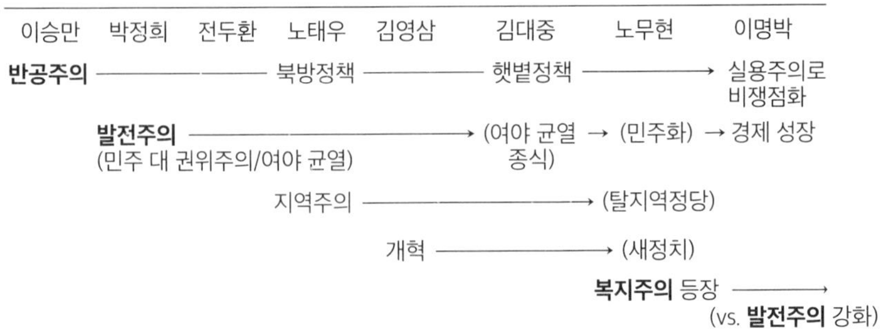

<그림 2> 한국 정당의 재편성과 균열 쟁점

정당의 연합을 결정했던 주요 균열 쟁점을 시기에 따라 〈그림 2〉와 같이 구분했다.

건국 직후 한국에는 수백 개의 정당이 존재했다. 그 후 이승만의 자유당은 반공주의에 기초하여 정당의 모습을 갖추기 시작했다. 반공주의는 노태우의 북방 정책이 등장할 때까지 독재 시대를 관통하는 이념이었다. 이것이 현실 정치에서 갈등을 일으키게 된 건 김대중의 햇볕 정책과 대비되면서부터이다. 북한 문제를 둘러싼 남남 갈등은 국가의 이념이었던 반공주의가 새로운 대북 정책과 부닥치면서 발생했다. 햇볕 정책에 대한 국민적 지지는 그 기반이 매우 광범위했다. 김대중, 노무현 정부 기간에 안보에 대한 위협이 사라지면서 햇볕 정책은 2007년 대선에서는 균열 쟁점으로서 기능을 상실했다. 이명박 후보가 선거 승리를 위해 북한에 대한 입장에서 실용주의를 내건 것도 대북 정책이 균열 쟁점이 되지 못한 한 이유였다.[1]

박정희 시대에는 개발과 독재가 주요 이념이었다. 이 중 쟁점으로 도전을 받은 것은 민주냐 독재냐 하는 것이었지 발전주의 모델은 아니었다. 최근까지도 한국 국민의 다수는 성장주의 이외의 다른 대안을 생각해보지 않았다. 박정희 이후 김대중의 집권에 이르기까지 한국 정치를 관통하는 쟁점은 민주냐 독재냐 하는 여야 쟁점이었다. 1985년 신민당이 등장한 선거가 여야 균열로 정당 재편성을 가져오기는 했지만 중대 선거라고 칭할 만한 변화가 있었던 것은 아니다. 1987년 대통령 직선제가 도입되면서 민주 대 반민주의 쟁점이 약화되자 1988년 총선에서 지역주의 쟁점으로 정당 재편성이 일어났다(조기숙, 1993). 이러한 지역적 균열은 3당 합당에 의해 더욱 강고해졌고, 현재까지도 여전히 살아 있는 주요 균열이지만 최근 들어서 많이 약화되어가는 추세이다(최준영 · 조진만, 2005).

현재호(2008)는 2002년 대선에서 처음으로 선거 강령에 복지주의가 등장하기 시작했다고 주장한다. 그것이 가능했던 이유는 2000년 총선에서 지역주의가 약화되면서 이념 투표가 처음으로 시작되었기 때문이다(조기숙, 2002). 김대중 전 대통령의 햇볕 정책과 복지 정책의 성과인 것이다. 그러나 복지주의가 본격적으로 한국 정치에 등장한 것은 2004년 총선, 민주노동당에 의해서였다(현재호, 2008). 민주화 이후에도 발전주의 이념이 지배적이다가 2004년에 본격적으로 복지주의가 등장하게 된 것은 1997년의 경제 위기와 그 후 불어닥친 신자유주의, 그 결과 나타난 빈부 격차의 영향 때문이라고 현재호는 진단한다.

---

1 대북 정책이 2010년 6.2 지방 선거에서 다시 균열 쟁점으로 등장하게 된 것은(이현우, 2011) 이명박 정부가 천안함 사건을 지방 선거에 정치적으로 이용하려고 시도했기 때문이다. Oh and Arrington, 2007 참조.

하지만 이러한 주장은 우리나라 유권자들이 계급 투표를 한다는 가정에 기초해 있어 성립되기 어렵다. 2010년대 초까지만 해도 이념에 의한 투표는 발견되어도 계층 투표의 증거는 존재하지 않기 때문이다(이현우, 2011). 경제적 양극화가 본격화되기 시작한 것은 금융 위기 직후인 1997년 이후인데, 왜 하필 2004년에서야 복지주의가 본격적으로 등장했느냐 하는 의문이 제기될 수 있다. 또한 양극화의 가장 큰 피해자라고 할 수 있는 저소득층은 계급 정치의 경험이 없는 사회에서는 가장 확고한 보수 정당의 지지자이다(Burns, 2003). 우리나라에서도 저소득층은 한나라당의 핵심 지지층이다(강원택, 2003b; 이현출, 2005). 따라서 2004년 복지주의의 등장이 단순히 양극화의 결과라는 주장은 설득력이 떨어진다. 오히려 이는 2000년 남북정상회담, 2002년 월드컵으로 레드 콤플렉스가 완화됨으로써 진보적인 정책의 제안이 가능해졌고, 결정적으로는 1인 2표제 선거 제도의 도입으로 민노당이 정치권에 진입할 수 있게 되었기 때문이라고 보아야 한다.

노무현은 '새 정치 대 낡은 정치'라는 선거 쟁점에 의해 당선되었다(이현우, 2006). 이 쟁점은 김영삼으로부터 시작된 개혁 쟁점이 이어진 것이지만 정당 재편성의 근간을 이루는 균열 쟁점은 아니었다. 이 쟁점은 정치적 진보 세력의 연합을 가능케 함으로써 선거에서 승리를 안겨준 선거 쟁점이었을 뿐이다. 2002년 노무현 후보는 정치적 진보의 연대로 선거에서 승리했다. 만일 이때 노무현 후보가 복지주의를 들고 나왔다면 선거에서의 승리는 어려웠을 것이다. 노무현 정부가 국민소득 2만 불 달성, 동반 성장 등, 기존 발전주의 패러다임에서 크게 벗어나지 못한 이유는 민주 정치에서 국민의 여론을 무시할 수 없는 한계 때문이다. 2007년까지 국민 여론은 복지주의에 대한 선호가 높지 않았다(박종민, 2008).

2004년 총선에서 열린우리당은 과반수 의석을 확보하면서 2002년 대선의 주요 쟁점이었던 탈지역주의와 정치적 개혁을 어느 정도 성취했다. 2004년 총선 이후 열린우리당이 내리막길을 걸을 수밖에 없었던 이유는 '정치적 진보'의 연대였던 2002년 선거 연합이 정치 개혁의 성공으로 적실성을 상실했기 때문이다. 강원택에 의하면 "2000년 갤럽 인터내셔널의 밀레니엄 서베이에 참여해 태국, 인도네시아, 필리핀, 한국 등을 대상으로 정치 만족도를 조사한 바 있는데 한국의 정치 만족도가 제일 낮았다. 반면, 참여정부 시절 자체 조사한 결과를 보면 정치 만족도는 75%에 달했다"(박신용철, 2006)고 한다. 2009년 정치 만족도는 '불만족' 응답이 83.2%(전혀 33.5% + 별로 49.7%)였고 '만족' 응답은 14.8%(매우 0.4% + 비교적 14.4%)에 불과했다(이영섭, 2009). 2011년 당시 정권 교체를 바라는 상당수 유권자의 불만이나 노무현 대통령에 대한 재평가가 정치적 불만에서 비롯되었음을 알 수 있다.

쟁점은 사회적 필요에 의해 등장하지만 일단 문제가 해결되면 소멸된다. 열린우리당의 과반수 당선을 가져왔던 2004년 선거를 많은 이들이 정당 재편성을 가져온 선거라고 해석했다. 기존의 지역정당으로부터 이탈한 수도권 유권자를 기반으로 노무현 정부와 열린우리당이 탄생했다. 하지만 '새로운 정치'라는 쟁점은 선거 쟁점에 불과했지 서구에서 노동과 자본의 균열처럼 정당의 연합을 지속시킬 만한 정당 재편성을 위한 균열 쟁점이 아니었다.

집권 1년 만에 '새로운 정치'라는 쟁점이 해소되자 참여정부는 '양극화'를 의제화하는 데 성공했다.[2] 발전주의에 대항하는 복지주의 쟁점은 서구의 노동과 자본의 균열과 마찬가지로 장기적으로 정당의 연합을 안정화시킬 가능성이 매우 높다. 참여정부가 이의 쟁점화에 성공한 것은 장기적으로는 정당 재연합을 이루기 위한 적절한 시도였지만, 단기적으로는 스스로를 소수파로 전락시키는 모험이었다. 열린우리당이 당내 노선 투쟁, 정체성 혼란에 시달릴 수밖에 없었던 이유도 선거 연합과 선거 후 집권 의제가 변했기 때문이다. 열린우리당 내 구 민주당 출신은 청와대보다도 경제적 쟁점에서 보수적이었다. 종부세 개정안이 국회에서 두 번이나 실패한 것이 단적인 예이다.

반면에 한나라당은 뉴라이트 운동을 통해 대중 속에 파고들었다. 선진화 재단과 같은 지식인 조직을 통해 성장주의/발전주의 이념을 확산시켰다. 성장과 분배의 문제, 개방 문제 등 경제적 쟁점을 둘러싸고 진보 진영의 해체는 가속화되었지만, 한나라당은 오히려 재연합되었다. 1997년에는 외환 위기가 김대중 후보의 당선에 결정적으로 기여했다면 2002년에는 정치적 개혁 문제가 쟁점화되면서 한나라당이 소수당으로 전락했다. 그러나 한나라당은 참여정부 정

---

2 연합뉴스의 역대 대통령 연설 그래픽 서비스를 보면 참여정부가 1년 만에 주요 의제를 정치에서 경제로 옮겨갔음을 한눈에 알 수 있다. 경제 쟁점이 2007년 대선에서 갑자기 등장한 것이 아니라 이미 2004년부터 등장하기 시작했다는 말이다. http://www.yonhapnews.co.kr/medialabs/wd/nykw_or.html

치 개혁의 가장 큰 수혜자가 되었다. 정치 개혁이 어느 정도 성공하면서 한나라당의 권위주의의 유산, 차떼기로 상징되는 부패 이미지도 사라지게 되었다. 여기에 박근혜 대표의 천막 당사 이미지 정치도 기여했다. 민주 정부 10년의 성과로 민주주의의 공고화, 깨끗한 정치가 가능해지면서 정치적 쟁점은 사라지고 경제적 쟁점(성장주의 대 복지주의)이 전면에 등장하게 된 것이다.

경제적 쟁점이 부각되자 국민 다수가 발전주의를 지지하고 있는 현실(박종민, 2008)에서 한나라당이 다수당이 되는 것은 자연스러운 결과였다. 2007년 대선 직후 실시한 중앙일보의 조사 결과는 성장주의자들이 복지주의자를 능가하고 있음을 잘 보여준다. 한나라당 지지자의 68.6%, 민주당 지지자의 54.9%가 성장주의를 지지했다(중앙일보, 2007). 다수의 유권자, 특히 복지의 수혜 계층이라고 할 수 있는 저소득층도 복지 정책을 받아들일 준비가 되어 있지 않았다. 대선 전인 2007년 12월 EAI-한국리서치 조사에서 민주당 지지층의 복지 정책 대 성장 정책 선호도가 51.9% 대 43.3%로 나타난 것과 비교하면 오히려 대선 이후 민주당 지지자 중에서도 성장 우선이 더 증가한 것이다(신창운, 2009).

결론적으로 2002년 선거 연합이 해체된 이유는 크게 두 가지이다. 하나는 노무현 대통령의 정치 개혁이 어느 정도 성과를 거두고 열린우리당이 과반수 의석을 확보함으로써 정치 개혁이라는 선거 의제가 적실성을 상실했기 때문이다. 다른 하나는 선거 의제가 적실성을 상실함에 따라 노 대통령이 양극화를 의제화하면서 복지 정책을 추진한 결과이다. 참여정부는 사회 지출이 경제 지출을 초과할 만큼 복지 예산을 가파르게 올렸다. 참여정부의 집권 의제가 정치에서 경제로 옮겨가면서 정치적 진보의 연대였던 선거 연합의 해체가 가속화되었다. 한국민의 의식에는 박정희의 발전주의 신화만 존재할 뿐 한 번도 경험해보지 않은 복지주의는 미약했다.

노무현 정부는 양극화를 의제화하는 데에는 성공했지만 선거 연합의 해체를 가속화시켰을 뿐, 이를 해결할 수단은 갖지 못했다. 양극화가 해결되기 위해서는 이를 해결할 수단에 대해 사회적 공론을 통한 합의가 이루어져야 하고, 선거를 통해 이러한 정책을 집행할 권한mandate을 위임받아야 한다(양재진, 2008). 단순히 빈부 격차 해소가 공약집에 있다고 해서 새로운 정책을 추진할 수 있는 것은 아니다. 그것이 선거 과정을 통해 쟁점으로 정치화되고 선거에 승리함으로써 이를 해결할 정책적 권한과 수단을 동시에 위임받아야 가능하다. 복지 정책이 민주적 절차에 따라 입안된 결과, 일부 복지 정책(근로장려소득, 기초노령연금제도, 노인장기요양보험 등)의 실시는 이명박 정부에 들어와서야 수혜자가 생겼다. 즉 참여정부의 복지 정책은 저소득층을 동원하는 데에는 부족했던 반면, 종부세, 재산세 등의 인상으로 중상층을 이탈시켰다. 그러나 정치적으로 진보적이었던 다수의 중상층이 이탈하고 소수의 서민층이 새로운 지지자로 유입됨으로써 노 대통령의 지지 기반에 변화가 오기 시작했다. 노 대통령의 지지 기반의 변화는 한나라당의 정당 재연합에 기여한 것으로 보인다. 2011년 당시 한나라당에 대한 35%가 넘는 안정된 지지는 단순한 지역주의 지지가 아니다. 발전주의라는 경제적 쟁점에 의한 재연합의 결과로 보아야 한다. 그래서 안정된 것이다.

반면, 좌우 언론의 '참여정부 실패' 공격으로 노 대통령이 낮은 지지도를 보이자 여당과 여당 후보는 복지주의를 내걸고 정면 승부하기보다는 노 대통령과 차별화를 선택했다. 가장 큰 실책은 여당이 열린우리당을 깨고 지역주의 정당으로 후퇴한 것이다. 선거 기간 내내 이명박 후보에 대한 네거티브 선거전을 펼침으로써 자신의 비전을 제대로 알리지도 못했고 선거 쟁점은 실종되었다. "안아줍시다"라는 캠페인으로 상처받은 유권자를 위로함으로써 사실상 노무현 대통령의 실정을 인정하는 유세를 펼쳤다. 열린우리당을 해체하고 쟁점 없는 대선을 치른 결과 대통합민주신당은 정당 해체를 경험했고 최저의 투표율을 기록했다고 본다.

이 이론에 따르면 진보 진영의 패배, 이명박 후보의 당선은 노무현 대통령에 대한 평가와 직접적인 관련이 없을 수 있다. 노 대통령과 차별화를 통해 패배한 여당 후보의 선거 결과에 노 대통령이 책임이 있다는 주장은 논리적 모순이다. 오히려 2007년 대선 당시 이명박 후보는 노 대통령의 좋은 업적은 계승하겠다고 해 '노명박'이라는 신조어가 나오기도 했다. 노무현 대통령의 낮은 지지도가 여당의 패배에 영향을 미쳤다는 주장도 비논리적이다. 김대중 대통령의 임기 말 지지도는 20%였다. 그럼에도 불구하고 노무현 후보는 승리했다. 노무현 대통령의 임기 말 지지도는 30~35% 내외였다. 이러한 주장의 경험적 타당성은 2007년 대선 자료를 가지고 5장에서 검증될 것이다.

3장

한국선거 예측모형: 2012년 총선의 구조를 중심으로

1. 2012년 총선 결과 재해석의 필요성

2004년 총선에서 야당인 한나라당이 승리할 것이라는 많은 전문가들의 예견이 빗나간 데 이어(홍석준, 2004) 2012년 19대 총선에서는 야당인 민주통합당이 승리할 것이라는 예측도 실패로 드러났다(황준범, 2012). 2004년에는 탄핵이라는 예기치 못한 변수가 있었지만 2012년 19대 총선 결과 예측은 왜 실패했을까? 이들의 2012년 총선 예측은 유권자가 회고적 투표를 할 것이라는 가정에 기초하고 있다. 어려워진 경제 사정과 이명박 정부에 대한 심판의 결과 야권연대가 2012년 총선에서 승리할 것이라고 내다봤던 것이다. 물론 총선 전

다수의 유권자가 야권연대에 투표하겠다는 여론조사 결과가 있었지만 사람의 태도와 행태가 항상 일치하지 않는다는 교훈을 생각한다면 이런 여론조사에 기초한 선거 예측은 위험한 도박이나 마찬가지이다.

그동안 한국선거 예측모형의 기본은 회고적 투표였다. 2004년 이후 여당인 열린우리당의 지속적인 선거 실패와 2010년 지방 선거에서 여권의 패배가 집권당의 실정에 대한 심판이라고 해석했기 때문이라고 본다. 무엇보다 2007년 대선이 회고적 투표 모형을 한국선거의 기본으로 만드는 결정적인 계기가 되었다. 2007년 대선에서 이명박 후보의 당선은 노무현 정부의 실정이 원인이라는 주장이 좌우의 지식인으로부터 공감을 얻었기 때문이다(최장집 · 박상훈, 2008; 오연호, 2007; 조국 · 오연호, 2010; 가상준 · 노규형, 2010; 강원택, 2010). 하지만 많은 전문가들은 2002년 노무현이 대통령에 당선되자 전망적 투표 때문이라고 주장했었다.

연구자는 유권자가 언제 회고적 투표를 하고, 언제 전망적 투표를 하는지 이론적으로 제시해야 하고 그런 이론에 기초해 선거 예측을 해야 한다. 그런데 왜 그동안 적지 않은 선거 연구자들의 예측이 틀려왔을까? 전문가의 예측이 유권자의 투표 행태에 역으로 영향을 미쳤기 때문에 결과적으로 실패한 것일까, 아니면 야권이 과반수 의석 확보에 성공할 것이라는 전문가의 예측이 애초부터 잘못된 것이었을까? 전자의 영향도 무시할 수 없다고 본다. 논평가의 압도적 야권 우위 예측이 여권 지지자의 결집을 유도했거나 중도층 유권자가 약자라고 생각되는 여권에 힘을 실어줬을 가능성, 혹은 야권 성향의 중도층 유권자가 기권했을 가능성이 있기 때문이다. 하지만 전자보다는 후자의 가능성이 더 크다고 본다. 즉 종합적인 한국 선거 분석모형이 자리를 잡지 못해 연구자들의 예측이 실패한 것이다.

선거 분석과 예측의 실패는 정부 운영에 적지 않은 영향을 미친다. 선거 결과는 가변적인 여론조사와는 달리 행동으로 나타난 민심의 가장 정확한 표출이다. 따라서 선거 결과에 나타난 민심이 실제 정책에 반영되도록 하는 것이 선거와 민주주의의 순기능일 것이다. 하지만 전문가의 잘못된 선거 예측이 투표 행위에 영향을 미쳐 투표 결과를 왜곡하기도 하고, 또 투표 결과가 잘못 해석되어 민심이 왜곡된다면 선거 본래의 의미가 반감될 수 있다. 또한 전문가의 선거 예측 실패는 정치인이 다음 선거에서 같은 실패를 반복할 수 있게 만든다는 점에서 정확한 선거예측모형을 개발하는 일은 정치학자의 중요한 역할 중 하나라고 할 수 있다.

이 장에서는 한국 선거 결과의 예측력을 높이기 위해 정당 지지(혹은 정당 일체감)를 기본으로 회고적 투표와 전망적 투표를 포괄하는 대안의 선거예측모형을 제시함으로써 2012년 총선 예측이 왜 틀리게 되었는지를 설명하고자 한다. 종합적인 선거예측모형은 세 가지 요인—선거의 종류, 전략, 구조—을 모두 포함해야 한다는 생각에 다음과 같은 가설을 세운다. 첫째, 회고적 투표와 전망적 투표는 선거의 종류에 따라 다르게 나타난다. 재보궐 선거나 총선/지방 선거가 중간 선거의 성격을 갖는 선거에서는 회고적 투표의 영향이 강하고, 대선이나 대선과 가깝게 치러지는 총선/지방 선거는 전망적 투표의 영향이 강할 것이다. 둘째, 후보자들이 선거 전략에서 전망적 차이를 보여주지 못하면 회고적 투표의 영향이 상대적으로 강해질 것이다. 따라서 유권자의 회고적 투표의 정도는 후보자의 선거 전략에 의해 영향을 받는다. 선거 전략은 정당 지지의 구조적 분포에서의 열세를 뛰어넘는 역할을 한다. 셋째, 회고적 투표와 전망적 투표는 부분적인 차이를 가져올 뿐, 선거 결정에 가장 중요한 요인은 비교적 안정된 '정당 지지(정당 일체감)'의 분포라고 가정한다. 정당 지지 분포에 대한 이해는 단지 선거 직전 여론조사에 나타난 수치가 아니라 정당 체계의 역사적 진화 과정에 대한 이해를 필요로 한다. 소선거구 다수제라는 선거 제도 또한 선거 구조에 있어서 중요한 한계를 결정짓는다. 필자가 대안으로 제시하는 종합적인 선거 예측모형은 이상의 세 가지 (가설적) 요인에 기초해 구성된다.

그러나 이 장에서는 선거예측모형의 세 가지 요인 중에서 '선거 전략' 요인은 6장에서 별도로 다루므로 일단 배제하고[1] 선거의 종류와 구조적 요인 두 가지에만 초점을 맞추고자 한다. 2012년 19대 총선 예측의 경우를 통해, 기존 선거 예측에 사용된 회고적 모형이 포함하지 못한 '정당 지지'와 '선거 종류'와 같은 구조적인 변수를 중심으로 하여, '회고적 모형'에만 의존한 2012년 총선 예측이 틀릴 수밖에 없었던 이유를 설명해보도록 하겠다.

결론부터 말하자면, 선거 전략을 배제해도 2012년 총선은 민주통합당보다는 새누리당에 구조적으로 유리한 선거였다. 민주당이 좋은 전략을 통해 불리한 구조를 극복하지 못한 것은 사실이다.

---

1 선거 전략 요인은 6장에서 다루도록 하겠다.

하지만 새누리당이 질 수밖에 없는 선거를 좋은 전략을 통해 승리로 이끈 것이 아니라, 이길 수 있었던 선거를 이겼다는 점에서 전문가들의 선거 예측은 처음부터 잘못되었다고 본다. 그 이유는 다음과 같다.

첫째, 2012년 총선은 대선을 8개월 앞둔 선거였기에 회고적 투표보다는 전망적 투표가 더 강하게 나타날 것이며, 박근혜라는 유력한 대선 후보가 선거를 이끈 새누리당이 우세할 것이라는 예측이 가능하다. 둘째, 선거 제도의 다수당 이득 효과와 새누리당이 정당 지지 기반에서 우위를 점하고 있는 구조적 요인을 고려하면 새누리당이 이길 가능성이 더 높았다고 본다. 지역주의가 완화되었으므로 부산·경남에서 민주당이 10석 이상 확보할 것이라는 전망은 투표 행태를 이해하지 못한 결과이다. 정당 지지의 구조적 격차는 하루아침에 변하지 않기 때문이다. 셋째, 선거의 종류나 구조에서 불리한 민주당이 좋은 선거 전략을 구사했다면 더 많은 의석을 얻을 수는 있었겠지만 많은 이들의 주장처럼 단지 민주당의 선거 전략 실패로 이런 선거 결과가 도출된 것은 아니라고 본다.

이처럼 전략과 구조를 포함한 종합모형이 필요한 이유는 단일한 모형을 통해 일관되게 모든 선거의 예측을 할 수 있어야 하기 때문이다. 만일 회고적 투표가 선거 예측에 가장 중요한 요인이라면 2012년 내내 이명박 대통령의 낮은 지지도, 박근혜 후보의 선전을 설명할 수 없게 된다. 즉 회고적 모형으로는 설명되지 않는 2012년 대선 정국을 일관되게 설명할 새로운 모형이 필요한 것이다.

다음 2절에서는 '회고적 투표'와 '전망적 투표', 그리고 '정당 지지' 변수의 이론적 배경을 살펴보고 대안의 종합모형이 기존의 회고적 모형의 한계를 어떻게 극복할 수 있는지 설명한다. 3절에서는 회고적 모형과 전망적 모형의 한국적 적용 가능성을 검토한다. 또한 2012년 총선의 구조를 구성하는 핵심 요인인 서구의 정당 일체감 party identification과 유사한 '정당 지지party support' 개념을 도입하여 정당 지지 분포에서 새누리당이 민주통합당에 비해 유리한 구조에 있었음을 보여준다. 4절에서는 전문가들이 2012년 총선을 예측하는 데 사용한 회고적 모형과 필자의 종합모형을 경험적으로 검증한 결과를 제시하고 종합모형이 기존의 단순 회고적 모형보다 설명력이 우수함을 보여주고자 한다. 아울러 종합모형을 사용하여 2012년 6월 제주도에서 열린 한국정당학회 하계학술회의에서 18대 대선을 예측했던 내용을 별도로 소개한다.

2. 회고적 투표, 전망적 투표, 그리고 정당 지지

2012년 19대 총선을 한 달 앞둔 시점에 정치학회가 주최한 특별학술대회에서 두 개의 상반된 주장이 나왔다. 같은 설문조사 자료를 사용했음에도 불구하고 여당이 2012년 총선에서 선전할 것이라는 주장(장승진, 2012a)과 야당이 선전할 것이라는 주장(전용주, 2012)이 제기된 것이다. 결과는 장승진이 맞았다. 그는 어떻게 1개월 전에 새누리당의 선전을 예측할 수 있었는가? 장승진은 2000년 이후 한국 정당에 대한 지지가 매우 안정되어 왔다며 새누리당의 구조적 우위는 보수 정당에 대한 유권자의 견고한 지지에 기인한다고 주장한다.

반면, 언론에서 많은 전문가들은 불과 선거 며칠 전까지도 민주당이 제1당이 될 것이라 예측했다. 이러한 예측은 유권자가 이명박 정부 심판이라는 회고적 투표를 할 것이라는 가정에 기초한다. 그러자 선거의 구조는 새누리당에 불리했지만 제도적 이득과 훌륭한 선거 전략으로 불리한 구조를 극복했다(장훈, 2012)는 주장이 제기되었다. 2012년 총선에서 회고적 투표가 실종된 것은 아니고 이명박 심판이 부분적으로는 투표 불참으로 표출되었다는 주장이 제기되기도 했다(강원택, 2012b). 반면, 민주당엔 새누리당의 박근혜 후보와 같은 대선 후보가 없기 때문에 불리한 선거가 될 것이라는 주장(장승진, 2012a)이 선거 전부터 제기되기도 했다. 이는 유권자는 전망적 투표를 할 것이라는 가정에 기초한다.

회고적 투표 vs. 전망적 투표

회고적 투표에 대한 이론적 기원은 키이V. O. Key가 "유권자의 주요 역할은 과거의 사건, 과거의 성과, 과거의 행위를 평가하는 것(Key, 1966: 61)"이라고 한 데에서 찾을 수 있다. 회고적 투표에 대한 경험적 연구는 경제적 상황이 나쁘면 집권당을 심판하기 위해 도전자에게 표를 주고, 경제적 여건이 좋으면 집권당을 표로 보상한다는 단순한 가정에서 시작되었다. 이러한 기대는 경제적 조건이 개인적 경제 사정pocketbook에만 한정되는 것이 아니라 국가 경제 사정sociotropic에도 해당된다는 해석의 확장으로 인해 경험적으로 검증되었다(Tufte, 1975; Kinder and Kiewiet, 1979; Fiorina, 1981; Hibbing and Alford, 1981; Miller and Wattenberg, 1985; Abramowitz, 1985; Abramowitz et al., 1988; MacKuen et al., 1992; Kramer, 1983). 이러한 개인 수준에서의 선택이 집합적으로도 나타나는지를 검증한 루이스백(Lewis-Beck, 1988)의 연구는 미국 내에서뿐만 아니라 비교 연구를 촉발시켜 다른 나라에서도 경제에 기초한 회고적 투표가 확인되었다. 즉 물가 상승률과 실업률을 합한 미저리 인덱스Misery Index가 높을수록 그리고 1인당 국민소득이 낮을수록 유권자가 집권당을 심판하는 경향을 발견했다(Powell and Whitten, 1993; Nadeau, Niemi, and Yoshinaka, 2002).

회고적 모형이 집권당에 대한 평가에만 초점을 맞춘다면, 유권자가 미래 지향적인 둘 이상의 후보 중에서 선택하는 경향이 있다는 전망적 투표 모형이 대안으로 제기되었다(Kuklinski and West, 1981; Lockerbie, 1991). 회고적 투표와 전망적 투표의 분석을 위해 설문조사에 과거의 개인 경제 사정, 과거의 국가 경제에 대한 평가, 미래의 개인 경제 사정, 미래의 국가 경제에 대한 전망 등의 변수가 포함되었다. 그러나 양자는 경쟁 모형이라기보다는 보완적이라고 할 수 있다(Lanoue, 1994).

회고적 투표나 전망적 투표의 증거를 발견했다고 해서 이러한 모형이 선거 결과의 예측에 도움이 되는 건 아니다. 선거의 예측을 위해서 이론적으로 언제 회고적 투표가 전망적 투표를 압도하는지, 어떤 요인이 전망적 투표와 회고적 투표의 정도에 영향을 미치는지 구분해내야 한다. 하지만 이 문제는 선거 예측이 발달한 미국에서도 지금까지 별로 논의되지 않았다.

라노우(Lanoue, 1994)는 정부가 경제 상황에 대해 책임이 있다고 느끼는 유권자만이 회고적 투표와 전망적 투표를 할 것이라는 가정 하에 대상 유권자만을 따로 분류해 1984년과 1988년 상하원 선거와 대통령 선거를 분석했다. 그는 상당한 정도의 회고적 투표와 제한된 전망적 투표의 증거를 발견했다고 결론지었다. 하지만 실제의 결과는 그의 결론과 차이가 있으며, 저자가 주목하지 않았지만 필자는 그의 결과로부터 선거 예측과 관련해 세 가지 흥미로운 사실을 발견할 수 있었다.

첫째, 상하원 선거에서는 회고적 투표의 증거만 발견되었고 전망적 투표는 대통령 선거에서만 발견되었다는 점이다. 둘째, 현직 대통령이던 레이건이 재선에 출마한 1984년 대선과 현직 대통령이 은퇴한 후 부시 부통령이 출마해 민주당의 신인 도전자와 맞붙었던 1988년 선거 사이엔 투표 행태에 커다란 차이가 있다는 점이다. 즉 1984년 대선에서는 회고적 투표가 전망적 투표를 압도한 반면, 1988년 대선에서는 전망적 투표가 회고적 투표를 압도했다.

이 두 가지 발견은 필자가 대안 모형에서 제시한 첫 번째 가설을 입증해준다. 즉 대안 모형의 제1가설은 선거의 종류가 전망적 투표와 회고적 투표의 비중을 결정한다는 것이다. 후보의 인물이 상대적으로 덜 중요한 의회 선거에서는 집권당에 대한 심판으로서 유권자가 주로 회고적 투표를 한다면 인물이 중요한 대통령 선거에서는 후보를 비교하는 전망적 투표를 한다는 점이다. 또한 현직 대통령이 출마하는 선거에서는 회고적 투표가, 현직 은퇴 속에 두 도전자가 경쟁하는 선거에서는 전망적 투표가 더 중요하다는 점도 밝혀졌다. 이는 밀러(Miller and Wattenberg, 1985) 등이 발견한 결과와도 일치한다. 경제적 전망 투표가 상대적으로 후보의 인지도가 낮은 하원에서는 발견되지 않고 상대적으로 후보의 비중이 중요한 상원 선거에서만 발견되는 것도 같은 이유라고 할 수 있다(Kuklinski and West, 1981). 하원 선거에서는 정당 일체감이 회고적 투표를 압도하기 때문인 것으로 풀이된다.

셋째, 위의 모든 연구에서 일관되게 발견되는 결과는 회고적 투표와 전망적 투표를 능가하는 가장 설명력이 높은 변수가 '정당 일체감'이라는 점이다. 2007년 한국의 대선 결과가 회고적 투표에 의한 결과라고 주장한 거의 모든 논문에서 생략된 변수가 바로 이 정당 일체감이었다. 즉 회고적 투표와 전망적 투표는 정당 일체감을 통제한 후에야 그 영향력을 순수하게 인정받을 수 있는 것이다.

선거 예측에서 두 번째로 중요한 요인은 대통령 선거에 있어서 후보의 선거 전략이라고 할 수 있다. 가령, 후보들이 전략에서 전망적 차이를 보이지 않는다면 자연스럽게 회고적 투표가 압도하게 될 것이다. 가령, 2000년 대선에서 높은 클린턴의 퇴임 시 지지도에 비춰볼 때 고어의 패배는 납득하기 어려운 일이었다. 대부분의 연구자들은 20% 표차의 압도적 승리에서부터 여유 있는 낙승에 이르기까지 고어의 승리를 점쳤다. 뒤에 연구자들의 예측이 틀린 것으로 드러나자 친근했던 부시에 비해 딱딱했던 고어의 성격이 패인이라는 주장이 제기되었다. 하지만 피오리나는 고어의 선거 전략이 주요 패인이었음을 발견했다(Fiorina et al., 2003). 즉 클린턴의 추문으로 고어의 클린턴과의 차별화 전략이 그 이유라는 것이다. 중도였던 클린턴과 차별화하기 위해 고어가 이념적으로 좌경화 전략을 택함으로써 회고적 투표를 차단시켰다는 것이다. 따라서 전망적 투표와 회고적 투표 중 어느 것이 지배적이 되는지는 선거 종류에 따른 영향을 배제한다면, 유권자의 선택이라기보다는 후보자 선거 전략의 결과일 가능성이 크다. 그러나 이 전략도 구도를 뛰어넘는 데에는 한계가 있음을 앞에서 지적한 바 있다.

회고적 투표와 전망적 투표가 모두 경제적 조건에 대한 평가로만 이루어지는 건 아니다. 정부의 성과 중 경제에 대한 평가가 중심을 이루는 건 사실이지만 지방 선거의 경우에는 그 직에 맞는 성과에 대한 평가가 회고적 투표의 내용이 되기도 하고(Berry and Howell, 2007), 정책적 쟁점이 되는 경우도 있다(Uslaner, 1989). 다운스(Downs, 1957)의 공간 이론은 정책을 쟁점으로 한 대표적인 전망적 투표 모형이라고 할 수 있다.

로즈마(Rosema, 2006)는 유럽의 다당제 국가에서 투표 결정의 요인 중 하나로서 정당의 대표를 꼽는다. 의원내각제 국가에서는 지역구 후보나 정당에 대한 선호 외에도 정당 대표에 대한 선호, 연립정부에 대한 고려가 전망적 투표의 이유가 되기도 한다. 대통령제 국가인 미국에서는 전망적 투표가 후보 평가로 나타나기도 한다. 따라서 회고적 투표의 대상으로서 현직 대통령에 대한 평가가 경제적 조건보다 더 중요할 수도 있다(Abramowitz, 1985). 가령, 정부 신뢰에 영향을 미치는 변수가 레이건 대통령의 경우 경제적 상황이나 정책, 성과보다는 대통령의 개인적 특성이라는 연구 결과가 있다(Citrin and Green, 1986). 많은 사람들이 클린턴의 인기와 지지도가 향상된 경제 상황에 기인한다고 생각한다. 그러나 레이건과 같은 방법론을 사용한 한 연구에 따르면 경제 그 자체보다는 대통령의 개인적 매력이 정부 신뢰 향상에 영향을 미친 것으로 드러났다(Cho, 2008). 회고적인 경제 투표가 하원 선거에서는 발견되지 않고 상원이나 대통령 선거에서만 발견되는 이유도 인물의 중요성 때문이라고 할 수 있다(Markus, 1988). 즉 회고적 투표나 전망적 투표에서 단순히 경제적 여건에 대한 평가나 기대뿐만 아니라 그 사회의 제도와 문화에 따라 다양한 요인이 회고와 전망의 준거heuristic로 사용될 수 있음을 알 수 있다.

'정당 일체감'의 의미

회고적 투표나 전망적 투표와 같은 단기적 요인의 영향을 정확하게 측정하기 위해서는 정당 일체감과 사회경제적 변수와 같은 장기적인 변수를 일차적으로 통제해야 한다. 사회경제적 변수는 유권자의 집단적 소속, 정당 일체감은 정당에 대한 개인의 안정된 태도를 측정한다. 정당 일체감party identification은 미국의 미시간학파가 제시한 개념으로서 공식적인 정당의 당원 개념과 달리 오랜 세월에 걸쳐 형성된 특정 정당에 대한 소속감 혹은 정체성identity을 의미한다(Campbell, et al., 1960).

정당 일체감은 정당에 대한 역사적인 회고적 평가의 총합이라고 할 수 있다(Fiorina, 1981). 따라서 이는 정당 체계의 변화에 의해 영향을 받는다. 정당 체계의 변화란 정당이 유기체처럼 연합, 해체, 재연합의 사이클을 겪는 것을 의미한다. 정당 재연합이 일어나면 정당 일체감을 갖는 유권자의 수가 증가하고 강도가 상승한다. 무당파의 비율은 감소하고 따라서 투표율도 증가한다. 정부 내에서 행정부와 의회를 단일 정당이 지배하는 단점 정부가 구성될 가능성이 높아지며 정당의 후보들은 뚜렷한 대안을 제시하게 된다. 정당 체계가 해체하는 시기에는 무당파의 비율이 증가하고 정당 일체감이 투표 결정 요인으로서의 영향력도 약화된다. 정당 재편성은 두 가지 경로로 일어나는데, 중대 선거로 이루어지는 급진적 재편성과 장기간에 걸쳐 이루어지는 점진적 재편성으로 대별된다(Key, 1955; 1959; Erikson and Tedin, 1986; Sundquist, 1983; Burnham, 1970; Clubb et al., 1980).

정당 일체감은 투표 결정에 가장 큰 영향을 미치기 때문에 유권자의 정당 일체감 분포에 따라 선거에서 각 정당의 구조적 우위를 미리 예측할 수 있다. 가령, 뉴딜 이후 1980년대 레이건 공화당원이 다수 등장하기 전까지 미국 사회는 민주당 우위의 의회가 지속적으로 유지되어왔다. 정당의 유권자 지지 분포는 후보 요인이 덜 중요한 하원 선거의 결과를 결정적으로 좌우한다. 대통령 선거에서 후보의 자질과 선거 전략으로 정당 지지 분포상의 불리함을 딛고 성공한 후보는 여소야대의 국회를 맞이하게 된다. 이처럼 미국선거 예측모형에서는 유권자의 정당 일체감과 양당의 정당 일체감 분포가 선거에서 매우 중요한 구조적 요인 중 하나라고 할 수 있다(Burnham, 1970; Campbell, 1985).

정당 일체감의 개념에 대해서는 아직도 논란이 지속되고 있다. 일차원을 가정하는 미시간학파의 개념과는 달리 다차원적이라는 주장이 제기되었다(Weisberg, 1980; Groenendyk, 2012). 즉 민주당과 공화당원이 일차원의 양 극단에 존재하는 것이 아니라 민주당원, 공화당원, 무당파가 서로 다른 차원에 존재한다는 주장이 그것이다. 정당 일체감은 감정적 태도의 총합이며 사회화에 의해 부모에게서 자녀로 이전된다는 미시간학파의 주장은 단기적 · 평가적 태도에 의해 영향을 받는다는 수정론에 의해 도전을 받기도 했다(Fiorina, 1981; Franklin, 1992; Franklin and Jackson, 1983).

미국의 정당 일체감이 다른 나라에서도 동일하게 발견되는 건 아니다. 로즈마는 유럽과 같은 다당제 국가에서는 정당에 대한 일체감보다는 심리학적 개념으로서 감정적 평가affective evaluation가 더 적절하다고 주장한다(Rosema, 2006). 후보에 대한 평가를 감정 온도계로 측정하는 것처럼 정당에 대한 태도도 같은 방식으로 측정될 수 있다는 것이다. 일각에서는 정당 일체감이 투표 선택과 동일한 변수가 아니냐는 질문이 제기된다. 그러나 정당에 대한 이러한 태도가 투표 선택과 완전히 일치하지는 않기에 선거 결과를 설명하는 변수로서 여전히 의미가 있다고 생각한다. 그렇다면 한국 선거를 예측하는 종합모형은 회고적 투표와 전망적 투표, 그리고 '정당 일체감' 개념을 어떻게 포괄할 수 있을까?

3. 선거예측모형의 한국적 적용

한 번도 정권 교체를 경험해보지 않은 1990년대까지 한국 선거 예측에서 가장 중요한 변수는 여야 성향이었고(조중빈, 1993; 박찬욱, 1993), 1987년 민주화 이후에는 지역이었다(조기숙, 1993). 그러나 1997년 여야 간 수평적 정권 교체를 경험한 후 여야 정당이 바뀌자 여야 성향 변수는 더 이상 설명력을 갖지 않게 되었다. 1997년 이후에는 이념이 투표 결정의 주요한 요인으로 등장하기 시작했다(조기숙, 2002). 2002년 대선 이후에는 세대가 중요한 변수로 등장하면서 한국 선거 연구에서 지역, 이념, 세대가 중요한 설명 변수가 되었다(정진민, 2003; 강원택, 2003b; 2010). 간헐적으로 경제적 투표에 대한 연구가 있었지만 본격적으로 회고적 투표가 한국 선거 분석에 도입된 건 2007년 대선부터였다고 생각된다. 하지만 대선에서 회고적 모형의 적용은 정당 일체감을 통제하지 않은 방법론적 오류로 인해 그 결과에 대한 의문이 제기되었다(조기숙, 2011). 미국의 1988년 대선에서 보았듯이 한국의 역대 대선에서도 늘 전망적 투표가 지배적이었기 때문이다.

가령, 2002년 대선에서는 세 아들의 비리 연루로 인해 김대중 대통령의 임기 말 지지도가 19%로 추락했음에도 불구하고 노무현 후보가 당선되었다. 이때 대다수의 논평가들은 전망적 투표가 있었다고 주장했다. 그러나 2007년 대선에서는 노무현 대통령의 지지도가 30%를 웃도는 상황에서 정동영 후보는 패배하자 회고적 투표가 있었다고 주장했다. 2012년 말 대선을 앞두고 이명박 대통령의 지지도는 17%까지 추락하기도 했다. 하지만 박근혜 후보는 안철수 후보의 등장에 의해 위협을 받기는 했지만 민주당 후보가 결정돼 컨벤션 효과를 누리기 전까지는 여전히 선두를 달리고 있었다. 9월 말 박 후보의 지지가 하락한 것은 본인의 발언이나 측근의 자질과 관련된 시비 때문이지 새삼스럽게 이명박 대통령의 실정 때문은 아니었다.

미국에서 회고적 투표와 전망적 투표가 투표의 종류에 따라 그 비중이 다르게 나타나듯이 한국에서도 회고적 투표는 대통령의 임기 중 치러지는 중간 선거나 재보궐 선거에서 집권당의 패배를 설명하는 데 유용한 것으로 보인다. 가령, 2006년 지방 선거에서 열린우리당의 참패, 2010년 지방 선거에서 한나라당의 패배는 현직 대통령이나 집권당에 대한 심판이 반영된 회고적 투표의 결과라고 할 수 있다. 한나라당과 열린우리당의 당세의 차이에 따라 패배의 정도가 다르게 나타나긴 했지만 집권당 심판이 매우 중요한 요인이었다.

그러나 대통령 선거나 대통령 선거와 가까이 일어나는 지방 선거, 총선의 경우는 전망적 투표가 지배적이었다고 생각된다. 가령, IMF 사태 이후 최초로 1997년 대선에서 정권 교체 후 1년 만에 치러진 1998년 지방 선거에서는 집권당인 새천년민주당과 자민련의 여권 후보(고건, 임창렬, 최기선)가 수도권 광역단체장에 당선되었다. 이는 안정된 국정 운영을 할 수 있도록 집권당에 힘을 실어주는 전망적 투표의 결과라고 할 수 있다.

뿐만 아니라 2004년 총선, 2008년 총선에서 한국의 유권자는 집권당을 다수당으로 만들어줌으로써 대통령에게 힘을 실어주는 전망적 투표를 했다. 이는 유럽에서 연정을 고려하여 전망적 투표를 하는 유럽 유권자의 투표 행태와도 유사하다(Resema, 2006). 2012년 12월 대선에서 대통령 후보에게 힘을 실어주기 위해 2012년 총선에서 자신이 선호하는 미래 대통령 후보의 정당에 투표하는 것도 전망적 투표로 이해할 수 있을 것이다. 미국이나 유럽에서도 회고적 투표와 전망적 투표가 대통령 후보 혹은 당대표와 같은 인물을 중심으로 있었다. 특히 3김 정치처럼 인물의 영향력이 강력한 한국에서는 대통령에 대한 평가를 중심으로 한 회고적 투표와 대통령 후보에 대한 평가를 중심으로 한 전망적 투표가 나타나는 것은 매우 자연스러운 현상으로 보인다.

2007년 대선 결과 분석과 2012년 총선의 예측에서 전문가들이 장기적 변수인 '정당 지지'를 통제하지 않은 가운데 단기적인 회고적 투표를 주요 변수로 사용한 모형은 '모형 오류model misspecification'를 범하고 있다. 단기적인 회고적 평가는 정당 일체감을 통제하지 않는 한, 투표 행태를 정확히 예측할 만큼 안정되지 않기 때문이다. 따라서 한국 선거를 일관되게 설명 예측하기 위해서는 '정당 지지'를 기본으로 회고적, 전망적 투표를 이론적으로 결합하는 종합적 모형이 필요하다고 본다.

'정당 지지'란 특정 정당에 대한 장기적이고 역사적인 평가, 감정, 이미지가 총체적으로 포괄된 태도라고 할 수 있다. 정당 일체감이 정당의 역사가 오래된 미국이나 유럽에서 수 세대에 걸쳐 형성된 정체성 개념이라면, 유럽에서는 감정적 평가 개념으로 사용하고 있다(Rosema, 2006). 필자가 '정당 일체감'이 아니라 '정당 지지'라는 용어를 사용하는 이유는 정당 일체감의 비대칭성 때문이다. 가령, 새누리당 지지자의 경우에는 정당 선호, 일체감, 평가가 복합적으로 포함되어 있어 '정당 일체감'이라는 용어가 적용될 수 있다고 본다. 하지만 뒤에서도 설명하겠지만 잠재적인 민주당 지지자는 선호나 일체감을 가지지 않은 경우가 많다(박원호 · 송정민, 2012). 따라서 부모에게서 자녀에게로 사회화되는 미국식 '정당 일체감'이라는 용어를 사용하는 건 우리나라에서는 아직 시기상조라고 생각된다. 심지어는 최근 미국에서도 정당 일체감이 매 선거마다 변할 만큼 단기적 요인을 반영하고 있다는 주장(Mayhew, 2002)이 나오기도 한다. 따라서 '정당 일체감'보다는 '정당 지지'가 더 유용한 개념이라고 본다. 그러나 분명한 사실은 한국 사회에도 정당 투표와는 별개로 지난 40~50년간 진화되어오다 최근에 투표 선택에 결정적인 영향을 미치는 변수로서 정당에 대한 태도 변수가 존재한다는 사실이다.

과거에는 "어느 정당을 지지하십니까?"로 측정한 '정당 지지'와 정당에 대한 투표가 거의 일치하는 경향이 있어 서구에서와 같이 선거예측모형의 설명 변수로서 유용하지 않았다. 정당에 대한 지지가 투표 선택에 결정적인 영향을 미친다는 주장은 최근 심심치 않게 접할 수 있다. 2007년 대선에서 이명박 후보의 당선은 집권당에 대한 회고적 투표의 결과가 아니라 한나라당의 정당 재연합과 그로 인한 안정된 정당 지지가 결정적 영향을 끼친 결과였다(조기숙, 2011). 김형준(2011)도 노무현 정부 평가보다는 이명박 후보 평가를 매개로 하는 이념 변수가 가장 강하게 영향을 미친 것으로 나타났다며 2007년 대선에서 회고적 투표보다는 전망적 투표의 영향이 강했음을 시사했다. 김형준은 이념 변수의 영향력이 정당 선호를 매개로 했을 때 한나라당 선호가 민주당 선호를 압도한다는 점도 발견했다. 즉 보수적 유권자가 한나라당을 선호하는 계수(.35)가 진보적 유권자가 민주당을 선호하는 효과(.20)를 훨씬 상회한다는 것을 발견한 것이다. 2012년 총·대선 분석에서부터는 본격적으로 정당 일체감이라는 용어가 한국 선거 연구에 등장하게 되었다(한정훈, 2012; 장승진, 2012b; 박원호·송정민, 2012). 그러나 2013년 3월 한국정당학회 춘계학술대회에서는 미국식 정당 일체감이라는 개념이 과연 한국 선거에 적용 가능한지에 대한 의문이 제기되기도 했다.

이에 비해 무당파에 대한 연구는 꽤 오래전부터 이루어졌다(소순창, 1999; 소순창·현근, 2006; 이현출, 2001). 2010년대 들어서는 무당파에 대한 다차원적이고 심층적인 연구가 진행되면서 순수 무당파와 당파성을 띤 무당파의 실체가 밝혀졌다(박원호·송정민, 2012). 이 연구는 무당파에 대한 정의를 정교하게 함으로써 2000년대 이후 무당파층이 증가하기보다는 오히려 감소하는 추세임을 밝혀냈다. 또한 소극적 당파층이 2004년과 2008년 사이에 적극적 당파층으로 변화했다는 점도 밝혀냈다. 즉 박원호 등(2012)은 비자발적 혹은 습관적 지지자라고 할 수 있는 고연령, 저소득, 저학력의 소극적 당파성을 지닌 집단이 2004년에는 노무현 정부에 대해 가장 나쁜 평가를 내렸으나 2008년에는 이명박 정부에 대해 가장 긍정적인 평가를 내리고 이념적으로도 보수화된 모습을 보인다는 것을 발견했다. 이들은 지역주의가 약한 서울·경기, 강원 지역 출신이 다수를 차지하고 있으며 2007년 대선에서 이명박 후보를 어느 집단보다 강력하게 지지한 것으로 나타난다.

이는 노무현 정부 5년간 경제 성장과 복지를 균열 쟁점으로 한나라당의 정당 재연합이 이루어짐으로써 한국 정당의 지지 기반에 변화가 왔으며 이것이 이명박 당선에 가장 결정적으로 기여했다는 필자의 주장(조기숙, 2011)과도 일맥상통한다. 우리 사회에서도 민주화 이후 정당이 안정되어가면서 정당에 대한 총체적 평가가 의미 있는 변수가 되었다. 특히 참여정부 집권 5년간 국민들 이념 분포에서 변화가 관찰되었고(이현출, 2005) 그 결과 정당 지지 기반에도 변화가 시작되었는데 이로 인해 한나라당은 견고한 보수 정당으로 거듭난 데 반해 대통합민주신당은 지역 정당으로 후퇴한 것이 2007년 여당 대선 패배의 결정적 이유인 것이다. 2012년 총선 직전 민주당이 〈혁신과 통합〉과 결합하여 민주통합당으로 탄생하기는 했지만 여전히 민주당의 정당 지지 기반은 취약했다(장승진, 2012b). 한국 사회과학데이터센터의 총선 후 여론조사에서도 새누리당은 30.2%, 민주당은 24.6%의 지지를 받는다. 뒤의 경험적 분석에서도 드러나듯이 장승진의 주장처럼 민주당의 지지는 새누리당의 지지보다 취약한 것이 특징이다.

2012년 총선 한 달 전에 실시한 중앙일보의 조사에서도 경제 성장은 복지와 양극화보다 중요한 쟁점으로 나타난다(장승진, 2012a). 총선 후 여론조사에서도 40.7%가 경제 성장을 가장 중요한 과제로 선택했다. 새누리당이 경제 민주화, 복지를 총선 공약으로 내걸었음에도 불구하고 다수의 유권자들은 여전히 경제 성장을 중요하게 생각하고 다수의 유권자들은 새누리당이 경제 성장을 잘할 정당으로 인식했다. 아래 〈표 1〉에서 알 수 있듯이 새누리당이 정치 개혁이나 교육 정책도 더 잘하리라 기대하는 유권자의 수가 더 많다. 이러한 기대는 한강의 기적과 박정희 신화와 같은 정당에 대한 장기적인 평가에서 나타난 것이지 단순히 집권당에 대한 단기적인 회고적 평가와는 무관하다고 할 수 있다.

<표 1> 현재 우리 사회의 시급한 과제와 이를 잘 해결할 수 있는 정당(%)

	경제 성장	복지 확대	정치 개혁	교육
새누리당	55.8	27.2	33.5	31.6
민주통합당	19.9	39.0	23.9	23.7
통합진보당	1.7	8.3	7.7	14.5
기타 정당	1.0	1.3	3.2	2.6
모름/무응답	21.6	24.2	31.7	27.6
N	407	228	155	76

이러한 논의를 종합해볼 때, 한국의 정당 체계에 두 가지 변화가 진행되고 있으며 그 구조적 조건 속에서 2012년 총선이 치러졌다고 추론할 수 있다. 하나는 새누리당과 민주당이 이념적으로 양극화되는 정당 재편성 현상이다. 많은 이들이 선거에서 지역이 강화되었다 약화되었다 논쟁이 치열하지만(최준영 · 조진만, 2005; 강명세, 2004) 지역이 약화되고 있음이 분명하다. 다만 지역이 강고해 보이는 건 '정당 지지'가 지역을 포괄하기 때문이다. 박원호(2013)는 지역이 정당 일체감에 포함된 개념이 아닌가 하는 의문을 제기한다. 한국 정당 체제의 변화 과정을 볼 때 이 가정이 맞다는 것을 필자는 보

여줄 것이다. 즉 한국의 '정당 지지'는 지역, 이념, 세대, 계층의 균열을 포괄하는 방향으로 발전되어왔다고 할 수 있다.

무엇보다 2012년 총선에 나타난 여야 후보의 이념적 양극화(강원택, 2012a)와 제3당의 퇴조와 양대 정당화(김용호, 2012) 현상이 바로 한국 정당 체계가 재편성되어가는 과정에 있음을 직접적으로 증명해준다(강원택, 2003a 참조). 2012년 대선에서는 이러한 이념적 양극화가 더 심화된 바 있다(강원택, 2013). 조기숙(2011)은 한나라당이 보수적 경제 이념을 기반으로 지지층을 견고히 했기에 상대 정당인 민주당도 이와 차별화함으로써 재연합을 시도해야 하며, 그렇게 되면 2012년 총선과 대선에서 양 진영이 뚜렷한 대안을 제시하는 양극화 현상을 보일 것이라고 예측한 바 있다. 이러한 이유로 안철수보다는 진보적인 문재인 후보가 야권의 단일 후보가 될 가능성이 높다고 예견한 것이다(2012b).

다른 하나의 흐름은 21세기 서구에서도 나타나는 탈정당화 현상이다. 이는 정당 연합 주기와는 무관한 서구 민주 국가에서도 나타나는 지속적인 정당 해체 현상이라고 할 수 있다(Dalton and Wattenberg, 2001). 현대 사회의 정당 해체 현상은 TV와 인터넷과 같은 매스컴의 발달 때문이기도 하고, 위계적인 정당 조직을 거부하고 직접 참여를 선호하는 탈물질주의자가 증가함에 따라 반정당 성향이 가속화되기 때문이기도 하다(Inglehart, 1977; 1990; 1997). 이러한 탈정당 현상의 대표적인 사례가 안철수의 등장이며 이는 진보 지향적인 민주당의 재편성에 부정적인 요인으로 작용하고 있다. 탈물질주의자들은 매우 진보적이지만 수평적 의사소통을 선호하고 권위에 도전하는 성향으로 반정당적인 성향이 강하기 때문이다. 새누리당이 보수 정당으로서의 정체성이 분명한 데 비해 민주당은 전통적 민주화 세력, 전통적 좌파, 탈물질주의적인 진보적 자유주의 세력 사이에서 정체성 위기를 상당한 기간 겪을 것으로 예상된다(조기숙, 2012a). 실제로 박원호와 송정민(2012)은 민주당의 잠재적 지지자인 비당파층apartisans의 기권이 야권연대의 2012년 총선 패인의 한 이유라고 주장한다. 이 현상은 21세기 진보 정당이 공통적으로 겪어야 할 운명인지도 모른다. 미국의 민주당과 프랑스의 사회당이 예비경선 제도를 도입한 배경에는 이러한 반정당 정서의 위기를 극복하고 정당을 대중 속에 보다 공고히 하기 위한 노력이 있다고 본다.

위에서 살펴본 정당 변화의 두 가지 흐름으로 인해 단합된 보수 정당, 분열된 진보 정당의 구도는 가까운 미래의 피할 수 없는 흐름이라고 본다. 박근혜 대통령이 실정을 거듭해 새누리당 정당 지지가 지각 변동을 겪지 않는 한, 정당 지지 분포가 새누리당에겐 유리하고 야권엔 불리한 선거 구도는 당분간 지속될 것이다. 유권자는 정당의 과거에 대한 총체적 평가 속에서 투표 선택을 결정하고 이는 대통령에 대한 회고적 투표와 전망적 투표라는 단기적 요인 이전에 구조적 요인으로 작용한다. 미국에서도 정당 일체감에 대한 논쟁은 아직까지 지속되고 있지만 가장 강력한 투표 결정 요인으로 사용되는 것처럼 '정당 지지'가 잘 정의되지 않았다고 해서 투표 예측의 주요 변수로 사용할 수 없는 것은 아니다.

대안의 종합 선거예측모형은 다음과 같이 설정된다.

$$Y = a + b_1X_1 + b_2X_2 + b_3X_3 + b_4X_4 + b_5X_5 + b_6X_6 + e \quad \text{[모형 1]}$$

여기에서 X_1은 회고적 투표

X_2는 전망적 투표

X_3는 새누리당 지지

X_4는 민주당 지지

X_5는 사회경제적 변수

X_6는 정당이나 후보자의 선거 전략[2]

$b_1 < b_2$ [가설 1]

$b_3 > b_4$ [가설 2]

$b_3, b_4 > b_1$ [가설 3]

[가설 1]은 19대 총선은 대선 가까운 시기에 치러지므로 대선 전초전이 될 가능성이 크므로 회고적 투표보다는 전망적 투표의 영향이 클 것이라는 가설이다. [가설 2]는 한국 정치 변동, 세계적인 탈정당화 흐름을 고려할 때 새누리당이 민주당보다 '정당 지지'의 영향력이 클 것이라는 가설이다. [가설 3]은 정당 지지 모형이 회고적 투표 모형보다 설명력이 높을 것이라는 예측이다. 결론적으로 정당 지지를 기본으로 회고적 투표와 전망적 투표를 포괄하는 종합모형이 단순 회고적 모형에 비해 설명력이 높을 것이라고 가정한다.

---

2 6장에서 다루므로 검증은 생략한다.

4. 선거예측모형의 경험적 분석

이 연구를 위해 두 개의 전국 설문조사 자료를 활용했다. 하나는 〈19대 국회의원선거 유권자 조사〉로 한국 사회과학데이터센터가 총선 직후인 2012년 4월 수행한 표본 1,000개의 여론조사(비공개)이다.[3] 다른 하나는 〈2012 국민의식조사〉로 민주정책연구원이 서울대학교 한상진 사회연구소에 의뢰하여 수행한 패널 조사이다. 2012년 2월부터 4월까지 두 차례 이루어졌으며 전국 성인 1,026명을 대상으로 웹 및 전화 면접이 수행되었다. 통계 분석은 SPSS 통계 프로그램을 사용하여 수행했다.

이 모형 검증 연구를 위한 대부분의 경험적 분석은 두 개의 설문을 모두 사용했다. 사회과학데이터센터 조사의 경우 '정당 지지'를 묻는 문항이 없어서, 대신 "oo님께서는 가깝게 느끼는 특정 정당이 있습니까?"라는 질문에 대해 그렇다고 답변한 경우, 다시 가장 가깝다고 느끼는 정당을 선택하게 한 후속 문항에 대한 응답자의 답변을 각 정당에 대한 지지로 상정했다. 가깝게 느끼는 정당이 없다고 응답한 경우를 무당파로 규정했다. 〈2012 국민의식조사〉에서는 "선생님은 현재 어느 정당을 지지하고 계십니까?"라는 문항에 대한 답변을 '정당 지지' 변수로 사용했다.

'정당 지지'가 처음 사용되는 개념인 만큼 경험적 결과가 우연히 발견되는 것이 아니라 일관성이 있음을 두 개의 서로 다른 데이터를

3 자료를 사용하도록 도움을 준 한국 사회과학데이터센터와 한국정당학회의 이현출 회장께 깊은 감사를 드린다.

통해 확인하기 위해서였다. 모든 분석 결과가 유사해 전자를 사용한 결과만 여기에 사용했다. 다만 전자는 전망적 투표에 대한 설문을 담고 있지 않아 모형 검증이 불가능했다. 따라서 최종 모형 분석은 후자를 사용해서 검증했다.

회고적 투표는 앞에서 논의했듯이 인물 중심적 한국 선거의 특징을 감안해 가장 설명력이 높으리라고 예상되는 이명박 대통령에 대한 업무평가 변수를, 전망적 투표는 이 당시 잠재적 대통령 후보였던 박근혜 후보와 문재인 후보에 대한 평가를 변수로 사용했다. 실제로 2007년 대선에서 의미 있는 변수로 나타난 개인 경제 사정과 국가 경제 사정에 대한 평가는 정당 지지를 통제했을 때 영향력이 사라진 것으로 나타났다(조기숙, 2011). 따라서 한국 선거 분석에서는 경제적 사정에 대한 평가는 정당 지지의 다른 표현일 가능성이 크므로 경제 사정에 대한 평가보다는 대통령 혹은 대통령 후보에 대한 평가가 회고적 투표나 전망적 투표에 더 의미 있는 변수라고 가정한다.

본격적인 모형 검증에 앞서 '정당 지지' 변수가 어떤 경험적 의미를 지니는지 먼저 살펴보았다. '정당 지지'와 유사한 개념으로서 정당에 대한 감정(좋아한다 싫어한다)으로 투표 행태를 예측하는 시도가 있었다(황아란, 2008). 정당에 대한 감정이 감정적 측면만 측정한다면 정당 지지는 감정과 이성적 평가까지 포함된 총체적 태도라고 할 수 있다. 실제 양자는 매우 높은 상관관계를 보여주는 것으로 〈표 2〉와 같이 나타난다. 즉 새누리당 지지자들의 새누리당에 대한 호감도는 7.81로서 매우 높은 반면 민주당에 대한 호감도는 3.25,

통합진보당은 2.45으로 나타났다. 민주통합당 지지자들의 민주통합당에 대한 호감도는 6.90으로 새누리당 지지자의 자당 호감도에 비해 낮은 편이다. 호감도에서도 새누리당의 지지 기반이 민주당 지지자들보다 견고함을 알 수 있다. 통합진보당 지지자들의 자당에 대한 호감도 또한 7.47로 높게 나타난다. 민주당 지지자들의 진보당 호감도와 진보당 지지자들의 민주당 호감도는 각각 5.29와 4.66으로 나타나 연대 가능성이 있음을 시사한다. 반면 새누리당 지지자들의 민주당과 진보당에 대한 호감도는 3.25, 2.45인 데 비해 민주당과 진보당 지지자들의 새누리당에 대한 호감도는 2.95, 1.76으로 더 부정적인 것으로 나타났다.

한국에서 '정당 지지'는 2002년 이후 의미가 드러나기 시작했고 이제 막 사용되기 시작한 개념이므로 '정당 지지'가 어떻게 변화되어왔는지는 이 연구의 대상이 아니다. 다만 정당 지지가 외국에서

<표 2> 지지 정당별 정당 호감도 평균 비교

	새누리당 호감		민주통합당 호감		통합진보당 호감	
지지 정당	N	평균(S.E.)	N	평균(S.E.)	N	평균(S.E.)
새누리당	297	7.81(1.82)	273	3.25(2.22)	260	2.45(2.12)
민주통합당	242	2.95(1.99)	244	6.90(2.02)	218	4.66(2.17)
통합진보당	45	1.76(1.93)	45	5.29(2.00)	45	7.47(1.77)
기타 정당	19	3.95(2.44)	19	4.74(1.52)	17	4.29(2.34)
없음	308	4.46(2.25)	305	4.84(1.98)	282	4.07(1.75)
합계	911	5.01(2.91)	886	4.94(2.48)	822	3.91(2.35)
F(유의확률)	238.29(.000)		101.50(.000)		78.16(.000)	

* 각 정당 호감도는 0부터 10까지 범위 내에서 선택.

<표 3> 지지 정당별 투표율, 정치 관심 및 연령 구성(20대 및 30대)(%)

지지 정당	투표율	정치 관심 *	20대	30대
새누리당	86.1	78.8	6.3	15.9
민주통합당	85.0	78.5	18.3	24.8
통합진보당	93.3	86.7	31.1	24.4
기타 정당	81.8	81.8	36.4	13.6
없음	64.6	54.5	25.3	22.3
N	746	671	171	198

* 정치 관심: "이번 선거에 얼마나 관심이 있으십니까?" 설문에 '매우 많았다'와 '다소 있었다'로 응답한 경우.

와 마찬가지로 투표 행태를 설명하는 데 의미 있는 변수인지만 살펴보았다. 외국 연구에 따르면 정당 일체감이 있는 유권자는 무당파층에 비해 정치적 관심이 높고 투표율이 높은 경향이 있다. 정당 일체감은 연령과 함께 강화되는 경향이 있어 젊은 층에서는 무당파층이 많이 발견되는 경향이 있다. 〈표 3〉은 지지하는 정당이 있다고 응답한 유권자와 무당파를 비교한 것이다. 가깝게 느끼거나 지지하는 정당이 있는 유권자와 무당파층은 투표율에서뿐만 아니라 정치 관심에서도 현저한 차이를 보였다. '정당 지지'가 외국의 '정당 일체감'과 유사한 형태를 보인다는 사실을 알 수 있다. 젊은 유권자가 연령과 세대 효과로 인해 보수적인 새누리당보다는 진보적인 민주당을 지지하는 경우가 더 높지만 제3당이나 무당파가 많은 것도 특징이다.[4]

4 정당 지지도 평균을 고려하면 나이가 많을수록 정당 지지자가 더 많다는 것을 알 수 있다.

'정당 지지'가 장기적으로 형성된 개념인 만큼 역사적 집단 간 균열(Lipset and Rokkan, 1967)을 보여주는지 살펴본 결과는 〈표 4〉와 같다. 지역은 여전히 정당의 균열을 구성하는 주요한 요인이다. 흥미로운 점은 '새누리당 지지'에 계층적 지지가 약하게 나타나기 시작했다는 점이다. 이는 경제적 쟁점을 중심으로 정당 재편성이 진행되고 있다는 필자의 주장을 뒷받침해준다. 연령 변수의 유의미한 결과는 세대가 새로운 정당 균열의 중심으로 등장했음을 보여준다.

<표 4> 새누리당 지지 및 민주통합당 지지 로지스틱 회귀 분석

	새누리당 지지		민주통합당 지지	
독립변수	B(S.E.)	Exp(B)	B(S.E.)	Exp(B)
여성	.09(.23)	1.10	-.07(.25)	.93
연령	.06***(.01)	1.06	-.03*(.01)	.97
학력	-.05(.14)	.95	-.01(.15)	.99
소득	.08*(.04)	1.09	-.05(.04)	.95
화이트칼라	-.28(.28)	.75	.45(.30)	1.58
블루칼라	.19(.29)	1.21	.21(.31)	1.23
수도권	-.08(.29)	.92	-.02(.31)	.98
호남	-2.62***(.57)	.07	2.01***(.35)	7.44
영남	.65***(.29)	1.91	-.92*(.37)	.40
상수	-3.81***(.83)	.02	.18(.87)	1.19
N	479		479	
-2로그우도	502.39		472.41	
카이자승(유의확률)	113.22(.000)		93.516(.000)	
Pseudo R^2	.21		.18	

*** $p<.001$; ** $p<.01$; * $p<.05$; Pseudo R^2=Cox & Snell

정당 지지는 역대 정당의 균열인 지역, 세대, 계층뿐만 아니라 이념을 포괄할 가능성이 높다. 따라서 이념을 포함하여 다시 분석한 결과는 〈표 5〉와 같다. 예상했던 대로 독립변수들의 정당 지지 설명력은 높아졌고 이념이 유의미해지면서 계층은 무의미하게 되었다. 즉 새누리당 지지에는 이념과 계층이 중첩되어 있어 보수의 지지가

<표 5> 정당 지지 로지스틱 회귀 분석 (이념 변수 추가)

	새누리당 지지		민주통합당 지지	
독립변수	B(S.E.)	Exp(B)	B(S.E.)	Exp(B)
여성	.46(.32)	1.59	-.17(.30)	.85
연령	.06***(.02)	1.06	-.02(.02)	.98
학력	.08(.19)	1.09	-.02(.18)	.98
소득	.04(.05)	1.04	-.08(.05)	.92
화이트칼라	-.39(.38)	.68	.29(.36)	1.3
블루칼라	.12(.39)	1.12	.09(.38)	1.09
수도권	.10(.40)	1.10	-.18(.38)	.83
호남	-1.98**(.65)	.14	1.54***(.41)	4.67
영남	.77(.41)	2.15	-.94*(.45)	.39
이념[1]	-.49***(.08)	.61	.23***(.06)	1.26
상수	-1.92(1.22)	.15	-.71(1.15)	.49
N	350		350	
-2로그우도	295.27		.23	
카이자승 (유의확률)	158.56 (.000)		89.076 (.000)	
Pseudo R^2	.36		.23	

*** $p<.001$; ** $p<.01$; * $p<.05$; Pseudo R^2=Cox & Snell

1) 응답자에게 0(진보)부터 10(보수)까지 척도 중에서 본인의 위치를 표시하게 한 문항을 역산한 변수

견고한 데 비해, 민주당은 중산층의 진보성에 의존하고 있기 때문에 지지가 견고하지 않은 것으로 보인다. 민주당이 젊은 세대의 지지를 받는 건 진보적 이념 때문인 것으로 보인다. 이 때문에 새누리당 지지를 설명하는 모형이 민주당 지지 모형에 비해 두 가지 분석(이념 배제 모형/이념 포함 모형) 모두에서 R^2가 높게 나온다는 점을 알 수 있다. 이념이 추가되면 새누리당이나 민주당 지지에서 영남의 통계적 유의미성이 사라진다. 즉 영남에서의 지역주의 투표는 고연령과 보수 이념의 유권자 때문이지 단순히 지역 때문은 아닌 것으로 드러난 것이다. 이것이 영남에서 지역주의 약화로 나타나고 있다.

이 연구의 핵심 가설인 회고적 투표를 검증한 [모델 1], 전망적 투표를 검증한 [모델 2], 회고적 투표 대 전망적 투표를 검증한 [모델 3], 정당 지지 모형을 추가한 [모델 4]의 검증 결과는 〈표 6〉과 같다. 그리고 결과를 요약하면 다음과 같다.

첫째, 회고적 투표와 전망적 투표의 영향이 적지 않게 존재한다. 하지만 전망적 투표의 영향은 회고적 투표의 영향과 비교할 수 없을 만큼 크다. 박근혜 후보를 긍정적으로 평가하는 경우 그렇지 않은 경우보다 31.11배 더 새누리당에 투표했고, 이명박 대통령을 긍정적으로 평가한 경우 그렇지 않은 경우보다 1.67배 더 새누리당에 투표한 것으로 나타났다. 필자의 분석에 따르면 박근혜 지지는 총선에서 새누리당 투표와의 상관관계가 .7에 달한다. 새누리당에 대한 투표에 가장 큰 영향을 미친 변수는 '박근혜 지지'라는 전망적 투표인 것으로 나타났다.

둘째, 새누리당 지지자는 새누리당을 지지하지 않는 사람에 비

<표 6> 2012년 총선 지역구 투표 로지스틱 분석(1: 새누리당; 0: 야권연대)

	모델 1		모델 2		모델 3		모델 4	
독립변수	B(S.E.)	Exp (B)	B(S.E.)	Exp (B)	B(S.E.)	Exp (B)	B(S.E.)	Exp (B)
성별 (여성)	-.09(.21)	.92	-.37(.26)	.69	-.36(.27)	.70	-.34(.28)	.71
연령	.03**(.01)	1.03	.02*(.01)	1.02	.02(.01)	1.02	.01(.01)	1.01
학력	-.14(.12)	.87	-.25(.15)	.78	-.21(.15)	.81	-.25(.16)	.78
소득	.22**(.07)	1.25	.20*(.09)	1.22	.22*(.09)	1.24	.18(.10)	1.19
화이트 칼라	.50*(.26)	1.65	.15(.31)	1.17	.31(.32)	1.36	.20(.32)	1.22
블루 칼라	.00(.31)	1.00	-.22(.40)	.80	-.19(.41)	.83	-.28(.46)	.75
수도권	-.60*(.29)	.55	-.27(.35)	.76	-.41(.37)	.67	-.18(.39)	.84
호남	-2.55***(.50)	.08	-1.71**(57)	.18	-1.79**(.58)	.17	-1.01(.59)	.37
영남	.45(.30)	1.57	.74(.38)	2.10	.66(.39)	1.93	.59(.41)	1.81
회고적 투표	1.22***(.12)	3.39			.51***(.15)	1.67	.23(.16)	1.25
전망적 투표			3.87***(.29)	47.80	3.44***(.30)	31.11	3.11***(.31)	22.42
새누리당 지지							1.34***(.38)	3.81
야권지지 (민주당 + 진보당)							-1.12***(.32)	.33
상수	-4.12***(.72)	.02	-3.43***(.86)	.03	-4.19***(.90)	.02	-2.78**(.98)	.06
N	653		632		632		632	
-2로그우도	621.30		438.70		425.87		388.29	
카이자승 (유의확률)	227.86 (.000)		430.95 (.000)		443.77 (.000)		481.35 (.000)	
Pseudo R^2	.35		.49		.50		.53	

*** p<.001; ** p<.01; * p<.05; Pseudo R^2=Cox & Snell

해 총선에서 새누리당에 3.81배 더 투표한 것으로 나타났다. 새누리당 지지는 민주당과 진보당 지지를 합한 것보다 압도적인 영향을 미치는 것으로 드러났다.

셋째, 새누리당 지지와 민주당 지지의 '정당 지지'는 투표에 적지 않은 영향을 미쳤다. '정당 지지' 모형은 단순한 '회고적 투표'나 '전망적 투표' 모형에 비해 설명력이 더 높은 것으로 나타났다. '정당 지지'를 통제하면 2007년과 마찬가지로 회고적 투표의 영향은 사라져 무의미했다. 2012년 총선에서 회고적 투표가 나타나지 않은 이유는 박근혜라는 대선 후보의 존재 때문이라는 장승진(2012a)의 예측이 정확한 것으로 드러났다.

그러나 전망적 투표의 영향이 '정당 지지'를 능가한 것은 흥미로운 현상이다. 미국의 경우를 보아도 모든 선거에서 전망적 투표가 정당 지지를 능가할 가능성은 별로 없기 때문이다. 이는 박근혜 후보가 박정희 전 대통령의 딸로서 새누리당의 정당 지지에 미치는 영향이 특별하기 때문인 것으로 해석된다. 새누리당에 대한 정당 지지도 자체가 박정희 신화가 가져온 총체적 산물이기 때문이다. 박근혜 후보에 대한 호감도는 정당 지지를 뛰어넘어 대선 승리에도 결정적인 요인인 것으로 나타났다(박원호, 2013). 따라서 향후 선거에서는 정당이 안정화됨에 따라 전망적 투표의 영향이 정당 지지의 영향을 압도할 가능성은 희박하다고 보기에 박근혜 후보가 존재했던 2012년 총선과 대선은 이전에도 이후에도 찾기 어려운 매우 특별한 선거였다고 할 수 있다.

이상 필자가 제시한 세 가지 가설은 모두 경험적 자료에 의해 뒷받침되었다. 정당 지지 기반에서 민주당이 열세인 구조적 차이와 전망적 투표의 가능성을 고려하지 않고 새누리당의 전략이 민주당을 이겼다는 주장은 설득력이 떨어진다는 점도 확인되었다. 가설의 검증 외에도 본 모형의 검증은 투표 행태와 관련해 몇 가지 흥미로운 결과를 보여준다.

첫째, 회고적 모형이나 전망적 모형에 나타났던 연령 효과는 '정당 지지'를 통제하자 사라졌다. 젊은이의 진보적 이념성으로 인해 민주당이 젊은 층의 지지를 받지만 연령이 투표 행태에 미치는 독립적 영향은 없는 것으로 드러났다.

둘째, 소득 변수도 '정당 지지'를 삽입하자 사라졌는데 이는 앞에서 살펴봤듯이 고소득자들의 새누리당 지지 성향 때문인 것으로 보인다.

셋째, 정당 지지를 통제하면 호남과 영남의 지역 변수의 영향력이 사라진다. 많은 이들이 지역주의 투표가 아직도 강건하다고 주장하는데 이는 반만 맞는 말이다. 오늘날 표면적으로 보이는 지역주의 투표는 지역에 의한 투표라기보다는 지역적 균열이 내재된 '정당 지지'에 의한 투표라고 보는 것이 더 정확하다. 따라서 지역주의를 깨기 위한 인위적인 노력은 젊은 유권자를 동원하는 효과를 발휘할 수는 있어도 고연령 유권자의 투표 행태에 변화를 가져오긴 어렵다. 민주당 후보가 여전히 영남에서 당선이 힘든 이유는 단순한 지역주의 때문이 아니라 장기적인 '정당 지지'와 보수적인 고령층 유권자 때문인 것이다. 따라서 민주당이 2012년 총선과 대선에서 과도하게 영남을 공략한 것은 자원의 배분 차원에서 비효율적인 전략이었다고 평가된다.

이명박 정부의 실정과 이 대통령에 대한 낮은 지지도에도 불구하고 2012년 총선과 대선에서 새누리당보다는 야권에 불리한 구조적 요인이 존재했다. 2002년 이후 한국 정당 체계가 재편성되는 과정에서 계층적 지지를 흡수한 보수층의 새누리당에 대한 지지는 안정돼 있는 데 비해, 계층과 무관하며 분열된 다양한 진보층의 지지를 받는 민주당에 대한 지지는 불안하다는 점이 경험적 자료에 의해 입증되었다. 이 때문에 단순 '회고적 투표' 모형에 기초해 2012년 총선에서 야당의 승리를 점친 논평가들은 대부분 틀리게 되었다고 본다. 한국 사회에도 '정당 지지'가 서구의 정당 일체감처럼 투표 행태에 중요한 변인이 되었고 이를 고려해야 종합적인 선거예측모형이 가능하게 될 것이다. 유권자는 투표 시에 단기적인 회고적 평가뿐만 아니라 전망적 평가는 물론이고 정당에 대한 장기적 평가도 고려하고 있음에 주목해야 한다.

다음은 정당 지지 모형에 기초해 필자가 2012년 6월 한국정당학회 하계학술회의에서 그해 겨울 대선을 예측한 발표논문의 일부이다. 이 내용은 "19대 총선 예측 왜 실패했나?: 회고적 모형 vs. '정당 지지' 모형"의 제목으로 그해 10월 5일 『한국정치학회보』에 투고된 논문의 결론에 포함되었다. 이 논문은 학회에서 출간을 거부당했는데 가장 큰 이유가 이 예측 부분이 의미도 없고 틀릴 가능성이 있다는 것이었다. 결국 이 부분을 삭제한 후 "선거예측종합모형"으로 수정해 2013년 학회보에 게재될 수 있었다. 선거예측모형이 2012년 대선을 어떻게 예측했는지 모형의 유용성을 점검하는 의미에서 수록한다.

보수는 고소득자의 계층 투표로 단합돼 있고 고연령 저소득층은 '정당 지지'에 의해 새누리당을 지지하는 데 비해, 진보는 경제적 쟁점에서 분열되어 있어 무엇에 반대하는 연대는 가능하지만 미래 지향적으로 진보적 지지를 모으는 일은 쉽지 않다. 따라서 4.11 총선 직전 진보 진영의 유권자가 증가했다는 이유로 야권의 승리를 점친 것은 실패할 가능성이 높았다. 진보의 내재적 분열로 인해 진보적 유권자의 증가가 반드시 야권에 자동적인 축복을 가져다주는 것은 아니다. 게다가 2004년 총선 이후 인구 구성의 변화는 8% 정도의 젊은 층 유권자의 감소, 중장년층 유권자의 증가를 초래해 각 세대별 투표율을 감안한다면 점점 더 야권에 불리한 구도가 될 것이다… (중략)

민주당의 정당 재연합이 진행 과정에 있음을 고려할 때 무소속 안철수보다는 문재인으로 단일화될 가능성이 높다. 그러나 문재인 후보로 단일화된다 해도 승리가 보장되지는 않는다. 새누리당의 안정된 정당 지지 기반으로 인해 양 후보의 접전은 매우 치열할 것으로 예상된다. 총선과는 달리 민주당에 기회 요인도 상당수 존재한다. 대선에는 새누리당에 유리했던 소선거구제의 제도적 편향성이 사라진다. 민주당의 대선 후보 중심의 단일성 집단 체제도 효율적 거버넌스를 만들어 총선 때의 무기력한 모습을 극복할 수 있을 것으로 보인다. 통합진보당의 분열도 문재인 후보의 선택지를 높여줄 것이다. 그러나 민주당의 최대 난제는 안/문 단일화 과정에서 반문재인 후보들이 안철수를 지지하며 당이 분열될 가능성이라고 할 수 있다.

이 때문에 새누리당이 대선에서 승리할 가능성은 존재한다. '정당 지지'에서의 불균형한 분포가 대선에서도 여전히 작동할 것이기 때문이다. 박근혜 후보는 후보 호감도가 가장 높지만 확장력이 가장 낮은 것이 과제이다. 그러나 대선의 주요 의제가 경제 문제로 갈 수밖에 없는 현실이 새누리당에게는 기회 요인이다. 어차피 고연령, 저소득층은 새누리당 지지를 철회하지 않는 상황에서 민주당이 경제적 좌파에 집중하면 그동안 반MB 성향으로 민주당을 지지했던 중산층이 계층 투표를 하게 되면서 새누리당으로 이탈할 가능성이 존재하기 때문이다.

문재인 후보는 민주당의 정당 재연합을 위해선 이념적으로 진보적이고 새누리당과 차별성을 보여야 한다. 하지만 새누리당이 이미 좌클릭한 상황에서 보다 경제적 진보성을 강화한다면 계층 투표가 나타나 스스로를 소수파로 전락시키게 될 것이다. 따라서 진보층 공략을 위해 경제적 진보를 지향하면서도 경제 쟁점의 의제화를 피하고 중산층이 중요하게 생각하는 정치・사법 개혁과 교육 등을 의제화하는 것이 유리하다고 본다. 정당 재연합이 이루어지는 과도기 과정이기에 핵심 의제에서는 집토끼를 잡고 다른 의제에서는 중도층을 잡는 양동 작전을 구사해야 하는 것이다. 정당 지지가 계층적으로 분화되면 아직은 민주당이 여전히 소수에 속하는 아이러니를 직시해야 한다. 산업화 경험이 보수 정당에게 물려준 유산이 이번 대선에서도 여전히 큰 힘을 발휘할 것이기 때문이다.

여기에서 제시한 대안 모형에 기초해 2014년 지방 선거도 조망해볼 수 있다. 새누리당의 구조적 우위는 여전하고 취임 후 1년 여 만에 치르는 선거라는 점에서 여전히 대통령에게 힘을 실어주는 전망적 투표가 우세할 것으로 예상된다. 서울, 경기, 호남을 제외한 대부분의 지역에서 정당 투표가 중요한 기초단체장, 광역의원 등의 선거에서 새누리당 강세가 이어질 것이다. 민주당은 과학적 분석에 기초해 분열을 극복하고 부정적인 이미지를 갖고 있는 정당명의 리브랜딩을 포함해 정당 재연합을 위한 다양한 혁신을 이루어내는 것이 과제라고 생각된다. 하지만 현재의 전당대회 규칙은 혁신을 반대하는 기득권의 지도부 진출에 유리하고 따라서 지방 선거에서 민주당이 선전할 가능성은 기대하기 어렵다고 본다. 박근혜 대통령이 실정을 해도 반사 이익을 가져갈 제대로 된 야당이 부재한다는 것이 한국 정치의 가장 큰 문제라고 할 수 있다.

| 2부 |

선거예측모형으로 다시 읽는 한국 선거

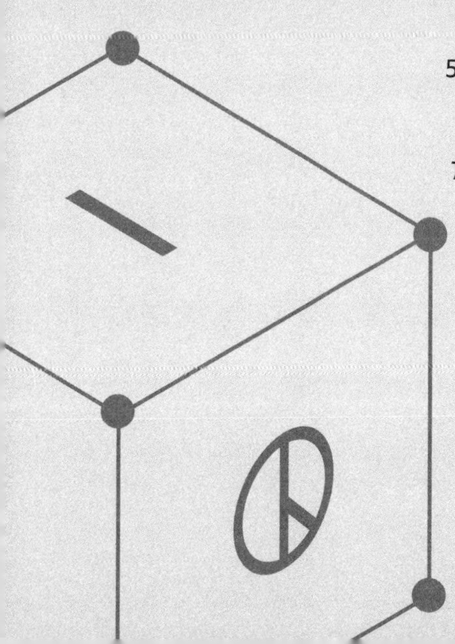

4장

2002년 대선: 아웃사이더의 반란 왜?

필자가 선거예측모형을 사용해 2002년 대선부터 살펴보려는 이유는 2002년 대선 결과야말로 이회창, 이인제 중에 한 명이 당선될 거라 생각했던 언론이나 전문가의 예측을 뛰어넘었기 때문이다. 2002년 대통령 선거는 많은 관전자들의 예상을 무너뜨렸기에 사람들은 모순적인 선거 결과에 혼란스러워했다. 선거 결과가 과거 선거와는 매우 다르고 독특해 보였다. 한편으로는 역사상 처음으로 대규모 자발적 참여와 인터넷 중심의 선거운동이 목격되었고, 다른 한편으로는 과거 선거에서 나타났던 지역주의 투표가 지속되었다. 투표 참여율의 하락 또한 명백했다.

이 장에서는 과거의 선거와 비교해 2002년 대선의 지속성과 변화를 논의한다. 과거 선거와 2002년 대선의 지속성을 발견함으로써 선거 결과에 영향을 준 원인을 찾고자 한다. 마찬가지로 과거로부터의 변화를 발견한다면 변화를 가져온 동인을 찾을 수 있을 것이다. 이러한 지속성과 변화에 대한 발견을 통해 이론적 틀에 맞춰 2002년 대선에서 왜 아웃사이더인 노무현이 반란을 일으켰는지 설명해 보겠다.

2002년 대선의 의미를 충분히 이해하기 위해 1987년 이후 대선의 역사적 결과와 의미를 1절에서 제시한다. 2절에서는 2002년 대선의 변화와 지속성을 검토한다. 표면적으로는 2002년 대선도 과거에 발견되었던 유형을 그대로 따라간 것으로 보인다. 그러나 과거와는 다른 상당한 변화로 인해 예기치 못한 결과를 가져왔다. 3절은 모순적으로 보이는 결과를 설명할 뿐만 아니라 노무현을 당선으로 이끈 배경이 되었던 요인에 대한 설명을 제시하는 이론적 모형을 제안하고자 한다.

1. 민주화 이후 대통령 선거의 역사

1987년 6월 민주화운동의 결과로 전두환은 대통령 직접 선거를 요구하는 헌법 개헌을 받아들였다. 대통령 직접 선거는 박정희가 폐지한 이후 최초로 부활되었다. 1987년 여당은 대통령 후보로 노태우를 공천했다. 노태우는 1979년 12월 쿠데타에 가담했었고, 전두환의 후계자로 지명되었다. 이에 대항해서 김영삼(YS)과 김대중(DJ)이

민주 진영을 이끌었다. 유권자는 민주 진영에서 후보 단일화를 할 것을 요구했으나 각각의 승리를 확신한 양 김씨는 각각 독립적으로 선거에 출마했다. 그들은 지역적 분열에 기초해 선거 결과를 계산했다. 노태우가 대구/경북 출신이라면 김영삼은 부산/경남 출신이었다. 둘 다 영남에 기반을 두고 있으니 홀로 호남 출신인 김대중은 양자가 영남을 나눠 갖게 되면 자신이 유리할 것이라고 예상했다.

지역주의는 한국의 민주화 이후 초기 단계에서부터 만연하기 시작했다(조기숙, 1993; Cho, 1998; 2000; 최장집, 1993). 지역주의의 원인에 대한 가장 흔한 설명은 대구/경북 출신인 박정희와 전두환이 고위 관료 임명과 지역 개발 예산의 배분에 있어서 호남에 대한 심각한 차별 정책을 제도화해왔다는 것이다. 삼국 시대부터 영남과 호남 사이에 적대감이 있었는데 이러한 차별 정책은 호남인들의 소외감을 부추겼다. 이러한 차별에 대한 불만 때문에 김대중은 자신의 고향인 호남에서 광범위한 지지를 공고히 할 수 있었다.

결국 선거의 승리자는 노태우였다. 그러나 선거 과정에서 자유와 민주주의에 대한 점증하는 요구가 표출되었다. 보다 중요하게는 노태우가 이끄는 여당이 역사상 처음으로 1988년 총선에서 의회 내 소수당으로 전락하게 되었다. 부분적으로는 여당의 특권을 제한하는 선거법 때문이기는 했지만 가장 중요하게는 네 개의 지역 정당이 탄생한 덕분이었다. 여당은 네 개의 지역 정당 중 하나에 속했기 때문에 자연스럽게 의회에서 소수당이 되었다.

과거에도 지역이 대통령 선거에서 중요한 역할을 하기는 했다. 즉 야당은 도시 지역에서 의석을 많이 얻고 여당은 농촌 지역에서 지지를 얻은 여촌야도 현상이 있었다. 민주화 이전 독재 정부는 호남의 농촌 지역에서도 표를 더 얻는 편이었다. 그러나 1987년의 민주화가 민주와 반민주의 균열을 약화시켰다(조기숙, 1993). 그 결과 1988년 총선에서는 처음으로 지역주의가 선거의 결정적인 요인으로 등장하게 되었다.

1992년 대통령 선거에서 민주 진영의 김영삼과 김대중은 다시 격돌했고, 현대그룹의 회장이었던 정주영의 참여로 3파전으로 대선이 치러진 결과, 여당의 후보였던 김영삼이 승리했다. 소수 정당의 리더로서 노태우는 국회에서 야3당의 수많은 저항에 직면했다. 노태우는 김영삼과 보수적인 정당을 대변했던 충청도 기반의 김종필과 3당 합당을 성사시켜 거대 여당을 탄생시켰다. 김영삼은 합당한 여당의 대통령 후보로 지명되었다.

1992년 대선에서 승리한 김영삼은 군사 독재 이후 처음으로 문민정부를 출범시켰고 군대 내 파벌인 하나회를 해산시켰다. 검은 돈의 흐름을 차단한 금융실명제는 김영삼의 가장 큰 공적 중 하나이다. 그러나 아들이 부패 스캔들에 연루되면서 김영삼 정부의 도덕성이 추락하고 개혁 정책도 좌초되었다. 그의 임기 말 아시아 금융 위기가 한국을 강타했고 정부는 IMF로부터 구제 금융을 받게 되었다.

1997년 김영삼 정부에서 총리를 지낸 전직 대법관 이회창이 여당의 대통령 후보가 되었다. 김대중은 야당의 후보로 다시 출마했다. 이는 1971년, 1987년, 1992년에 이어 네 번째 출마였다. 여당에서 이회창과의 공천 경쟁에서 패배한 이인제가 제3후보로 출마하면서 1997년 대선은 3파전이 되었다. 김영삼 정부의 경제 정책 실패로 인해 김대중은 대통령으로 당선되었다.

김대중 대통령은 경제 위기를 슬기롭게 극복하고 햇볕 정책을 통해 북측과의 대화를 시작함으로써 남북 관계를 개선했다. 인터넷 기반 시설의 확충은 김대중 정부의 가장 큰 업적이라고 할 수 있다. 그러나 교육과 건강보험 제도의 개혁은 이해 당사자의 저항으로 열매를 따지는 못했다. 임기 말 대통령 두 아들의 뇌물 스캔들은 개혁 정책에 장애가 되었다. 대통령 퇴임 직후에는 북측으로 이전된 수상한 자금을 조사하기 위한 특별 검사가 임명되기도 했다.

많은 이들이 2002년 대선은 한국 역사상 가장 예측 불가능한 선거라고 말했다. 후보 선출을 위한 예비 선거에서 노무현의 승리는 물론이고 본선의 결과도 놀라웠다. 김대중 임기 동안 새천년민주당은 차기 대선에서 이길 가능성이 별로 높아 보이지 않았다. 김대중에게 패한 이회창은 이후 5년간 야당에서 총재 권력을 유지했다. 처음으로 권력을 잃은 영남 유권자들은 지속적으로 이회창과 한나라당을 지지했다. 그는 그 5년간 '절반의 대통령'으로 불렸다.

그러나 이러한 위기의식이 여당의 개혁을 가능하게 만들어 역사상 처음으로 유권자와 정당원이 반반 참여하는 개방형 예비 선거를 도입하게 되었다. 여당의 지역적 기반이라고 할 수 있는 호남 출신이 아닌 노무현은 매우 특별한 조건을 가지고 있었기에 예비 선거에서 승리할 수 있었다. 이 조건은 3절에서 논의될 것이다.

노무현의 승리는 전통적으로 후보가 만든 사조직에 비해 자발적 참여자에 의한 선거운동이 얼마나 후보를 경쟁력 있게 만드는지 보여준다. 보다 구체적으로 인터넷은 대안적 선거운동 전략을 충분히 가능하게 만들었다(김형준, 2003). 노무현의 팬클럽인 노사모의 인터넷 기반 활동은 매우 중요한 역할을 했다. 인터넷 매체 또한 노 후보에게 유리한 정보를 퍼뜨리면서 보수적 미디어에 대항하는 목소리를 전파했다.

자발적인 운동 덕분에 성공했기에 노무현 정부는 스스로를 '참여정부'라 칭했다. 시민들의 정부 정책 결정 과정에 대한 참여를 격려하고 제도화하기 위해 정부는 청와대에 시민참여수석을 두었고 인터넷을 통해 장관 후보자의 추천을 받았다. 많은 논평가들은 노무현의 승리는 커다란 변화를 의미한다고 주장했지만 실제로는 과거의 선거 결과나 투표 행태로부터 그렇게 큰 변화가 발견되는 것은 아니다.

2. 2002년 대선의 변화와 지속성

대선 기간이었던 2002년 한 해 동안 가장 주목할 만한 양상은 〈그림 1〉에서 알 수 있듯이 후보자 지지에 대한 불안정성이라고 할 수 있다. 여론조사 결과에 따르면 대통령 후보자의 지지도는 심하게 변동함으로써 선거 결과에 대한 예측을 믿을 수 없게 만들었다.

그렇다면 왜 후보자에 대한 지지도는 불안정하고 널뛰기를 했을까? 2002년의 선거에 나타난 특징과 관련해서 이를 합리적으로 설명할 수 있을까? 필자는 2002년 선거 결과에서 세 가지 점에 주목하고 싶다. 첫째, 이 흐름이 과거 선거들의 연장선상에서 일어났다

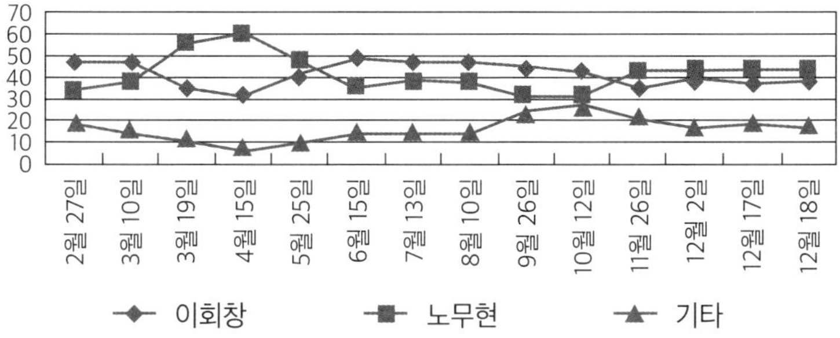

<그림 1> 2002년 후보자 지지도 변화(%)

는 점이다. 둘째, 2002년 대선을 앞두고 선거에서 이러한 양상이 강화되었다는 점이다. 셋째, 새로운 양상이 나타났다는 점이다. 각각을 좀 더 자세히 살펴보자.

첫째, 과거 선거로부터 지속된 양상은 무엇인가? 하나는 1987년부터 시작된 투표율의 하락 추세이다. 2002년 16대 대통령 선거는 70.8%라는 낮은 투표율을 기록했다. 인터넷과 전화에 의한 엄청난 동원이 이루어졌음에도 불구하고, 〈그림 2〉에서 알 수 있듯이 투표율은 지속적으로 하락해왔다. 특히 20~30대에서는 각각 47.5%와

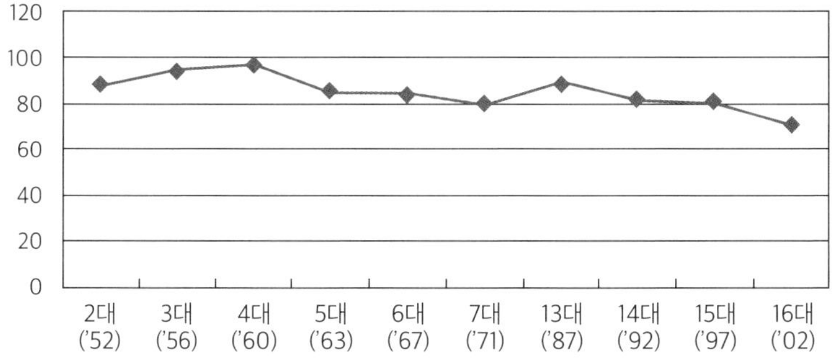

<그림 2> 역대 대선 투표율(%)

68.9%를 기록했다. 15대 대선과 비교할 때 20대 집단에서는 5.3% 포인트 하락한 것이다. 15대 선거에서의 하락보다 16대 선거에서 투표율 하락이 더 도드라졌다.

다른 하나는 투표 행태에서 지역주의가 지속되었다는 점이다. 이회창 후보는 영남으로부터 거의 70%의 득표율을 올렸고 노무현 후보는 호남 지역에서 91~95%의 득표를 했다. 한국의 동서 분열은 지속되었다. 〈표 1〉의 분석 결과에서 알 수 있듯이 고향으로 측정된 소속 지역이 선거 결과의 가장 큰 결정 요인이었다. 〈그림 3〉과 〈그림 4〉는 노 후보가 저연령, 고학력 유권자로부터 많은 지지를 받았음을 보여준다. 젊은 세대는 나이 든 세대에 비해 교육수준이 높다. 따라서 〈표 1〉에서와 같이 다변인 분석을 하게 되면 교육 효과는 사라지지만 연령이 여전히 중요한 변수로 남게 된다.

둘째, 연령은 1987년 민주화 이후 매 선거에서 중요한 요인이었다. 고연령자들이 여당을 더 지지하는 경향이 있었다. 2000년 선거만이 예외적이었는데 그 이유는 집권당뿐만 아니라 야당에서도

<표 1> 여당(민주자유당 · 신한국당) 지지에 대한 다변인 로지스틱 회귀 분석 결과

	1992 총선		1992 대선		1996 총선		2000 총선	
독립변수	B	Sig.	B	Sig.	B	Sig.	B	Sig.
여당	1.270	.001	.925	.001	1.041	.001	1.5134	.001
야당	-2.329	.001	-1.825	.001	-1.444	.001	-6.7802	.381
연령	.155	.081	.028	.001	.321	.001	-.0066	.433
성별	-.045	.819	.116	.457	-.102	.511	-.1725	.334
교육수준	-.133	.287	-.091	.372	.081	.363	-.1543	.238

가구소득	-.073	.320	-.015	.718	.077	.010	.0128	.782
대도시	.355	.116	-.047	.798	.96	.560	.2385	.235
농촌	.447	.105	.018	.937	.549	.035	-.0210	.933
호남	-.758	.007	-1.859	.001	-.688	.004	1.1533	.001
영남	.607	.003	.502	.002	-.110	.506	-1.2720	.001

	1997 대선(이회창 투표)		1997 대선(김대중 투표)		2002 대선(노무현 투표)	
독립변수	B	Sig.	B	Sig.	B	Sig.
여당	1.9164	.0001	-1.5473	.0001	.455	.007
야당	-1.7010	.0001	1.0955	.0001	-.775	.001
연령	.0222	.0055	.0110	.1356	-.022	.001
성별	-.2943	.1062	.0014	.9932	-.138	.292
교육수준	.1128	.3639	-.0526	.6503	.003	.968
가구소득	-.0455	.3156	-.0120	.7709	.012	.714
대도시	.1504	.4430	.1803	.3305	-.359	.009
농촌	-.4461	.1358	.5022	.0524	-.111	.630
호남	-2.8968	.0001	1.9043	.0001	2.294	.001
영남	.5459	.0001	-1.1512	.0001	-.790	.001
-2LL	800.154		930.381		1431.303	
Correct	82.05%		79.68%		70.2%	
N						

주) 여당 지지 성향(여당=1, 다른 정당=0)
야당 지지 성향(제1야당=1, 다른 정당=0)
연령: 응답자의 실제 나이
성별(남성=1, 여성=0).
교육수준: 응답자의 교육수준(초졸=-1, 중졸=2, 고졸=3, 대졸 이상=4)
가구소득: 9단계
대도시(대도시=1, 나머지=0)
농촌(농촌=1, 나머지=0)
호남 출신(호남=1, 다른 지역=0)
영남 출신(영남=1, 다른 지역=0)

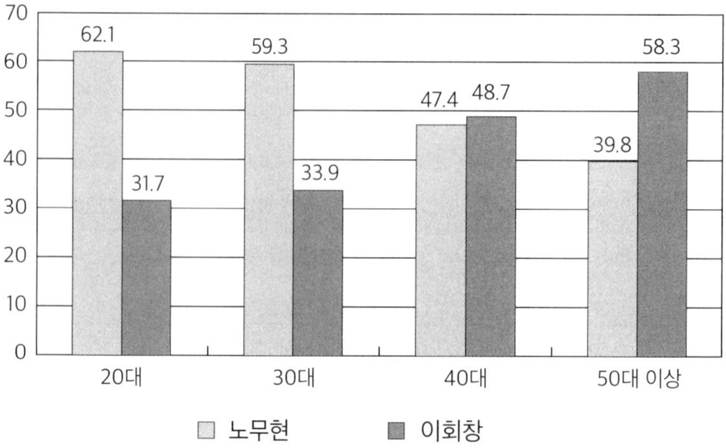

<그림 3> 양 후보에 대한 연령별 투표 행태
(출처: 한국방송공사(KBS))

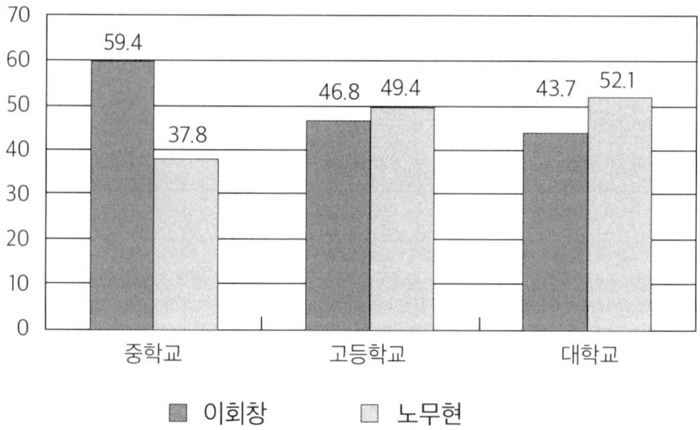

<그림 4> 양 후보에 대한 교육수준별 투표 행태
(출처: 한국방송공사(KBS))

30대 후보들이 다수 공천되었기 때문이다. 그 결과 연령 효과가 무의미했다. 1997년 대선이나 2000년 총선에서 의미가 없던 연령이 2002년 대선에서 다시 의미 있게 등장했다. 젊은 층이 노무현 지지에 대거 동원된 것이다. 2002년 선거는 대중에게 세대 차이라는 용어를 각인한 의미가 있었다.

연령이 2002년 대선에서 중요하게 등장하게 된 이유는 두 가지이다. 하나는 선거의 주요 쟁점이고 다른 하나는 인터넷이다. 2002년 대선의 주요한 쟁점은 북한에 대한 정책과 반미 감정이라고 할 수 있다. 한국전쟁을 경험하지 않은 젊은 유권자는 김대중 정부의 햇볕 정책을 강하게 지지했다. 그들은 상대적으로 풍요로운 번영의 시대에 살았기에 미국과의 평등한 파트너십을 요구했다.

〈표 2〉는 연령에 따른 인터넷 사용 비율을 보여준다. 다른 요인을 통제할 때 연령은 유권자가 후보자에 대한 정보를 수집하는 방법에 영향을 미치는 유일한 변수로 등장한다. 물론 인터넷의 효과는 어느 면 과장되었다. 설문조사에 따르면 대다수 유권자(81.5%)는 TV

<표 2> 연령에 따른 인터넷 사용자(%)

연령	인터넷 사용자 비율(%)
10대	91
20대	90
30대	69
40대	39
50대	18
60대 이상	2

출처: 김형준(2003).

를 통해 정보를 얻었다. 인터넷을 통해 정보를 얻는 유권자는 2.9%에 불과했다. 새로운 변수로서의 연령 효과의 등장은 실제로 다음 절에서 다루게 될 정당 재편성에 의해 가능했다.

과거 선거로부터의 변화를 이해하는 핵심 특징이 이념인데, 이념은 1997년 대선 이후 연령과 상호작용하면서 중요해졌다. 고연령 유권자일수록 보수적이고 저연령일수록 진보적이다. 2002년 선거에서 이념의 성격에 대해서는 뒤에서 다시 논의하겠다. 연령과 이념이 이번 대선의 중요 요인으로 등장했다는 것은 매우 의미심장한데 연령과 이념이 정당 재편성의 동인이기 때문이다. 정당 재편성은 새로운 균열을 필요로 한다(Lipset and Rokkan, 1967). 지역주의가 과거에 정당 연합의 균열 쟁점이었다면 이념은 1997년 대선 이후에 새롭게 등장한 균열 쟁점이라고 할 수 있다(조기숙, 2000). 그러나 이념적 차이가 서구에서처럼 복지 정책에서의 국가의 역할과 같은 쟁점으로 등장한 건 아니었다. 한국 사례에서 이념은 주로 북한에 대한 태도를 반영한다(강원택, 2003b). 김대중 정부 동안 이 쟁점이 정치화되었다. 햇볕 정책에 대한 찬성과 반대는 갈등을 만들었고 이념적 담론의 주요 주제가 되었다. 이념이 처음 등장한 건 1997년 대선이었지만 그 중요성은 2002년 선거에서 상승했다.

2002년 선거 결과가 연령 변수의 영향을 받았다면, 이념은 그 영향이 보다 분명하고 강해졌지만 새로운 현상이라기보다는 지속된 것이라고 할 수 있다. 그러나 여전히 왜 다수의 사람들은 2002년 선거에서 과거와는 다른 엄청난 차이를 느끼게 되었는지에 대한 의문이 남는다. 2002년 선거에는 예외적인 사건이 있었기에 이는 매우 중요한 질문이다.

필자는 'S-커브'가 정치적 변화의 성격을 묘사하는 데 매우 적합하다고 생각한다. 정치적 변화는 어떤 거시적인 정치적 조건이 임계점에 도달할 때까지는 분명하게 드러나지 않는다. 거시적 조건이 임계점에 도달하더라도 새로운 쟁점과 잠재적 지지자를 동원할 수 있는 촉매제 역할을 하는 대안적인 후보가 등장하지 않는 한 분명한 정치적 변화를 초래하지 않는다(Newman, 1991; 1992; 1994; Cho, 2000). 필자는 과거 선거에서도 상당한 사회적 변화는 이미 일어났었다고 생각한다. 그러나 촉매 역할을 하는 대안의 후보가 없었기에 정치적 변화가 현재화되지 않았다고 생각한다.

끝으로 2002년 대선이 과거 선거로부터 가장 달랐던 점은 정몽준과 노무현이 전국 여론조사를 통해 후보 단일화를 하는 데 동의했다는 점이다. 제3후보의 등장은 정당 해체의 징후라고 해석된다. 후보 단일화는 진행되는 정당 해체를 인위적으로 막고 탈주역주의 개혁 쟁점으로 정당 재편성을 진전시키는 데 기여했다고 생각한다.

2002년 대선의 새로운 추세는 선거운동 기간의 자발적인 시민 참여라고 할 수 있다. 노무현 후보의 팬클럽인 노사모는 순수하게 인터넷 기반의 활동을 했다. 인터넷은 2002년 대선에서 큰 영향력을 발휘했다. 인터넷은 신문의 영향력을 압도하면서 강력한 매체로 등장했다. 2002년 선거에서 세대 차이가 주요한 요인으로 등장한 부분적인 이유는 대다수 인터넷 사용자가 젊은 층이라는 것과 관련이 있다.

지금까지 2002년 대선의 지속성과 변화에 대해 논의했다. 다음 절에서는 지속성에도 불구하고 2002년 대선 결과가 왜 예상 밖이었는지 설명해보겠다. 이는 후보자에 대한 지지가 선거 기간 동안 왜 그렇게 불안정했는지를 함께 설명하게 될 것이다.

3. 정당 재편성 모형으로 분석한 2002년 대선

2002년 대선에서 일어난 변화의 특성을 설명하기 위해 2장의 '정당 재편성 모형(〈그림 1〉)'을 참고하길 바란다. 지역 정당의 등장을 설명하기 위해서는 정당 재편성 모형이 필요하다. 정당 연합은 선퀴스트(Sundquist, 1983)의 정의를 따라 정당 지지 기반의 변화라고 정의된다. 정당 체계는 살아 있는 유기체처럼 연합, 해체, 재연합의 과정으로 발전된다(Key, 1955; 1959).

필자가 개발한 모형에 따르면, 정당 재편성을 가져오기 위해서는 3가지 조건이 만족되어야 한다. 바로 거시적 조건, 정치적 쟁점, 그리고 거시적 조건과 정치적 쟁점을 매개하는 후보자이다. 거시적 조건이 존재한다 하더라도 유권자를 동원할 수 있는 후보가 존재해야만 그 조건이 투표 행태에 큰 영향을 미치게 된다. 따라서 그런 후보가 나타날 때까지는 변화가 드러나지 않고 정체돼 있다가 정치적으로 이 조건을 활용할 후보가 등장하면 S-커브처럼 갑자기 변화가 일어나는 것이다.

거시적 조건은 두 가지를 말한다. 현재의 정당 체계로부터 이탈한 유권자의 존재와 새로운 쟁점이 떠오르게 할 수 있는 객관적인 정치적 토양이라고 할 수 있다. 이런 거시적 조건이 존재할 때에만 새로운 쟁점이 유권자의 관심을 얻을 수 있다. 정당 재편성에서 제일 먼저 움직이는 사람은 젊은 유권자들이다. 그들은 기존의 정당에 어떤 소속감도 느끼지 않기 때문이다. 새로운 쟁점이 정치화되는 것은 객관적인 정치적 조건을 반영할 때이다. 새로운 쟁점이 정당 재연합을 가져오기 위해서는 쟁점이 쉽고(Carmines and Stimson, 1984; 1989),[1] 기존의 쟁점을 가로지르는 것이어야 한다. 이런 조건이 기존 정당의 지지 기반을 뒤흔들게 된다.

그러나 이들 거시적 조건들도 그것을 정치화하고 유권자를 동원할 후보가 없으면 유권자의 투표 행태에서 미시적 변화는 관찰되지 않는다. 여기에 제시한 모든 조건이 만족될 때, 몇몇 집단의 유권자가 기존의 정당 지지 기반을 가로지르게 되고 그 결과 정당 재연합이 발생하는 것이다.

노무현의 등장은 2002년 대선에서 그러한 변화가 일어났음을 보여준다. 많은 사람들이 2002년부터 연령이 투표의 중요한 변수가 되었다고 주장하는데 이는 사실이 아니다. 연령은 1997년 대선, 2000년 총선을 제외하고는 민주화 이후 이미 지속적으로 중요한 변수였다. 2002년부터는 이념이 중요한 영향력을 발휘하게 되었다. 노무현은 보수적인 이회창에 자신의 진보주의를 대비시켰다. 노무현은 이념적 균열을 정치적으로 이용해 젊은 유권자를 동원하는 데 성공했다.

1 카마인과 스팀슨은 쉬운 쟁점을 1) 수단보다는 목표를 다룬다, 2) 감정적이다, 3) 어려운 쟁점에 비해 아젠다로서 오래 지속된다고 정의한다.

사회적 변화는 상당한 정도로 이미 진행되었다. 그러나 정당 재편성은 기존 정당으로부터 이탈한 유권자를 동원할 수 있는 대안의 후보자가 없었기 때문에 일어나지 않았던 것이다. 그렇다면 노무현은 어떻게 젊은 유권자를 동원할 수 있었는가? 첫째, 노무현은 오랫동안 지역주의에 맞서 싸워왔다. 호남에 기반을 둔 민주당의 후보로서 영남 지역에 세 번이나 출마함으로써 반지역주의 이미지를 성공적으로 만들었다. 지역주의가 기존의 균열 쟁점이므로 노무현이 정당 재편성을 이끄는 역할을 맡게 되는 건 매우 자연스럽다.

둘째, 그는 소수 정당에 속할 뿐만 아니라 정치 주류와 거리가 먼 국외자였다. 그는 당내에서도 비주류에 속하며 따라서 권력 기반을 가지고 있지 않았다. 유권자는 기존 정당 체계에 애정도 없고 관심도 없었기에 정치에서 거대한 변화를 원했다. 노 후보에 대한 지지가 기존 정당에 대한 불만을 구체화했다. 기존 정당에 대한 불만은 이미 1997년 외환 위기 때 치솟았다. 노무현은 광범위한 정치적 개혁을 약속하며 "새로운 정치 대 낡은 정치"를 슬로건으로 제시했다(이현우, 2006). 기존의 지역을 가르는 다른 이념적 쟁점은 햇볕 정책이었다. 노무현은 김대중 대통령의 화해 정책을 지속하겠다고 선언함으로써 한국전쟁을 경험하지 않은 새로운 유권자를 동원하는 데 사용할 수 있었다.

셋째, 노무현은 한국 정치에서 거의 보기 힘든 진보적 정치인이었다. 2002년 2월에 실시한 중앙일보의 여론조사에 따르면 유권자는 복지, 재벌 개혁, 미국과의 관계 같은 쟁점에서 당시 현역 의원보다 진보적이었다. 보수적인 국회의원은 진보적인 대중의 마음을 읽지 못했다. 반면, 노무현은 그의 진보적 입장 때문에 젊은 유권자로부터 지지를 받았을 뿐만 아니라 선거 후에도 많은 유권자를 진보 쪽으로 이동시켰다. 예를 들어, 선거 전 20대 유권자는 30대보다 보수적이었다(〈표 3〉). 그러나 선거 후 여론조사에서 20대는 보다 진보 쪽으로 옮겨갔다. 한국에서 주요 이념적 쟁점은 북한에 대한 태도이다. 2002년 선거에서 거시적 정치 조건은 기존 정당에 대한 유권자의 불만, 그리고 햇볕 정책에 대한 논쟁이라고 할 수 있다. 노무현은 두 가지 쟁점—정치 개혁과 북한에 대한 화해 정책—에서 젊은 유권자를 동원함으로써 선거에서 우위를 점했다.

결국 선거에서의 커다란 변화는 그동안 축적된 사회적 변화에 의해 가능하게 된 것이다. 노무현의 독특한 특성이 이런 변화에 기

<표 3> 세대에 따른 정치 이념

(1) 선거 전

(-50: 가장 진보적 / +50: 가장 보수적)

세대	20대	30대	40대	50대 이상
평균	14.7	13.1	16.9	18.7

(2) 선거 후

(1: 가장 진보적 / 5: 가장 보수적)

	이념	대북 정책 지지
20대	2.62	2.30
30대	2.55	2.48
40대	2.93	2.52
50대	3.09	2.61
60대 이상	3.17	

출처: 강원택, 2003a.

여했다. 그는 기득권과 지역주의, 보수 이념에 저항함으로써 진정한 변화를 가져올 수 있는 사람으로 인식되었다. 그의 고향이 기존의 정당 균열을 가로지른다는 점에서 정당 재편성의 실행을 가능하게 만들었다.

변화는 하루아침에 일어나지 않는다. 그러나 그러한 변화를 가능하게 하는 요인은 수면 아래에서 이미 움직이고 있었다. 새로운 후보가 새로운 쟁점으로 유권자를 동원하기 전에는 수면 아래 숨겨져 있었을 뿐이다. 실제로 12명의 민중당 출신 좌파 정치인이 민주당에 입당해 모두 당선된 1992년 총선에서 이미 변화의 징조는 발견된다. 1996년 총선에서 김영삼 대통령이 이끄는 여당이 개혁을 약속하면서 역사상 처음으로 수도권에서 다수 의석을 얻는 데 성공했다. 2000년 많은 시민단체의 낙천/낙선운동은 70%의 대상 후보를 떨어뜨리는 데 성공했다. 이런 결과는 변화가 이미 시작되었다는 증거이다.

2002년 대선에서 이 모든 운동의 누적적인 변화가 궁극적으로 노무현을 대통령으로 만들어준 것이다. 타이밍도 중요했다고 생각한다. 2002년 월드컵으로 인해 국민들의 자긍심이 올라갔고, 이는 그해 겨울에 있었던 반미 시위로 보이는 거리 시위에서 거리낌 없이 미국 대통령에게 사과를 요구하는 분위기를 만들었다(Cho, 2015). 이런 시위는 미국에 대해서도 할 말은 하는 노 후보에게 우호적인 분위기를 만들어주었다고 할 수 있다. 실제로 노무현은 반미 후보로 보임으로써 전체적으로는 선거에서 표를 잃은 것으로 연구 결과 밝혀졌다(Jhee, 2008). 그러나 젊은 층이 그동안 터부시되었던 미국에 대한 반대 의견을 거리낌 없이 말할 수 있는 후보에 매료되는 분위기를 만든 것만큼은 부인할 수 없다.

* * *

2002년 선거는 과거와 많이 달랐지만 지속성도 있었다. 정치적 변동은 다양한 조건과 함께 도래한다. 정당 개혁을 위한 거시적 조건으로서 젊은 유권자를 중심으로 기존 쟁점으로부터 유리된 유권자가 존재했다.

노무현은 새로운 정치적 슬로건과 햇볕 정책으로 유권자를 동원할 수 있었던 새로운 유형의 후보였기에 변화를 위한 잠재적 요인이 표면화되었다. 그 과정에서 TV 토론이나 인터넷은 젊은 유권자를 유인하는 데 중요한 역할을 했다. 그러나 여전히 풀리지 않는 질문은 이 선거가 정당 재편성을 불러왔다면 왜 투표율이 그렇게 낮았고 지역주의는 사라지지 않았는가 하는 점이다. 아마도 다음과 같은 설명이 그 질문에 대한 답이 될 수 있을 것이다.

첫째, 선거에 의한 변화는 세대교체를 통해 이루어지기 때문에 매우 조금씩 이루어진다. 이 변화는 점진적 변화를 특징으로 하는 점진적 재편성이다. 잉글하트가 말하는 조용한 혁명은 현재도 진행 중이고 아직 미완성이다.

둘째, 현존하는 정당이 지역 정당이라 유권자로서는 지역 균열을 극복하는 게 불가능했을 것이다. 기존에 지역과 무관한 새로운 정당이 있었다면 선거 결과는 달라졌을 것이다. 셋째, 노무현은 전면적인 정당 재편성을 가져올 만큼 매력적인 후보는 아니었다. 그는 선거운동 기간 내내 대통령 후보로서 필요한 태도와 자격을 갖추지 못했다는 비판에 시달렸다. 특히 선거 전날, 선거 11시간 전에 정몽준의 후보 단일화 철회로 정몽준 지지자의 지원을 잃었다(김영태, 2003). 그 결과 노무현은 간신히 경쟁에서 이겼다. 만일 더 나은 대안이 있었다면 더 과감한 정당 재편성도 가능했을지 모른다.

2002년 선거는 유권자가 정당 재편성을 받아들일 준비가 되었음을 보여주었다. 이러한 거시적 조건은 당시와 그리고 이후의 정당체계에 어느 면 영향을 주었다. 2002년 대선 이후 새천년민주당 내에서 지역 분열을 극복하기 위해 새로운 정당을 창당해야 한다는 논의가 이루어졌다. 필자는 이 장에 사용된 논문을 2003년에 발표했는데 국회의원 선거 전에 신당이 탄생한다면 2004년 총선에서는 유권자가 이념과 정책에 따라 투표하는 게 가능할 것이라고 전망한 바 있다. 2002년에 미완으로 남은 정당 재편성이 2004년 총선에서는 더욱 심화될 것으로 예견했고 필자의 예견이 어떻게 들어맞았는지는 앞의 2장에서 제시한 바 있다.

5장

2007년 대선: 이명박 당선과 노무현 책임론

1. 좌우가 동의한 2007년 대선 결과

2007년 대선에서 이명박 후보가 압도적 표차로 당선되는 데 기여한 요인은 무엇일까? 2007년 대선은 왜 역대 최저 투표율인 63%를 기록했을까? 언론에 가장 많이 제기되었던 주장은 회고적 투표 이론에 기초하고 있다. 일부 논평가는 참여정부가 양극화를 해결하지 못해 표로 심판한 것이라고 했다(최장집 · 박상훈, 2008). 경험적 연구자들은 경제에 대한 평가가 영향을 미쳤다고 주장했다. 가상준과 노규형(2010)은 국가 경제 상황에 대한 회고적 평가와 개인 재정 상황에 대한 고려가 노무현 대통령의 지지도에 가장 큰 영향을 미쳤다고 했다. 강원택(2010)은 개인 경제 문제는 투표에 영향을 미치지 않았고 국가 경제에 대한 평가가 투표에 영향을 미쳤다고 했다. 실제로 경제가 5년 전에 비해 나빠졌다는 부정적 평가는 가정 살림의 경우는 32.5%인 반면, 국가 경제는 51.8%이었다.

그러나 노 대통령 임기 동안 1인당 국민소득은 2만 불 이상으로 역사상 가장 높았고 경제 성장이나 안정적 환율 관리, 소비자 물가 안정에 있어서도 이명박 정부를 능가했다(양정철, 2011). 임기 중 노무현 대통령은 15%의 응답자로부터 경제 성장에 대해 긍정적 평가를 받았으나 서거 후에는 58.6%로 높아졌다(신창운 · 고정애, 2010). 미래발전연구원의 2011년 여론조사 결과에 따르면 "참여정부에 대해 언론과 당시 야당은 노무현 대통령이 경제에 무관심하여, 경제가 파탄 났다는 비판을 했습니다. 참여정부가 경제를 파탄 냈다는 주장에 대해 얼마나 공감하십니까?"라는 질문에 61.9%의 응답자가 공감하지 않는다고 답했다. 경제 파탄이 정권 교체의 원인이 아니라면 어디에서 이유를 찾아야 할까?

이 장에서는 회고론적 시각에 대한 반론으로 정당 재편성 이론에 기초해 2007년 대선에 관해 새로운 해석을 시도한다. 한국의 정당 체계도 서구처럼 완벽한 모습은 아니지만 정당 재편성 이론을 적용할 만큼 유사한 모습을 보이며 발전해왔다. 한국의 정당 변화에도 중요한 선거가 있기는 했지만, 서구적 의미의 중대 선거는 존재하지 않는다. 정당 변화가 주로 세대교체에 의해 점진적으로 이루어져왔고 중요한 선거 시기에는 동원이 일어나는 데 그쳤기 때문이다.

결론부터 말하자면 오늘날 진보의 분열, 노 대통령과 열린우리당의 낮은 지지도, 이명박 후보의 당선, 이후 한나라당의 안정된 지지도는 참여정부와 관련은 있지만 참여정부에 책임을 물을 수 없는 필연적이고 역사적인 정당 재편성의 결과라는 것이다. 즉 진보 정당은 정당 해체를 겪은 데 반해 한나라당은 보수 정당 재연합을 이뤄냈다고 본다. 이러한 정당의 재편성이 2007년 대선 결과를 해석하는 데 가장 중요한 변수라고 본다. 이러한 분석을 통해 한국 정치가 겉으로는 변화무쌍하고 규칙성이 없어 예측 불가능한 것처럼 보이지만 서구의 정치와 마찬가지로 일정한 규칙을 가지고 움직이고 있기에 큰 틀에서 현실 정치 변화의 방향을 예측할 수 있다는 점을 보여주고자 한다.

2. 이명박 당선과 노무현 평가는 무관

가설과 자료

2007년 이명박 후보의 당선에 결정적인 영향을 미친 요인은 발전주의에 기초한 한나라당의 정당 재연합이다. 이에 반해 열린우리당은 정치 개혁을 어느 정도 완수함으로써 선거 쟁점이 적실성을 상실했고 그 후에 대선을 위해 급조된 대통합민주신당은 지역당으로 후퇴해 정당 해체가 일어났다고 본다. 대통합민주신당이 지역당으로 후퇴한 이유는 민주당과의 통합만이 이유는 아니다. 2007년 대선에서 여당이 뚜렷한 쟁점을 내세우지 못함으로써 투표 선택의 요인으로서 '지역'이 상대적으로 중요한 역할을 하게 되었기 때문이다.

이 절에서 검증될 가설은 2장 정당 재편성 이론에 기초한 2007년 대선의 재해석으로부터 도출되었다. 필자의 핵심 가설은 (1) 노무현 대통령 임기 동안 (복지주의 담론 때문인지, 정책 때문인지는 알 수 없지만) 노 대통령에 대한 지지 기반에 변화가 왔다.[1] (2) 이러한 변화는 한나라당이 (발전주의 이념으로) 재연합하는 데 기여했다. (3) 진보, 보수 언론의 참여정부 실패론은 정동영 후보가 참여정부와 노무현 대통령과 차별화하는 데 영향을 미쳤다. (4) 대통합민주신당은 급조된 정당으로 노 대통령과 차별화했고 상대 후보에 대한 네거티브 운동으로 뚜렷한 균열 쟁점을 내세우지 못해 정당 해체를 경험했다. (5) 결과적으로 2007년 대선 이후 진보 진영의 위기는 정당 해체 때문이지 노무현 정부의 실정 때문이 아니다. 다섯 개의 가설 중에서 가설 3은 이미 많은 자료와 책에서 검증된 바 있다(조기숙, 2007; 김성재, 2010; 문재인, 2011). 따라서 (1) 노대통령 지지 기반 변화, (2) 한나라당 재연합과 민주당 해체, (3) 이명박 당선과 노무현 평가의 세 개의 가설로 구분해 경험적 분석을 시도하겠다.[2]

이 절에서 사용하는 경험적 자료는 첫째, 2007년 선거연구회가

---

1 미래발전연구원의 조사 결과에 따르면 참여정부의 정책 중 계승해야 할 것 두 가지를 묻는 질문에서 복지 정책이 41.3%로 가장 높았고, 그다음은 지방균형발전 정책으로 36.8%가 선택했다.

2 노무현 대통령에 대한 지지 기반의 변화가 복지 정책 때문인지 단순히 담론 때문인지는 현재 존재하는 자료로는 증명이 불가능하다. 필자의 핵심 주장은 각 당에 정당 재연합과 해체가 동시에 진행되었으며 그것의 중심에 복지주의 대 성장주의 담론이 있다는 것이다.

선거 직후 실시한 전국직접설문조사 결과와 둘째, 2007년 12월 초 R&R에서 실시한 전국직접설문조사 결과이다. 각각의 표본은 1,200개이며 표본오차는 95% 신뢰도 구간에서 ±2.9%이다. 세 번째 자료는 2008년 8월 촛불집회 기간에 서강대학교 현대정치연구소와 내일신문이 공동으로 실시한 전국전화설문조사 결과이다. 표본은 1,000개이며 표본오차는 95% 신뢰도 구간에서 ±3.2%이다. 네 번째 자료는 한국미래발전연구원이 2011년 5월 7~8일 전국 표본 1,000명을 대상으로 실시한 전화여론조사 결과이며 표본오차는 95% 신뢰도 구간에서 ±3.2%다.

경험적 분석 결과

노무현 지지 기반의 변화

참여정부가 복지주의를 들고 나온 것은 장기적 정당 재편성을 위한 적절한 시도였지만 단기적으로는 소수파로 전락하게 된 결정적인 이유가 되었다. 2002년까지만 해도 대부분 유권자의 이념은 단봉형(이념분포의 정상곡선)이었다. 그러나 2004년 유권자의 이념분포는 양극화 현상을 보이게 된다(이현출, 2005). 이때 변화의 내용은 블루칼라만 진보화되고, 거의 모든 직업군에서 보수화 현상이 나타났다는 것이다. 이는 2004년 총선의 승리로 국가보안법 폐지를 둘러싼 이념 논쟁이 촉발되고 의제가 정치에서 경제적 쟁점으로 빠르게 옮겨가면서 정치적으로는 진보적이지만 경제적으로 보수적인 유권자들이 위협감을 느꼈기 때문인 것으로 해석된다. 이것이 유권자의 투표가 복지주의 등장을 가져왔다기보다는 복지주의의 등장이 유권자의 보수화를 가져왔다고 보는 이유이다.

실제로 2007년 대선 과정에서 이념적 요인이 후보자 선택에 매우 뚜렷한 영향을 미친 것으로 나타났다(강원택, 2010). 특히 전통적으로 좌와 우를 가르는 '국가와 시장'에 대한 이념적 차원이 2002년에는 전혀 나타나지 않았지만 2007년 처음으로 이념적 균열 요소로 등장했다고 한다(Kang, 2008: 471-2; 강원택, 2010: 200). 복지주의와 성장주의는 국가와 시장에 대한 균열을 대표적으로 보여준다고 할 수 있다. 과거에 이념과 밀접한 관련을 보이던 대북 쟁점은 여전히 이념적 균열 요소로 발견되지만 2007년 대선 과정 중에는 선거 의제로 관심을 받지 못했다. 그 이유는 이명박 후보가 북한에 대해 실용적 접근을 하겠다고 선언해 보수당에 불리한 쟁점을 무력화시켰기 때문이다. 2007년 대선의 또 한 가지 흥미로운 특징은 가구소득의 차이가 분배와 성장이라는 정책 항목과 강한 상관관계를 보인 것이다(강원택, 2010). 다시 말하자면 경제적 쟁점에 대해 계층적 지지의 양상이 나타나기 시작한 것이다.

2007년 12월 대선 직전 실시한 R&R 여론조사 결과에 따르면 노무현 대통령의 임기 동안 지지 기반에 변화가 관찰된다. 2002년에 노무현 후보에게 투표했는지의 여부, 2007년 노 대통령을 지지하는지의 여부에 따라 유권자는 〈표 1〉과 같이 네 집단으로 분류된다. 이 분석은 표본의 수를 감소시켜 통계적 유의미성을 따질 수 없으나 유형을 파악하는 데 도움이 된다. 네 집단의 성격을 살펴보면 어떤 층에서 노 대통령 지지 철회가 일어났는지 알 수 있을 것이다. 이회

<표 1> 2002년 대선 투표와 2007년 노무현 대통령 지지 여부 (N=847)

2007년 12월 노 대통령 평가	2002년 대선 투표	
	노무현 투표	이회창 투표
긍정	화이트칼라, 호남, 수도권 서민중산층(가구 소득 151-400만원) (23.6%)	화이트칼라, 40대 서민중산층(가구 소득 151-250만원) (6.3%)
부정	고학력, 호남, 블루칼라 중상층(가구소득 251-400만원) (32.8%)	영남 저소득층(가구소득 150만원 미만) 고소득자(가구소득 401만원 이상) 고연령 (37.3%)

창 후보를 지지하며, 대선 이후에도 여전히 노 대통령을 거부하는 다수의 유권자는 저소득층이거나 고소득층이고 영남 출신 유권자이다. 원래 저소득층이 진보 진영 지지자였는데 양극화 때문에 노 대통령에게 등을 돌린 것이 아니다. 저소득층의 계급 배반 투표는 대체로 저학력에서 비롯되는 것이라 우리나라뿐만 아니라 다른 나라에서도 흔히 나타나는 현상이다(Burns, 2003). 그러나 이회창 후보를 찍은 서민층에서 노 대통령에 대한 지지가 소폭 상승한 것이 발견된다.

〈표 1〉에서 보는 바와 같이 노 대통령 지지층이었으나 후에 이를 철회한 집단의 비율이 가장 높은데, 이 때문에 노 대통령은 임기 내 낮은 지지도를 감수할 수밖에 없었다. 이들의 대표적인 집단은 고학력, 호남, 블루칼라, 중상층으로 대변된다. 중상층은 노 대통령의 당선에 기여했으나 경제 문제가 쟁점화되면서 등을 돌리게 된 대표적인 집단이라고 해석된다. 또한 탈지역주의 문제로 갈등을 빚어온 호남 지역 유권자의 이탈도 눈에 띄는 것을 알 수 있다. 2002년

노무현 후보를 압도적으로 지지했던 고학력 유권자(Cho, 2003)의 이탈 또한 흥미로운 현상이다.

우리나라에서 소득이 투표에 의미 있는 변수가 된 적은 거의 없다. 2002년 노무현 후보의 당선도 계층과는 무관했다(Cho, 2003). 〈표 2〉의 왼쪽 칸은 2002년 대선 직후 실시된 여론조사 결과로 분

<표 2> 노무현 대통령 지지 기반의 변화 (2002년과 2007, 2008년의 비교)

2002년 노무현 투표 (로짓분석)		2007년 노무현 평가 (회귀분석)		2008년 노무현 평가 (회귀분석)
독립변수 노무현 투표	B(유의수준)	독립변수 4단계 평가	B (S.E.)	B (S.E.)
연령	-.022 (.001)***	연령	-.013(.005)**	-.339(.069)***
성별	-.138 (.292)	성별	-.023(.122)	.000 (.169)
학력	.003 (.968)	학력	-.159(.106)	-.280 (.102)**
가구소득	.012 (.714)	가구소득	.044(.024)	-.119 (.048)*
대도시	-.359 (.009)**	화이트칼라	.336(.165)*	.157 (.192)
농촌	-.111 (.630)	블루칼라	.350(.270)	-.180 (.303)
여성향	.455 (.007)**	주부	-.045(.179)	-.131 (.214)
야성향	-.775 (.001)***	학생	.427(.202)*	-.050 (.289)
		수도권	-.106(.161)	-.451 (.206)*
고향: 호남	2.294 (.001)***	호남	1.118(.186)***	.943 (.190)***
고향: 영남	-.790 (.001)***	영남	.084(.158)	.134 (.167)
N	1200	N	1149	872
-2LL	1431.303	Pseudo R^2	.074a	.098a
Percentage Correct	70.2%	MFI 유의확률	.000b	.000b

*** p<.001; ** p<.01; * p<.05
a. Cox & Snell
b. 모형 적합도는 유의한 수준임.
출처: 2002년 노무현 투표(양분 변수) (Cho, 2003)
2007년과 2008년의 독립변수는 4점 척도의 노무현 평가

석한 노무현 투표에 영향을 미친 변수이며, 둘째 칸은 2007년 대선 직후 여론조사, 마지막 칸은 2008년 8월 여론조사 결과로 분석한 노무현 평가에 영향을 미치는 변수이다. 2002년, 2007년, 2008년 자료를 비교해보면 지지 기반에 뚜렷한 변화가 발견된다. 2002년 노무현의 당선에 가장 큰 영향을 미친 변수는 여야 성향을 제외하고는 연령과 영호남 지역 변수, 그리고 대도시 변수였다. 젊은 층이 노무현 당선의 원동력임은 잘 알려진 사실이다. 영남은 부정적, 호남은 긍정적인 지역주의 투표 또한 뚜렷이 존재한다. 다른 조건을 통제했을 때 대도시 유권자의 이탈은 수도 이전 공약의 영향인 것으로 해석된다.

2007년과 2008년 자료에서 노무현 전 대통령에 대한 평가에 영향을 미친 변수를 살펴보면 2002년과 유사점과 차이점이 드러난다. 세대와 호남 지역이 노무현 평가에 영향을 미치는 중요한 변수임은 여전히 유효하다. 그러나 차이도 발견된다. 다른 모든 변수를 통제했을 때 2007년과 2008년 모두 영남의 지역주의가 무의미한 것으로 나온다. 더 흥미로운 점은 2008년 자료에서 개인의 소득이 노 대통령에 대한 긍정적 평가와 반비례의 관계를 갖는다는 점이다.[3]

이는 계층 정치의 가능성을 보여주었다는 점에서 의미가 있다.

---

3 2008년 자료에서는 표본의 누락이 128개에 달하는데 그중 111개가 소득에서 누락되었다. 누락자의 노 대통령에 대한 지지는 36.9 대 57.9로 부정적 지지가 높다. 그러나 다른 항목에 대한 답변으로 추론해보면 누락된 표본은 저소득층이라기보다는 고소득층에 가깝다. 가령, 미국산 쇠고기를 먹겠느냐는 질문에 무응답자의 긍정적 응답은 41.2에 불과한 반면 부정적 응답은 58.8로 나와 오히려 중상층의 의견과 유사하다. 따라서 무응답자에 대한 분석은 필자의 주장을 강화할 뿐 약화시키지 않는다.

노무현 전 대통령에 대한 평가에 있어서 노 대통령 생전인 2007년에 이미 영남지역주의가 무너진 것으로 나타난다. 2010년 6.2 지방선거에서 김두관 후보의 당선이 가능했던 여건은 이미 노 대통령 생전에 만들어졌다고 볼 수 있다.

감정 정치로 대변되는 지역 정치를 무너뜨리고 계층에 기반을 둔 이익의 정치가 출현했다는 점에서 이는 한국 정치사에서 뜻 깊은 일이다. 또 한 가지 흥미로운 현상은 주로 고학력자의 지지를 받고 당선되었던 노 대통령이 임기 말 이들로부터 부정적인 평가를 받았다는 점이다. 고학력자가 주로 신문의 구독자임을 감안한다면 이는 언론의 영향과 관련이 있을 것으로 보인다.

보수 정당 재연합과 민주당 해체

보통 정당 재편성은 젊은 유권자의 유입에 의해 가능하므로 그 증거는 젊은 층 유권자에게서 찾을 수 있다. 부산과 광주 지역 대학생을 비교한 한 연구에 따르면 대학생의 정치의식은 광주에서 부산보다 높았지만 정당 지지는 부산에서 광주보다 높았다(전용주 외, 2008). 이는 광주 지역에는 정당 해체가 일어났고 부산 지역은 정당 재연합이 일어났음을 시사한다.

정당 재연합의 증거는 투표율에서도 찾을 수 있다. 정당 재연합이 일어난 정당의 지지자는 투표율이 높아지고 해체가 일어나면 투표율이 하락한다. 각 정당 지지자들의 투표율은 통계적으로 유의미한 차이를 보였다. 지역 정당인 민주당의 투표율은 평균 투표율인 78.6%인 데 비해 정당 연합이 일어난 한나라당은 88.7%, 창조한국당은 83.3%로 평균보다 높았다. 반면에 대통합민주신당은 74.7%, 민주노동당은 68%로 평균보다 낮았다. 지지 정당이 없다는 유권자는 65%로 가장 낮았다.

반면에 노무현 대통령에 대한 평가와 투표율의 관계는 정당 지지도만큼 뚜렷한 지표가 되지는 못했다. 노 대통령에 대한 평가에 따른 투표율은 매우 잘했다 78.3%, 대체로 잘했다 76.3%, 대체로 잘못했다 76.2%로 투표율과 큰 상관이 없었다. 다만 매우 잘못했다(N=356/1184)는 유권자의 투표율이 84.6%로 가장 높게 나타났다. 그러나 노 대통령에 대한 부정적 평가는 뒤의 〈표 3〉의 분석에서 알 수 있듯이 한나라당의 정당 지지도와 밀접한 관련이 있다.

이보다 결정적인 증거는 유권자의 정당 지지도에서 찾을 수 있다. 노무현 대통령에 대한 지지는 대선 전(28%)과 후(27.4%), 별 차이가 없다. 이에 비해 한나라당(39.2%, 45.3%)과 대통합민주신당(6.8%, 13.7%)은 비교할 수 없을 만큼 지지도 차이를 보인다. 보통 선거 후에는 선거 과정의 학습으로 인하여 지지가 증가하는 경향이 있는데 대통합민주신당은 민주당(9.4%, 1.2%)의 지지를 흡수한 것 외에 정당으로서 새로운 유인을 전혀 만들어내지 못했다. 동아시아연구원의 2008년 한 해 동안 정당 지지도를 시계열로 살펴봐도 한나라당의 지지는 35~40%를 상회하는 안정된 반면 민주당은 20% 안팎에서 지지도가 형성돼 있음을 알 수 있다(동아시아연구원, 2011). 민주당은 2010년 지방 선거 승리 직후 처음으로 30%에 육박하는 지지를 얻었으나 선거 후 다시 하락했다.

이명박 당선과 노무현 평가는 무관

한나라당 재연합과 민주신당 해체의 주장을 보다 직접적으로 뒷받침하는 증거는 2007년 대선 직후 여론조사 결과의 분석에서 찾을 수 있다. 〈표 3〉는 정당 지지 변수를 삽입한 〈모형 2〉와 정당 지지 변수가 없는 〈모형 1〉을 분석한 결과이다. 〈모형 1〉에서는 노무현 대통령에 대한 부정적 평가가 이명박 후보의 당선에 기여한 것으로 나온다. 강원택(2010)도 경제 평가, 정책 평가를 포함한 모형에서 유사한 결과를 얻었다. 그러나 〈모형 1〉이나 강원택 분석 모형은 제도화된 민주 국가에서 투표에 가장 큰 영향을 미치는 것으로 알려진 정당 지지가 포함되어 있지 않다는 문제를 안고 있다. 한국 정당의 이름은 여러 번 바뀌고 이합 집산했지만 전통적인 여야의 명맥은 지속해서 이어지고 있다. 특히 한나라당은 이회창 대표 이후 당명을 꾸준히 이어오면서 국민 속에 하나의 제도화된 정당으로 자리 잡았다. 선진화 담론으로 무장된 한나라당은 후보의 경선까지 제도화한 진일보된 정당으로 자리매김했다.

따라서 정당에 대한 지지를 포함하지 않은 모형은 부적절한 모형 설정model misspecification의 문제를 갖는다. 미국 선거 연구에서 회고적 평가는 반드시 정당 지지도를 통제한 가운데 검증된다. 정당 지지가 포함된 〈모형 2〉에는 노 대통령에 대한 평가는 이명박 후보의 당선과 거의 무관한 것으로 나타난다. 만일에 〈모형 1〉에 후보나 정책에 대한 평가까지 포함된다면 노 대통령에 대한 평가는 이명박 후보의 당선과 전혀 무관하게 나타날 것이다. 〈모형 1〉보다는 〈모형 2〉의 설명력이 월등히 높은 것도 필자의 가설을 뒷받침해준다.

<표 3> 2007년 이명박 후보 지지에 대한 로짓분석 결과

독립변수	모형 1		모형 2	
	B (S.E.)	Exp(B)	B (S.E.)	Exp(B)
연령	.023(.006)***	1.024	.016(.007)*	1.016
여성	-.113(.145)	.893	-.154(.165)	.858
학력	.007(.124)	1.007	-.015(.141)	.985
소득	.001(.028)	1.001	.003(.032)	1.003
자영업	.103(.187)	1.109	.189(.214)	1.208
화이트칼라(직업)	-.226(.216)	.798	-.019(.246)	.981
주부(직업)	-.004(.223)	.996	-.011(.255)	.989
학생(직업)	-.633(.264)*	.531	-.424(.299)	.655
수도권(고향)	-.061(.183)	.941	-.015(.209)	.985
영남(고향)	.662(.181)***	1.939	.435(.206)*	1.545
호남(고향)	-1.213(.240)***	.297	-.433(.277)	.648
노무현 정부 평가	-.523(.086)***	.593	-.148(.101)	.863
한나라당 지지			2.023(.158)***	7.558
민주신당 지지			-1.615(.390)***	.199
상수	-.069(.520)	.934	-1.401(.607)*	.246
N	1149		1149	
Pseudo R^{2a}	.166		.331	

*** p<.001; ** p<.01; * p<.05

〈모형 2〉에서 이명박 후보의 당선에 영향을 미친 변수는 한나라당 지지, (대통합)민주신당 지지, 연령, 영남 지역(출신지)인 것으로 드러났다. 여기에서 흥미로운 사실은 영남은 한나라당 지지와는 별도로 영향을 미쳤지만 호남은 민주당 지지와 별도로 영향을 전혀 미치지 않았다는 점이다. 이는 한나라당에 대한 지지가 지역적 기반을 벗어난 반면, 민주당은 지역적 기반과 정확히 일치하기 때문인 것으로 보인다. 즉 한나라당은 지역을 뛰어넘어 정당 재연합을 이룬 반면, 민주당은 지역당으로 후퇴한 결과 정당 해체를 경험했다는 필자의 가설 (2), (4)를 증명하는 것이다.[4]

보다 직접적 증거는 노 대통령을 긍정적으로 평가하는 사람이 정동영 후보(각각 22%, 23%)보다는 이명박 후보(26%, 30%)에게 표를 더 던졌다(앞의 수치는 R&R 조사, 뒤의 수치는 내일신문 조사)는 데에서 찾을 수 있다. 만일 노무현 대통령에 대한 부정적 평가가 이명박 후보 당선의 결정적인 이유라면 이명박 후보보다는 정동영 후보를 더 많이 선택해야 논리적으로 맞을 것이다.

참여정부가 주요 쟁점을 집권 1년 만에 정치에서 경제로 이동시키면서 열린우리당의 선거 연합은 본격적으로 해체되었다. 참여정부의 탄생에 기여한 정치적 진보의 연대는 크게 세 집단으로 이루어졌다. 한국 정치의 특징이 비동시성의 동시성(강정인, 2009)이듯 2007년 노무현 후보의 대선 승리는 전근대(지역주의 기반), 근대(좌파 정당), 탈근대(노사모를 포함한 신주류) 세 집단의 정치적 진보 연대로 이루어졌다. 정통 야당(민주당), 좌파 세력(민노당, 민노총, 전교조 등), 자발적 정치 참여를 실천하는 자유주의적 진보 세력인 시민 계층, 즉 30, 40대 화이트칼라로 대표되는 수도권 중산층이 그들이다. 하지만 민주당 지지자는 물론이고 중산층도 경제적 쟁점에 있어서는

---

4 한 토론자가 multi-collinearity의 문제를 제기했으나 이 분석에 사용된 각 변수의 상관관계는 모두 .3 이하인 것으로 나타났다.

좌파와 공감대를 찾기 어려운 부분이 많다.

중산층은 정치적으로는 개혁적이었지만 경제적으로는 단순하지 않다. 이들은 기존의 시장 경제 질서에서 성공한 신주류라고 할 수 있다. 이들은 상식과 원칙을 지지한다는 점에서 수단과 방법을 가리지 않고 성공한 구주류와 대별된다. 그러나 시장과 개방에 대해 긍정적이고 자유에 방점을 둔다는 점에서 시장보다는 국가를 우선시하는 좌파들과 함께하기 어려운 부분이 많다. 이들 신주류는 노무현 정부의 탄생뿐만 아니라 이명박 정부의 탄생에도 결정적인 기여를 했다(홍영림, 2007).

그러나 노 대통령 서거 직후 가장 먼저 민주당 지지로 돌아선 집단은 수도권의 고학력 30, 40대 층이었다(윤호우, 2009). 서거 후 잠시 올랐던 민주당의 지지도도 이들에 의해 추동되었다. 수도권의 고학력 유권자들이 신문을 많이 읽는 집단임을 감안하면 복지가 왜 필요한지에 대한 학습은 이루어지지 않은 채, 언론의 참여정부 실패 프레임에 영향을 받았을 가능성이 크다. 고학력 유권자의 지지 변화와 언론의 영향에 대해서는 필자의 책 『마법에 걸린 나라』, 『왕따의 정치학』에 잘 설명되어 있다.

3. 2007년 대선과 정당의 제도화

정당 재편성 이론으로 2007년 대선 결과를 재해석해보았다. 이제 한국 정당의 나이도 50년이 넘으면서 제도화되었고 유권자 속에 정당 체계로 자리잡게 되었다. 정당의 이름은 변했지만 보수 정당과 민주 정당에 새로운 내용이 담기면서 그 뿌리는 유지되어온 것이다. 한국의 유권자도 단순히 현 정부에 대한 심판, 후보자에 대한 평가를 넘어서 정당의 역사와 총체적 기억 속에서 투표를 결정하기에 이르렀다. 그럼에도 불구하고 정당 지지도를 통제하지 않은 분석에 기초해 참여정부의 실패와 노무현 대통령의 낮은 지지도 때문에 이명박 후보가 당선되었다는 주장은 문제가 있다. 유권자의 투표 행위에 영향을 미치는 가장 중요한 변수는 과거에 대한 총체적 평가라고 할 수 있는 정당 지지이기 때문이다. 한국의 역대 선거에서도 여야 성향을 통제하지 않은 분석은 무의미했다.

정당 재편성 이론에 기초해 2007년 대선을 분석했을 때 이명박 후보의 당선에 가장 큰 영향을 미친 요인은 발전주의에 기초한 한나라당의 정당 재연합, 진보 진영의 정당 해체라고 생각된다. 이명박 정부의 실정에도 불구하고 한나라당의 2008년 총선 승리, 박근혜 의원의 독주가 이어진 이유나 과반이 넘는 국민들이 한나라당이 또 정권을 재창출할 것이라고 판단한 이유도 여기에 있다.[5] 한나라당의 정당 지지도는 이 대통령과 무관하게 안정되어 있었다. 유일하게 한나라당의 지지도에 충격을 준 요인은 노 대통령 서거와 당내 내분뿐이다(이철희, 2009).

보수 정당과 달리 민주당의 정당 재연합이 지연되는 이유는 구

---

5 동아일보가 2010년 12월 26일 코리아리서치센터(KRC)에 의뢰해 실시한 전화 여론조사에 따르면 국민들 중 51.3%가 "한나라당이 재집권할 수 있을 것으로 본다"고 답했다고 한다. (뉴시스, 2011/1/3) http://j.mp/dY0HV1

좌파, 신좌파, 호남으로 분열되어 있기 때문이다. 호남, 구좌파와 자유주의 세력, 세 집단의 분열이 구조적인 것이라면 진보 진영의 연합은 불가능한 것일까? 2007년 대선에서 민노당 지지자들은 민주신당(11.8%)보다는 한나라당(26.5%)에 더 많이 투표한 것으로 나온다. 민노당 지지자들이 물질주의적이고 그중 일부는 문화적으로 자유주의적인 민주당보다는 권위적인 한나라당에 가깝기 때문일 수 있다. 진보 진영에게 미래는 없는 것일까?

노 대통령 지지 기반의 변화는 진보 정당 재연합에 시동이 걸렸다는 의미로 볼 수 있다. 영남의 지역주의가 깨지고 계층 투표의 기반이 마련된 것이다. 또한 진보 정당 재연합에 호의적인 조건들도 다수 만들어졌다. 부시 정권 8년이 오바마의 등장을 가능하게 했던 것처럼, 이명박 정부의 등장에 기여했던 성장주의에 대한 기대가 좌절되면서 복지주의가 담론을 주도하면서 진보 진영에게는 정당 재연합의 거시적 조건이 마련되었다.

한나라당이 다수당인 정당 구도를 뒤집기 위해서는 진보 정당들은 정당 재편성을 유도해야 한다. 원래 정당 재편성은 소수파가 끊임없이 자신에게 유리한 구도를 만들기 위해 불리한 정치판을 흔드는 과정에서 일어난다. 2장의 〈그림 1〉에서 보았듯이 진보 진영은 정당 재편성을 위한 필요한 조건(유권자의 정당 해체, 균열 쟁점)을 갖추고 있다. 균열 쟁점을 정치화할 정치인이 등장하지 않았을 뿐이다. 정당 재편성이 일어나기 위해서는 문제 해결에 대한 뚜렷한 대안이 제시되기 때문에 양당이 양극화 현상을 보인다.

진보 진영의 정당 재편성 가능성은 얼마나 되는가? '복지주의'

는 좌파와의 연대에 있어서 필수적인 쟁점이고 이 논문이 출간된 시점인 2011년 민주당의 획기적인 복지 정책 제안은 이러한 토대를 마련했다. 이명박 정부의 실정으로 경남·부산, 불교, 여성 등 전통적 보수 진영의 지지자들이 이탈했었다. 2010년 지방 선거를 계기로 20대의 정치화가 이루어졌다. 과거와 비교할 때 20대의 투표 참여율 상승은 다른 세대를 3% 이상 앞질렀다(새사연, 2010). 필자는 2012년 총선과 대선에서 양당이 얼마나 제도화 수준을 보여주느냐에 따라 유권자의 평가를 받을 것이라고 예상했었다. 정당의 제도화를 측정하는 지표는 각 당이 당내 갈등과 분쟁을 얼마나 제도적으로 해결하는가 하는 것이다.

6장

2012년 총선: 이기는 선거 전략

1. 또다시 실패한 2012년 총선 예측

2012년 4.11 총선이 끝난 지 정확히 2주 만에 한국정당학회는 4.11 총선을 분석하는 학술대회를 개최했다. 그동안에는 전문성이 떨어지는 언론이나 논평가들이 선거에 대한 섣부른 논평을 내놓고 전문가들의 심도 있는 분석은 뒤늦게 나오는 경우가 많았다. 이 때문에 전문가들도 언론이 만들어놓은 잘못된 프레임에서 벗어나지 못하는 사례가 있었고 결국에는 잘못된 분석이 사실로 둔갑하는 경우도 적지 않았다. 선거 결과 분석에 있어서 한국정당학회가 적극적으로 지성 리더십을 실천하는 모습은 반가운 일이다. 그러나 학회가 전문가로서의 신뢰를 확보하기 위해선 종합적 선거예측모형 개발을 위해 끊임없이 노력해야 할 것이다. 2012년 총선에서도 대부분의 전문가 예측이 실패로 드러났기 때문이다(황준범, 2012).

종합적인 선거예측모형은 선거의 종류에 따라 다르게 나타나는 회고적 투표와 전망적 투표의 여부, 구조적 요인, 선거 전략을 모두 포함해야 한다. 2012년 19대 총선에서 야권연대가 이기리라는 예상을 뒤엎고 여당이 승리하자 일부 논평가는 새누리당의 뛰어난 선거 전략과 제도적 이점이 구조적 어려움을 극복한 결과라고 주장했다(장훈, 2012). 이에 대해 새누리당이 질 선거를 이긴 것이 아니라 구조적 요인을 고려해도 이길 만한 선거를 이긴 것이라는 반론이 제기되었다(조기숙, 2012a). 그러나 새누리당의 선거 전략이 여러 모로 야권연대에 비해 뛰어났다는 점은 누구도 부인하지 못할 것이다.

새누리당의 선거 전략이 구조적 약세를 극복한 것은 아니라 하더라도 이명박 정부의 실정을 심판하는 회고적 투표를 차단하는 데 성공한 것만큼은 분명하다. 선거 전략은 선거에서 각 당이나 후보가 정책과 메시지를 통해 선거 구도를 결정하고 프레임을 만들어 홍보전을 펼치는 좁은 의미의 전략에서부터 공천 결과를 발표하고 후보 단일화를 하는 행위까지 포함한 넓은 의미의 전략에 이르기까지 포괄적이다.

민주 국가에서 선거 결과를 정확히 예측하고 선거 전략이 가져온 결과를 평가하는 건 매우 중요하다. 선거에 나타난 표심이 바로 선거에 의해 권력을 부여받은 정치인이 대변해야 할 민의이기 때문이다. 선거 결과를 정확히 설명할 수 있으면 선거 예측도 가능하게 된다. 선거 전략에 영향을 미친 전략의 효과를 규명할 수 있다면 정치인들이 앞으로의 선거에서 민심을 얻기 위한 방법을 터득하는 데에도 도움이 될 것이다.

선거 전략은 기본적으로 정치인이나 정당이 대중과 소통하는 방법에 대한 것이다. 아무리 정당이나 정치인이 좋은 정책을 만들었다 하더라도 그것을 대중과 제대로 소통하지 못한다면 유권자의 표를 받을 수 없고 그 정책은 무용지물이 되고 만다. 정치인이 대중과 소통하기 위해선 전략이 필요하고 선거운동 기간의 캠페인 전략이 바로 선거 전략의 핵심이라고 할 수 있다. 이 분야는 주로 언론학자나 홍보학자들의 관심 사항이었으므로 정치학자들은 별로 관심을 기울이지 않았다.

그러나 역대 선거를 살펴볼 때 선거 승리는 전략이 좌우했다고 할 정도로 커다란 차이를 가져왔다. 특히 19대 총선은 양대 진영이 일전을 치른 만큼 전략이 중요했다. 구체적으로 어떤 전략이 어느 정도의 효과를 가져왔는지 분석한다면 민심의 소재를 파악하는 데 도움이 될 것이다. 민주적 거버넌스의 성공은 과거의 정책이나 선거에 대한 평가를 통해 책임소재를 분명히 하고 필요한 권한을 줌으로써 가능할 것이기 때문이다.

야권의 선거 전략 실패와 관련하여 크게 세 가지 종류의 주장이 제기된 바 있다. 첫째, 이념적 노선에 관한 것으로서 좌클릭으로 실패했다는 주장과 제대로 좌클릭하지 못하고 우왕좌왕해서 실패했다는 주장이 공존한다. 둘째, 새누리당 공천이 성공한 데 비해 민주통합당 공천이 실패하면서 선거에 패했다는 주장이다. 셋째, 김용민의 막말 파문이 결정적으로 영향을 미쳤다는 주장도 있다. 박근혜 후보가 새누리당으로 이름과 로고와 색깔까지 바꾸면서 개혁적인 모습을 보여줬다는 평가도 있다. 비상대책위원회의 일사분란한 모습이 안정감을 줬다는 주장도 있다. 사후적으로 보면 승리한 정당의 모든 전략은 성공한 것으로 보이고 패배한 정당의 모든 전략은 실패한 것으로 보인다. 이러한 동어반복에서 벗어나려면 위의 주장에 대한 경험적 검증이 필수적이다.

위의 가설을 경험적으로 검증하기 위해서는 특별히 설계된 시계열 설문조사가 필요하다. 하지만 불행히도 그런 자료는 존재하지 않는다. 그러나 제한된 기존 설문자료를 가지고도 어느 정도 시사점을 찾을 수 있으리라 생각한다. 2절에서는 선거 전략과 관련한 기존의 연구와 2012년 총선에서 논란이 된 선거 전략 관련 주장을 살펴보고, 3절에서는 이 주장을 검증하기 위한 모형과 가설, 자료, 변수를 제시하겠다. 4절에서는 경험적 결과를 제시하고, 5절에서는 2012년 총선의 전략을 평가한 결과에 비추어 선거 전략이 민주적 거버넌스에 주는 함의를 논의하고자 한다.

2. 선거 전략이 승패를 가르는가?

2012년 총선에서 선거가 구조적으로 어느 정당에 유리했는지에 대해서는 논란이 있는 것이 사실이다(전용주, 2012; 장승진, 2012a; 장훈, 2012; 조기숙, 2012a). 그러나 앞에서 보았듯이 대다수 전문가와 논객들은 2012년 총선에서 야당이 승리할 것이라 예측했기 때문에 그 예측이 빗나가자 선거 전략이 선거 결과에 결정적인 영향을 미쳤다고 생각한 것 같다(장훈, 2012). 선거 전략은 소수 정당에 속한 후보라 하더라도 구조적으로 불리한 선거 구도를 유리하게 바꾼다는 점에서 매우 중요하다. 민주주의가 영원한 승자도 영원한 패자도 없는 정치 체제라면 선거 전략이야말로 소수자에게도 권력을 안겨주는 가능성의 예술이라고 할 수 있다.

불행히도 한국의 정치학자들뿐만 아니라 외국의 정치학자들도 선거 전략에 대해선 공간 이론spatial theory 외에는 별로 관심을 기울이지 않았다. 경험적 측정이 쉽지 않기 때문일 것이다. 대부분의 선거 전략이 홍보와 관련되어 있어 주로 홍보학자나 언론학자에 의해 연구되어온 것도 한 가지 이유이다(김관규 · 박연진, 2011; 최윤선, 2003; 김관규 · 김춘식, 2008). 선거 전략에 대한 서적은 선거 과정을 담은 보고서도 있지만(이영작, 2002), 선거 실무자를 위한 이기기 위한 전략과 전술에 대한 것이 대부분이다(최문휴, 2004; 김홍순 · 이원우, 2008; 김학량, 2009; 신강균, 2010; 서경선, 2012; 이재술, 2010; 김창남, 2007; 박동순, 2006).

정치학자에 의해 선거 전략이 체계적으로 연구된 경우는 매우 드문 편이다. 지역주의 선거 전략에 대한 소수의 연구(조기숙, 1995; 1996; 2000)와 이슈 전략에 대한 연구(이현우, 2006; 2011), 약간의 홍보 전략에 대한 연구(남인용 · 박한우, 2007)가 존재할 뿐이다. 이슈 전략이란 선거 직전에 자신에게 유리한 이슈를 최대한 부각시키면서 상대에게 유리한 이슈를 최대한 약화시키는 것을 의미한다.

2012년 총선에서는 2010년 지방 선거에서의 무상 급식과 같은 쟁점도 찾기 어려울 만큼 쟁점이 실종되었다. 새누리당의 경제 민주화 이슈와 민주통합당의 반값 등록금 쟁점이 있기는 했지만 둘 다 이슈화되지 못했다. 새누리당의 "이념 세력에게 나라를 맡길 수 없다", "거대 야당을 저지해주십시오", "참여정부도 민간인 사찰을 했다" 등의 선거 구호가 깊은 인상을 남긴 반면 "내 삶을 바꾸는 최초의 선거"라는 야당의 구호는 추상적이어서 정확한 메시지가 전달되지 않았다. 오히려 막판에 야권연대를 둘러싸고 한미 FTA와 강정의 해군 기지를 백지화하는 합의 내용이 쟁점으로 부각되었다.

앞 절에서도 이야기했듯이 2012년 총선의 선거 전략과 관련된 논쟁엔 크게 세 가지가 있다. 첫째, 이념적 노선에 관한 것으로서 좌클릭으로 실패했다는 주장과 제대로 좌클릭하지 못하고 우왕좌왕해서 실패했다는 주장이 공존한다. 필자와 고성국 같은 논평가는 방송 등을 통해 한미 FTA와 강정 처리 문제에 있어서 민주당이 진보당과 연대하면서 좌클릭한 것이 패배에 기여했다고 주장했다. 반면 대다수 진보 논평가들은 제대로 좌클릭하지 못하고 우왕좌왕하며 신뢰를 주지 못한 것이 패배의 이유라고 주장했다(백낙청, 2012).

둘째, 민주통합당이 공천 실패로 패했다는 주장이다. 고성국 같은 논객이나 일부 전문가는 새누리당이 공천을 더 잘했다며 그 근거로 현역 의원 교체율을 제시했다(장훈, 2012). 하지만 현역 의원 교체가 좋은 공천의 조건이라는 이론은 존재하지 않는다. 의회의 좋은 전통과 역사가 축적되어야 의회도 진화 발전할 것이므로 무조건 신인의 공천이 바람직한 것도 아니다. 보수 정당이 3분의 2 이상의 의석을 차지했던 2008년 총선 결과를 고려한다면 그 선거에서 살아남은 민주당 의원은 당연히 다른 후보에 비해 경쟁력이 높을 것이다. 따라서 현역 의원 공천이 반드시 나쁜 공천이라고 보기는 어렵다. 특히 총선 이후 잘못된 공천으로 탈당을 강요당한 논문 복사 의혹의 문대성, 제수씨 성추행 의혹의 김형태, 공천 비리 의혹의 현영희, 뇌물 요구 의혹의 송영선 등은 모두 새누리당 후보거나 의원이다. 민주통합당엔 그런 논란을 빚은 후보가 없으므로 새누리당의 공천이 더 잘되었다는 주장은 객관성이 없다. 그럼에도 불구하고 논평가의 주관적 논평이 공천에 대한 이미지에 영향을 미쳐 공천 평가가 투표에 영향을 발휘할 가능성은 존재한다.

셋째, 김용민의 막말 파문이 결정적으로 영향을 미쳤다는 주장도 있다. 그러나 이번 선거 결과를 정확히 예측한 리얼미터의 이택수 대표에 따르면 김용민 막말은 영향이 없었고 민간인 사찰 문건 공개로 오히려 야권에 역풍이 불었으나 막판 3일을 남기고 야권의 지지가 반전 상승했다고 한다(이택수, 2012).

이 장에서는 설문조사 자료가 허용하는 범위 내에서 1) 새누리당과 민주당의 선거 구호가 얼마나 투표에 영향을 미쳤는지 살펴보고 특히 김용민 공천/막말이 미친 영향도 살펴본다. 그리고 2) 각 정당의 공천에 대한 평가가 투표에 미친 영향, 3) FTA에 대한 입장이나 구호가 투표에 미친 영향을 각각 살펴본다. 설문조사 자료를 통해 순수한 전략의 효과를 검증하기 위해선 전략 평가에 영향을 미칠 만한 다음의 변수를 통제해야 한다. 그동안 선거 연구에서 지역, 세대, 이념을 통제하는 연구가 주를 이뤘다(강원택, 2010; Kang, 2008).

그러나 최근에 이 모든 변수를 포괄하는 '정당 지지' 변수를 투표 행태를 설명하는 새로운 변수로 고려해야 정확한 선거 예측과 설명이 가능하다는 주장이 제기되었다. 이에 다음의 세 가지 변수를 통제 변수로 사용한다.

첫째, 사회경제적 변수이다(Lipset and Rokkan, 1967). 둘째, 정당 지지이다. 셋째, 선거의 기본 모형인 전망적, 회고적 투표이다. 정당 지지는 서구의 정당 일체감과 유사한 개념으로서 과거엔 정당 지지와 투표가 일치하는 경향이 있어 투표 행태의 설명 변수로 사용되지 않았다. 그러나 2007년 대선 이후 안정된 정당 지지가 발견되며 이것이 투표 행태 설명에 가장 결정적인 영향을 미친다는 주장이 제기되었다(조기숙, 2011; 2012b; 김형준, 2011). 또한 2007년 대선 결과 노무현이 이명박을 당선시켰다는 논객의 주장이 주를 이뤘다(최장집 · 박상훈, 2008; 오연호, 2007; 손호철, 2007; 강원택, 2010; 조국 · 오연호, 2010; 가상준 · 노규형, 2010). 그러나 필자와 김형준은 2007년 대선 결과는 정당 지지의 산물일 뿐 이명박 당선과 노무현 평가는 무관한 것이라 주장한 바 있다. 2002년 노무현이 당선되자 전망적 투표라고 주장하던 논객이 2007년에는 회고적 투표라고 주장하니 논리적으로 앞뒤가 맞지 않는다.

필자는 2007년 이후 정당 지지가 투표의 주요 변수로 등장한 이유는 지역에서 계층으로 정당 지지 기반이 변화했기 때문이며 2012년 선거에서 정당의 양극화를 관찰하게 될 것이라고 주장한 바 있다(조기숙, 2011).[1] 실제로 2012년 총선에서 후보자의 이념적 양극화(강원택, 2012a)와 제3정당의 몰락과 양대 정당화(김용호, 2012)가 관찰되었다. 즉 2007년 대선에서 회고적 투표와 노무현 심판론 주장은 잘못되었다. 그럼에도 불구하고 대선을 8개월 앞둔 2012년 총선에서 대다수 논평가가 다시 회고적 투표를 가정했기 때문(강원택, 2012b)에 총선 예측이 틀리게 된 것이다(조기숙, 2012b). 즉 지방 선거나 재보궐 선거에서는 회고적 투표가 우세하겠지만 대선이나 대선과 가까운 총선에서는 전망적 투표가 이뤄지는 게 상식이다. 선거 예측에 성공한 장승진(2012a)도 전망적 투표가 이뤄질 것이므로 박근혜라는 대선 후보를 가진 새누리당이 1당이 될 것이라 내다봤다. 이 때문에 정당 지지와 회고적, 전망적 투표의 영향을 통제한 후, 선거 전략의 효과를 측정할 필요가 있다.

3. 선거 전략 검증 모형

자료

2012년 총선의 선거 전략을 평가하기 위해 두 개의 설문 자료가 사용되었다. 〈2012 국민의식조사〉는 민주정책연구원이 서울대학교 한상진 사회연구소에 의뢰하여 수행한 패널조사이다. 2012년 2월부터 4월까지 동안 두 차례 이루어졌으며 전국 성인 1,026명을 대상으로 웹 및 전화면접이 수행되었다. 사후 설문조사의 표본은 811명이다.

1 정당 재편성에 대해선 Sundquist, 1983; Beck, 1979; Campbell, 1985; Clubb et al., 1980; Erikson and Tedin, 1981; 1986; Key, 1955; 1959 참조.

사회연구소의 조사자료는 선거 전략에 대한 각종 질문을 담고 있어 경험적 가설 검증에 주로 사용되었다. 그러나 이 설문은 공천에 대한 평가를 담고 있지 않아 공천에 대한 평가가 투표에 미친 영향을 검증하는 데에는 한국 사회과학데이터센터의 자료를 활용했다. 〈19대 국회의원선거 유권자 조사〉는 한국 사회과학데이터센터가 총선 직후인 2012년 4월 수행한 표본 1,000개의 여론조사(비공개 자료)이다.[2] 통계 분석은 SPSS 통계 프로그램을 사용하여 수행했다.

모형과 가설

선거 전략이 투표에 미친 영향을 규명하기 위해 새누리당에 대한 투표, 민주통합당에 대한 투표, 여야권에 대한 투표(여당은 1, 야권연대는 0)를 각각 종속변수로 상정했다. 새누리당의 선거 전략은 새누리당의 다음 네 가지 주장에 대해 공감하는지 여부를 측정했다. "거대 야당의 등장을 막아달라는 호소, 김용민 후보의 막말을 용납하면 안 된다는 주장, 이념 세력에게 나라를 맡길 수 없다는 주장, 민간인 사찰을 참여정부 때도 했다는 주장"이 그것이다. 민주당의 선거 전략으로는 "이명박 정부를 심판해야 한다, 이명박 정권과 박근혜는 한 몸이다, 통합진보당과의 야권연대, 김용민 후보 공천, 민간인 사찰에 대해 특검 대신 국정조사와 청문회를 해야 한다, 한미 FTA 재협상 또는 재협상을 강력하게 추진해야 한다"는 주장에 공감하는지 측정

2 자료를 사용하게 도와준 한국 사회과학데이터센터와 한국정당학회의 이현출 회장께 깊은 감사를 드린다.

했다.

각 정당의 순수한 전략의 효과를 측정하기 위해선 투표에 영향을 미치는 것으로 기대되거나 연구된 사회경제적 변수를 통제할 필요가 있다. 특히 연령 효과와 지역 효과를 통제해야 한다. 이념도 통제 변수로 모형에 삽입해보았으나 '정당 지지' 변수를 통제하자 무의미하게 나타나 모형으로부터 삭제했다. '정당 지지'에는 이념 변수가 이미 포함되어 있기 때문이다.

'정당 지지' 변수로 〈2012 국민의식조사〉에서는 "선생님은 현재 어느 정당을 지지하고 계십니까?"라는 문항에 대한 답변을 사용했다. 사회과학데이터센터 조사의 경우 '정당 지지'를 묻는 문항이 없어 대신 "oo님께서는 가깝게 느끼는 특정 정당이 있습니까?"라는 질문에 대해 그렇다고 답변한 경우, 다시 가장 가깝다고 느끼는 정당을 선택하게 한 후속 문항에 대한 응답자의 답변을 각 정당에 대한 지지로 상정했다. 가깝게 느끼는 정당이 없다고 응답한 경우를 무당파로 규정했다.

양당 혹은 여야의 고정적 지지자라고 할 수 있는 정당 지지를 통제하면 확고한 정당 지지가 없는 무당파 혹은 중도층이 각 정당의 전략에 얼마나 공감하는지, 그리고 그 공감이 투표로 연결되는지를 측정할 수 있다. 그동안 투표의 기본 모형으로 사용되어온 회고적 투표와 전망적 투표의 통제도 필요하다. 이명박 대통령에 대한 평가를 회고적 투표로, 2012년 대선에서 박근혜 후보 혹은 문재인 후보를 선택하겠다는 의지를 전망적 투표를 나타내는 변수로 사용했다. 한국 사회과학데이터센터의 자료는 대선에서 누구에게 투표할 것인지를 묻는 설문이 존재하지 않아 박근혜 후보와 문재인 후보에 대한 선호도를 전망적 투표의 대리surrogate 변수로 사용했다.

이상을 종합하면 선거 전략에 대한 측정 모형은 다음과 같다.

$Y_n = a + b_1X_{1n} + b_2X_{2n} + b_3X_{3n} + b_4X_{4n} + e$ [모형 1]

$b_2 > 0$ [가설 1]

여기에서 Y_n는 투표 선택이다. 새누리당 투표, 민주통합당 투표, 여야 투표로 각각 세 개의 모형을 검증했다. X_{1n}은 사회경제적 변수들이다. X_{2n}은 다양한 선거 전략적 메시지이며, X_{3n}은 정당 지지, X_{4n}은 회고적 투표와 전망적 투표를 각각 측정한다. 가설은 새누리당의 전략이 민주당의 전략에 비해 중도층 유권자의 공감을 얻어 투표에 영향을 미쳤을 것이라고 세웠다. 전략적 메시지 중에서 어떤 것이 더 큰 영향을 미쳤는지 상대적 영향도 비교해보았다.

[모형 2]는 정당 공천에 대한 평가가 투표에 미친 영향을 검증한다.

$Y_n = a + b_1X_{1n} + b_2X_{2n} + b_3X_{3n} + b_4X_{4n} + e$ [모형 2]

$b_2 \neq 0$ [가설 2]

[모형 2]의 종속변수 Y_n과 독립변수 X_{1n}, X_{3n}, X_{4n}은 [모형 1]과 동일하다. X_{2n}은 각 정당 공천에 대한 평가를 담고 있다. 가설은 정당 공천에 대한 평가가 투표에 영향을 미쳤을 것이라고 세웠다

[모형 3]은 위의 모형과 마찬가지 방법으로 통제 변수를 도입하여 X_{2n}은 각각 노무현 FTA에 대한 평가, 이명박 FTA에 대한 평가, 한명숙의 FTA 재재협상 입장에 대한 평가가 투표에 미친 영향을 측정한다.

$Y_n = a + b_1X_{1n} + b_2X_{2n} + b_3X_{3n} + b_4X_{4n} + e$ [모형 3]

$b_4 \neq 0$ [가설 3]

4. 민주당을 압도한 새누리당의 선거 전략

선거 전략의 효과

지역구 투표에 대한 설문조사를 기초로 [모형 1]을 검증한 결과는 〈표 1〉, 〈표 2〉, 〈표 3〉에 나타나 있다. 〈표 1〉은 새누리당 전략이 새누리당 투표에 미친 영향을 측정한 것이다. 사회경제적 변수의 영향을 측정한 기본 모형(SES 모형)의 결과를 보면 고연령일수록, 저학력일수록, 고소득자일수록, 영남 유권자일수록 새누리당에 투표할 확률이 높은 것으로 나타난다. 호남 유권자일수록 새누리당 투표와 역의 관계가 성립된다. 기존의 세대, 지역에 이어 학력과 소득의 영향력이 나타난 것이 흥미롭다. 그러나 두 번째 모형에서 전략을 첨가하자 연령과 학력, 영남과 같은 변수가 무의미하게 나타난다. 즉 새누리당의 전략이 고연령, 저학력, 영남 유권자에게 설득력을 발휘

<표 1> 2012년 총선에서 새누리당 전략이 새누리당 투표에 미친 영향 로지스틱 분석

	SES 모형		전략 효과		전략+정당 지지		전략+정당 지지+ 회고적 · 전망적 투표	
독립변수	B(S.E.)	Exp (B)	B(S.E.)	Exp (B)	B(S.E.)	Exp (B)	B(S.E.)	Exp (B)
성별 (여성)	-.04(.17)	.97	-.15(.25)	.86	-.10(.26)	.91	-.22(.29)	.80
연령	.03***(.01)	1.03	.01(.01)	1.01	.00(.01)	1.00	-.00(.01)	1.00
학력	-.21*(.10)	.81	-.25(.15)	.78	-.29(.15)	.75	-.34*(.17)	.71
소득	.19*(.06)	1.21	.19*(.09)	1.21	.18(.10)	1.20	.16(.10)	1.17
화이트칼라	.25(.22)	1.29	.52(.28)	1.68	.41(.29)	1.50	.43(.32)	1.54
블루칼라	-.11(.26)	.89	-.21(.41)	.81	-.37(.46)	.69	-.53(.49)	.59
수도권	-.13(.24)	.88	-.37(.34)	.69	-.22(.36)	1.24	-.24(.40)	.79
호남	-2.17*** (.45)	.12	-1.39* (.59)	.25	-.94(.60)	.39	-1.05(.66)	.35
영남	.72**(.24)	2.05	.28(.36)	1.32	.21(.37)	1.24	.14(.41)	1.15
거야 저지[(1)]			.57**(.20)	1.77	.45*(.21)	1.57	.19(.23)	1.21
김용민 막말 용납 안돼			.09(.19)	1.01				
이념 세력 저지			.95*** (.20)	2.58	.79***(.21)	2.21	.63**(.23)	1.88
참여정부도 사찰			.74*** (.20)	2.10	.71**(.21)	2.03	.53*(.22)	1.69
새누리당 지지[(2)]					1.24***(.34)	3.45	.98**(.38)	2.68
민통당 지지					-1.08**(.34)	.34	-.91*(.36)	.40
통진당 지지					-.61(.60)	.54	-.75(.67)	.47
전망적 투표[(3)]							2.14***(.33)	8.46
회고적 투표[(4)]							.05(.16)	1.05
상수	-1.89** (.56)	.15	-6.40*** (.92)	.00	-4.98*** (.95)	.01	-4.39*** (1.03)	.01
N	719		599		599		599	
-2로그우도	850.63		461.08		427.32		376.06	

카이자승 (유의확률)	122.85(.000)	336.76(.000)	370.52(.000)	421.78(.000)
Pseudo R^2(5)	.16	.43	.46	.51

*** p<.001; ** p<.01; * p<.05

(1) 각 정당의 전략은 사후설문 결과 사용

(2) 각 정당의 지지 여부는 사전설문 결과 사용

(3) "내일 당장 대통령 선거가 열려 박근혜 후보와 문재인 후보의 양자 대결이 이루어진다면 어느 후보를 지지하시겠습니까? (박근혜: 1)"(사후설문)

(4) "선생님께서는 지난 4년간 이명박 정부의 국정 운영에 대해서 종합적으로 어떻게 평가하십니까?"(사전설문)

(5) Pseudo R^2=Cox & Snell

했음을 알 수 있다. 두 번째 모형에서 여전히 소득이 전략과 무관하게 유의미하게 나타난다. 고소득자는 이익으로 새누리당에 투표하지 새누리당의 전략에 설득당해서 투표하는 것은 아니라는 점을 보여준다.

새누리당의 전략 중 유권자를 설득하는 데 성공한 것은 세 가지이다. 거대 야당을 막아달라는 주장, 이념 세력에게 나라를 맡길 수 없다는 주장, 참여정부도 민간인 사찰을 했다는 주장이 그것이다. 반면, 김용민 막말을 용납해선 안 된다는 주장은 투표에 영향을 미치지 못한 것으로 나타났다. 김용민을 공천한 것에 공감하는 유권자는 21.2%로 민주당 지지자들이 강한 지지를 보여주었으나 전체적으로는 긍정적이지 않았다. 그럼에도 불구하고 김용민 공천이나 막말이 민주당이나 새누리당 투표에 영향을 미치지는 못했다.

이상의 전략에 대한 공감은 주로 새누리당 지지자들에 의해 나타났을 가능성이 매우 높다. 따라서 선거 전략이 중도층에 미치는 효과를 측정하기 위해 세 번째 모형처럼 '정당 지지'를 통제한 후 전략의 효과를 살펴보았다. 예상대로 새누리당 지지는 긍정적, 민주당 지지는 부정적인 영향을 미쳤다. 통합진보당 지지는 새누리당 투표에 영향을 미치지 않았다. 정당 지지를 통제한 후에도 모형의 설명력이 높아졌을 뿐 전략의 효과는 여전히 유효했다. 이는 새누리당의 전략이 무당파를 설득하는 데 효과가 있었음을 의미한다.

무당파가 전략이 아니라 회고적 투표나 전망적 투표의 영향으로 새누리당에 투표했을 가능성을 고려하여 네 번째 모형에서 이 또한 통제했다. 전망적 투표의 영향이 매우 크다는 점이 관찰되었으나 새누리당에 대한 투표에서 회고적 투표의 영향은 발견되지 않았다. 투표에 영향을 미칠 것으로 예상되는 사회경제적 변수, 정당 지지, 회고적 투표와 전망적 투표를 모두 통제한 후에도 "이념 세력을 막아달라"는 주장과 "참여정부도 민간인 사찰을 했다"는 주장은 설득력을 발휘해 무당파층의 새누리당 투표에 긍정적 영향을 미친 것으로 보인다.

김제동, 김미화 같은 연예인도 민간인 사찰을 당했다는 증거가 언론에 의해 폭로되면서 새누리당은 위기를 맞은 것처럼 보였다. 그러나 홍보수석이 직접 나서 언론이 공개한 자료의 대부분이 참여정부 것이라며 참여정부도 민간인 사찰을 했다고 주장한 것이 선거 전략으로서 성과를 본 것이다.

이상의 결과를 종합하면 중도층의 새누리당 투표에 긍정적인 영향을 미친 가장 중요한 요인은 회고적 투표가 아니라 전망적 투표였다. 경험적 결과는 왜 그런지 이유를 직접 설명하고 있지 않다. 그러나 몇 가지 논리적 추론을 해볼 수는 있다. 첫째, 대선을 앞둔 총선에서 대선 후보의 존재는 매우 중요하다고 생각된다. 중간 선거에서는 여당이 심판을 받는 것이 보통이지만 대선이나 대선을 바로 눈앞에 둔 총선에서는 전망적 투표가 지배할 것이라는 필자의 가설이 맞았음을 증명한다. 필자는 2007년 대선에서도 회고적 투표는 존재하지 않았다고 주장한 바 있다. 둘째, 박근혜라는 확고한 대선 후보가 존재했던 새누리당이 대선 후보로서 존재감이 미미했던 문재인의 민주당에 비해 전망적 투표의 영향이 압도적으로 높은 것으로 드러났다. 즉 대선 후보의 존재 유무가 전망적 투표의 정도에 영향을 미친 것이다. 셋째, 새누리당의 로고, 색깔, 정당 이름의 변화 등이 이명박 정부와의 단절을 상징함으로써 유권자들에게 새롭게 다가갔을 가능성이다. 이름을 바꿨다고 해서 한나라당으로서의 정체성이 사라진 건 아니었지만 이명박 정부에 실망한 중도층에게도 새누리당에 다시 투표할 핑계를 만들어주었을 가능성은 있다.

전망적 투표 다음으로 중도층의 투표에 중요하게 영향을 미친 요인은 정당 지지로 나타났다. 이는 장기적으로 형성된 정당에 대한 안정적 지지로서 구조적인 요인에 해당된다. 그다음으로 선거 구호가 중도층의 투표에 영향을 미친 것으로 나타난다. 선거의 종류라고 할 수 있는 전망적 투표의 영향, 구조적 요인이 중요하기는 했지만 선거 전략 또한 여전히 유의미한 변수였음이 밝혀졌다. 특히 "이념 세력을 저지해달라", "참여정부도 민간인 사찰을 했다"는 주장이 중도층의 새누리당 투표에 영향을 미친 것으로 드러났다.

민주당의 전략이 민주당 투표에 어떤 영향을 미쳤는지 살펴본 결과는 〈표 2〉와 같다. 전체적으로 새누리당 모형과 R^2를 비교할 때

<표 2> 2012년 총선에서 민주당 전략이 민주당 투표에 미친 영향 로지스틱 분석

	SES 모형		전략효과		전략+정당 지지		전략+정당 지지+ 회고적 · 전망적 투표	
독립변수	B(S.E.)	Exp (B)	B(S.E.)	Exp (B)	B(S.E.)	Exp (B)	B(S.E.)	Exp (B)
성별 (여성)	.06(.17)	1.06	.21(.20)	1.24	.17(21)	1.18	.33(.23)	1.39
연령	-.04*** (.01)	.96	-.02* (.01)	.98	-.02(.01)	1.00	-.01(.01)	.99
학력	.11(.20)	1.12	-.01(.12)	.99	-.01(.13)	1.00	-.02(.14)	.98
소득	-.10(.06)	.91	-.01(.07)	.99	.01(.08)	1.01	.01(.08)	1.01
화이트칼라	-.22(.21)	.80	-.35(.24)	.70	-.29(.25)	.75	-.23(.27)	.79
블루칼라	.03(.25)	1.03	-.13(.31)	.88	-.16(.33)	.75	-.27(.35)	.77
수도권	.44(.24)	1.56	.47(.29)	1.59	.41(.30)	1.51	.39(.32)	1.47
호남	1.18*** (.31)	3.27	.83*(.39)	2.30	.41(.40)	1.51	.03(.42)	1.03
영남	-.44(.25)	.65	-.31(.30)	.74	-.24(.32)	.79	-.24(.34)	.79
이명박 심판[(1)]			.45**(.17)	1.57	.44**(.15)	1.56	.39*(.18)	1.47
MB= 박근혜			.69*** (.16)	2.00	.59*** (.16)	1.80	.25(.17)	1.28
야권연대			.26(.16)	1.30				
김용민 공천			.01(.15)	1.01				
민간인 사찰 국정조사			.03(.17)	1.03				
FTA 재협상			.06(.15)	1.07				
새누리 지지[(2)]					-2.07*** (.41)	.13	-1.64*** (.44)	.19
민통당 지지					.64*(.25)	1.89	.62*(.27)	1.87
통진당 지지					.19(.36)	1.21	.12(.39)	1.13
전망적 투표[(3)]							1.90*** (,26)	6.71

회고적 투표(4)							.14(.16)	1.15
상수	1.29* (.55)	3.63	-3.19*** (.81)	.04	-2.17** (.82)	.11	-2.71** (1.02)	.07
N	719		599		599		599	
-2로그우도	884.78		643.91		595.73		535.33	
카이자승 (유의확률)	96.57(.000)		184.43(.000)		232.61(.000)		293.01(.000)	
Pseudo R^{2}(5)	.13		.27		.32		.39	

*** p<.001; ** p<.01; * p<.05

(1) 각 정당의 전략은 사후설문 결과 사용

(2) 각 정당의 지지 여부는 사전설문 결과 사용

(3) "내일 당장 대통령 선거가 열려 박근혜 후보와 문재인 후보의 양자 대결이 이루어진다면 어느 후보를 지지하시겠습니까? (문재인:1)"(사후설문)

(4) "선생님께서는 지난 4년간 이명박 정부의 국정 운영에 대해서 종합적으로 어떻게 평가하십니까?"(사전설문)

(5) Pseudo R^2=Cox & Snell

민주당의 경우는 전략모형의 설명력이 매우 떨어진다는 점을 알 수 있다. 이는 민주당의 선거 전략이 민주당 득표에 많이 기여하지 못했음을 의미한다. 사회경제적 변수 중에는 연령과 호남의 영향력만 발견된다. 많은 이들이 영남의 지역주의가 지속된다고 믿지만 영남의 새누리당 투표는 연령 효과일 가능성이 크다. 영남지역주의는 독립적으로 민주당 투표에 영향을 미치지 않은 것으로 드러났기 때문이다.

선거전략모형을 분석해본 결과 민주당 투표의 경우 전략과는 무관하게 연령과 호남의 독립적 효과가 여전히 존재했다. 즉 민주당의 전략이 별로 효과적이지 않았음에도 불구하고 호남 유권자와 저연령층은 전략과 무관하게 민주당을 지지했다는 말이다. 저연령층의 투표율이 2012년 총선에서 많이 상승했고 2010년 지방 선거에 비해 저연령층의 민주당 투표 성향이 강화된 것은 나꼼수 효과일 것이라고 추론된다. 사회경제적 변수의 영향력을 통제할 때 민주당의 전략 중 설득력을 발휘한 것은 "이명박 정부를 심판해야 한다"는 주장과 "이명박 정권과 박근혜는 한 몸"이라는 주장뿐이었다. 한미 FTA 협상과 관련해 대규모 시위를 하고 이를 고리로 야권연대가 이루어졌지만 이것이 투표에 영향을 미쳤다는 경험적 증거는 발견되지 않는다. 야권연대에 대한 공감이 민주당 투표에 영향을 미치지도 않았다. 정당 지지를 통제하자 새누리당 지지자는 민주당 투표에 부정적인 영향을, 민주당 지지자는 긍정적인 영향을 미친 것으로 나타난다. 정당 지지자 이외의 무당파층이 민주당에 투표한 경우는 이명박 정부에 대한 평가만이 유의미한 영향을 미치는 것으로 나타났다. 중도층의 민주당 지지의 경우는 회고적 투표에 기반함으로써 제한적으로 회고적 투표의 영향이 있었음을 확인할 수 있었다.

끝으로 회고적 투표와 전망적 투표(문재인 지지)를 통제하자 "MB와 박근혜는 한 몸"이라는 주장도 설득력을 발휘하지 못했다. 즉 민주당의 전략은 "이명박 정부를 심판해달라"는 주장 외에는 전혀 민주당 득표에 도움을 주지 못했음을 알 수 있다. 그나마 대선 후보로서의 문재인에 대한 지지가 민주당 득표에 도움을 주었으나 문재인이 대선 후보로서의 행보를 하지 않음으로써 민주당 득표에 큰 도움이 되지는 않았다.

민주당의 선거를 지휘했던 지도부는 위의 설문이 자신들의 전략을 제대로 측정하지 않는다고 항변할지도 모른다. 하지만 이 설문은 민주당 연구소 관계자에 의해 만들어진 만큼 민주당 연구소 인사들이 모르는 전략이라면 유권자들도 들어본 기억이 별로 없을 것이다. 따라서 전략에 있어서 민주당의 패배를 인정하지 않을 수 없다.

앞에서 〈표 1〉은 새누리당의 전략이 중도층의 새누리당 투표에 미친 영향, 〈표 2〉는 민주당의 전략이 중도층의 민주당 투표에 미치는 영향을 살펴본 것이라면 〈표 3〉은 새누리당과 민주당의 전략이 새누리당과 야권연대의 투표에 어떤 영향을 미쳤는지 양 진영의 전략을 한 모형에 넣어 종합적으로 평가한 것이다. 사회경제적 변수와의 관계를 살펴보면 〈표 1〉과 마찬가지로 연령, 학력, 소득과 지역변수가 모두 의미 있는 것으로 나타난다. 각 당의 전략을 모두 포함한 두 번째 모형에서는 소득, 연령, 학력, 영남 지역 변수의 영향력이 모두 사라진다. 이는 이들 사회경제적 변수가 각 당의 전략에 다르게 반응했음을 의미한다. 즉 고연령, 저학력, 고소득자들은 새누리당의 전략에 공감했고, 반대로 저연령, 고학력, 저소득일수록 민주당의 전략에 공감했음을 알 수 있다.

중도층의 양 진영 투표에 미친 영향을 살펴본 〈표 3〉은 민주당과 새누리당만 별도로 살펴본 〈표 1〉과 〈표 2〉의 결과와 동일하다. 한 가지 차이점은 종속변수를 민주당 투표가 아니라 통합진보당까지 포함하여 야권연대 투표로 하자 〈표 3〉에서 야권연대에 대한 공감이 유의미한 전략으로 득표에 영향을 미쳤다는 점이다. 즉 민주당 모형에서는 유의미하지 않던 야권연대 전략이 통합진보당이 포함되자 유의미하게 나타났다. 이는 야권연대가 중도층의 민주당 투표에는 영향을 미치지 못한 반면, 야권연대 투표에는 유의미한 영향이

<표 3> 2012년 총선 선거 전략이 투표에 미친 영향 로지스틱 분석

	SES 모형		전략 평가		전략 + 정당 지지 모형	
독립변수	B(S.E.)	Exp (B)	B(S.E.)	Exp (B)	B(S.E.)	Exp (B)
성별(여성)	.00(.18)	1.00	-.19(.30)	.83	-.18(.30)	.83
연령	.04***(.01)	1.04	.01(.02)	1.01	.01(.02)	1.01
학력	-.26*(.10)	.77	-.13(.17)	.88	-.16(.17)	.86
소득	.19**(.06)	1.20	.10(.11)	1.10	.10(.11)	1.10
화이트칼라	.23(.23)	1.25	.54(.34)	1.71	.39(.34)	1.47
블루칼라	-.17(.27)	.85	.27(.51)	1.31	.13(.52)	1.14
수도권	-.32(.25)	.72	-.44(.41)	.64	-.21(.41)	.81
호남	-2.44*** (.47)	.09	-1.92** (.71)	.15	-1.41* (.69)	.25
영남	.59*(.27)	1.81	.31(.43)	1.36	.35(.44)	1.41
거야 저지			.64*(.25)	1.90	.60*(.25)	1.83
김용민 막말 심판			.20(.26)	1.22		
이념세력 저지			.74**(.26)	2.10	.74**(.25)	2.01
참여정부 사찰			.78**(.26)	2.19	.74**(.26)	2.09
이명박 심판			-.44(.25)	.65		
MB_박근혜			-.86**(.27)	.42	-.99*** (.24)	.37
야권연대			-.50*(.25)	.60	-.60** (.23)	.55
김용민 공천			.15(.23)	1.16		
민간인사찰 국정조사			-.04(.26)	.96		
FTA 재협상			-.26(.22)	.78		
새누리 지지					.90*(.41)	2.45
범야권 지지					-.49(.35)	.61

상수	-1.83**(.60)	.16	-1.464	1.36	-1.74(1.28)	.18
N	653		558		558	
-2로그우도	757.45		333.45		331.93	
카이자승 (유의확률)	141.71(.000)		422.81(.000)		424.32 (.000)	
Pseudo $R^{2(1)}$	.20		.53		.53	

(1: 새누리당; 0: 야권연대)
*** p<.001; ** p<.01; * p<.05
(1) Pseudo R^2=Cox & Snell

있었음을 의미한다. 야권연대는 시너지를 내지는 못했지만 통합진보당 지지자를 잡아두는 기능은 충실히 수행한 셈이다.

이 종합모형에서도 〈표 1〉과 마찬가지로 김용민 막말은 영향이 없었고 "거대 야당 저지, 이념 세력 저지, 참여정부도 민간인 사찰했다"는 주장이 설득력을 발휘했다. 반면 "MB를 심판해달라"는 야권의 전략은 효과가 없었다. 이에 반해 "이명박과 박근혜는 한 몸"이라는 주장과 "야권연대에 대한 공감"은 투표에 영향을 미친 것으로 드러났다. 즉 야권연대 구호가 민주당 지지에 유의미한 영향을 미치지 못한 데 비해, 야권 전체 투표에는 유의미한 영향을 미친 것으로 나타나 통합진보당이 야권연대로부터 혜택을 보았음을 알 수 있다.

여기에 정당 지지 변수를 통제한 세 번째 모형은 새누리당 지지는 새누리당 득표에 유의미한 영향을 미친 데 비해, 야권 정당의 지지는 새누리당 지지에 부정적인 영향을 미치지 못하는 것으로 나타났다. 새누리당 지지가 견고하고 유의미한 데 비해 야권 정당에 대한 지지는 투표에 영향을 미칠 만큼 견고하고 발달되지 못했기 때문인 것으로 추론된다. 그러나 새누리당 지지 변수가 유의미한 것으로 나타나기는 했지만 두 번째 전략모형의 설명력을 전혀 높여주지는 못한 것으로 드러났다. 즉 새누리당 지지자들은 정당에 대한 충성도와 무관하게 새누리당의 전략에 깊이 공감했고 이것이 투표 선택에 영향을 미쳤다고 할 수 있다.

결론적으로 새누리당은 박근혜 후보의 존재로 인해 전망적 투표를 만들어내고 정당 지지의 효과를 보았을 만큼 구조적으로도 유리한 위치에 있었다. 뿐만 아니라 선거 전략에 있어서도 선거 구호가 중도층에게 설득력을 발휘할 만큼 성공적이었다고 생각된다. 이에 비해 민주당은 대선 후보가 분명하지 않아 전망적 투표의 영향도 미약했고 야권 정당에 대한 지지가 견고하거나 발전되지 못해 구조적으로도 불리한 위치에 있었음을 알 수 있다. 거기에서 더 나아가 MB 심판 외에는 제대로 된 전략도 구사하지 못해 무당파층을 설득하는 데 실패했음을 알 수 있다. 호남의 영향, 이명박-박근혜는 한 몸이라는 전략만이 유의미했다.

정당 공천 평가

한국 사회과학데이터센터의 설문조사는 각 정당에 대한 공천 평가를 담고 있다. 새누리당의 공천에 대한 평가는 민주당에 비해 압도적으로 긍정적인 평가를 얻었다. 매우 잘했다 5.9%, 잘했던 편이다 39.0%로 44.9%가 긍정적으로 평가했다. 반면 못했던 편이다 26.5%, 매우 잘못했다 7.8%로 나타났다. 이에 비해 민주당은 새누리당에 비해 상당히 부정적인 평가를 받았다. 매우 잘했다 1.4%, 잘했던 편이다 22.8%, 못했던 편이다 41.1%, 매우 잘못했다 10.0%로 부정적인 평가가 51.1%에 달했다.

앞에서도 말했듯이 19대 민주당 의원들의 활약이 돋보이는 가운데 새누리당 의원이나 후보는 각종 문제를 일으켜 줄줄이 출당 조치를 당하고 있다. 시민들이 이처럼 실제와는 다른 편향된 공천 평가를 하게 된 데에는 일차적으로 공천 심사위원에게 단수 공천을 주고 이를 먼저 발표한 민주당의 전략적 실수에 가장 큰 책임을 물어야 한다. 하지만 전략적 실수를 공천 내용이 잘못된 것처럼 논평하며 각종 언론에서 새누리당 공천이 잘되었다고 손을 들어준 전문가, 언론의 책임도 작지 않다고 생각된다. 학회의 이름으로 새누리당의 공천이 더 잘된 것으로 보도된 것에 대해 2012년 제주에서 있었던 한국정당학회 하계학술대회에서 정진민 교수의 강력한 문제제기가 있었다.

[모형 2]의 검증을 통해 정당 공천에 대한 평가가 투표에 미친 영향을 살펴보았다. 새누리당에 대한 분석은 〈표 4-1〉, 민주당에 대한 분석은 〈표 4-2〉에 나타나 있다. 첫 번째 모형은 사회경제적 변수와 회고적 투표, 전망적 투표의 기본 모형을 담았다. 회고적 투표, 전망적 투표, 호남 지역 모두 유의미하게 나타났다. 여기에 정당 지지를 통제하자 호남 지역 변수도 사라졌다. 이는 지역주의가 더 이상 투표 선택에 영향을 미치는 독립적인 변수가 아님을 보여준다. 지역은 정당에 대한 오랜 투표를 통해 '정당 지지'라는 변수에 내재화된 것이다. 투표 선택에 영향을 미친다고 생각되는 기본 요인(회

고적 투표, 전망적 투표, 정당 지지) 모두를 통제한 후 정당 공천에 대한 평가가 새누리당 투표에 미친 독립적 영향을 살펴보았다. 무당파의 경우 민주당의 공천을 부정적으로 평가할수록 새누리당에 투표할 확률이 높았다. 새누리당에 대한 공천 평가는 새누리당 투표에 영향을 미치지 않은 것으로 나타났다.

민주당 투표에 영향을 미친 요인을 분석하자 회고적 투표, 전망적 투표 외에도 호남 지역과 수도권이 영향을 미친 것으로 나타났다. 수도권은 2002년 행정수도 이전 공약 이후 항상 노무현이나 민주당 지지에 부정적이었다. 선거 막판 나꼼수의 시청광장 행사 이후 민주당 지지의 반등과 SNS와 스마트폰의 활용이 수도권에 집중된 점을 고려한다면 SNS와 나꼼수의 영향이 수도권 민심에 영향을 미친 것이라 추론된다.

정당 지지를 통제한 두 번째 모형에서는 앞의 모든 변수에 더해 영남 지역의 긍정적 영향이 나타났다. 직관적으로 이해가 되지 않아 다시 확인해보았지만 맞는 결과였다. 이 모형에서 화이트칼라, 블루칼라의 직업 변수를 배제하면 영남의 영향이 부정적으로 나온다. 이는 영남에서 이미 순수한 지역주의 투표는 사라졌고 중년 이상 고연령 유권자의 정당 지지를 통해 새누리당에 대한 지지가 지역 투표처럼 표면적으로 나타나는 것이다. 그러나 영남의 중도층은 이미 새누리당보다는 민주당을 더 지지하는 것으로 보인다. 즉 새누리당 공천을 부정적으로 평가할수록 민주당에 투표하는 경향이 높았지만 민주당에 대한 공천 평가는 투표에 영향을 미치지 못한 것으로 드러났다. 앞에서도 살펴보았듯이 민주당의 공천은 새누리당에 비해 훨씬 부정

<표 4-1> 정당 공천 평가가 2012년 총선 투표에 미친 영향 로지스틱 분석 (새누리당)

	회고적 · 전망적 투표 모형		회고적 · 전망적 투표 모형 + 정당 지지		정당의 공천 평가	
독립변수	B(S.E.)	Exp(B)	B(S.E.)	Exp(B)	B(S.E.)	Exp(B)
성별(여성)	-.05(.29)	.95	-.10(.35)	.90	-.54(.42)	.59
연령	-.00(.01)	1.00	-.02(.02)	.98	-.04*(.02)	.96
학력	.02(.17)	1.02	-.12(.21)	.89	-.18(.24)	.83
소득	.03(.05)	1.03	-.01(.06)	.99	.05(.07)	1.05
화이트칼라	-.50(.34)	.61	-.29(.41)	.75	-1.06*(.48)	.35
블루칼라	.54(.40)	1.72	.75(.52)	2.12	.31(.62)	1.37
수도권	-.03(.36)	.98	-.17(.44)	.84	-.40(.50)	.67
호남	-2.07***(.54)	.13	-1.21(.66)	.30	-1.54*(.75)	.22
영남	.20(.38)	1.22	-.30(.48)	.74	-.32(.53)	.73
박근혜 선호도(1)	.47***(.07)	1.61	.25**(.08)	1.29	.23*(.10)	1.25
이명박 평가	.76***(.20)	2.14	.66**(.24)	1.94	.74*(.32)	2.09
새누리 지지(2)			2.32***(.43)	10.18	1.99***(.49)	7.29
민통당 지지			-2.34*** (.54)	.10	-2.32*** (.63)	.10
새누리 공천 평가					.57(.33)	1.77
민통당 공천 평가					-.79*(.31)	.45
상수	-4.33***(1.06)	.01	-1.57(1.29)	.21	.274(1.59)	1.32
N	401		389		333	
-2로그우도	336.86		239.43		187.88	
카이자승 (유의확률)	217.94(.000)		299.10(.000)		273.39(.000)	
Pseudo R^2(3)	.42		.54		.56	

*** p<.001; ** p<.01; * p<.05

Data: 19대 국회의원 선거 유권자 조사(사회과학데이터센터)

(1) 박근혜에 대한 선호도 (0-10)

(2) 정당 지지를 묻는 문항이 없어 대신 “가깝게 느끼는 정당” 문항으로 대체.

(3) Pseudo R^2=Cox & Snell

<표 4-2> 정당 공천 평가가 2012년 총선 투표에 미친 영향 로지스틱 분석 (민주당)

	회고적 · 전망적 투표 모형		회고적 · 전망적 투표 모형 + 정당 지지		정당의 공천 평가	
독립변수	B(S.E.)	Exp (B)	B(S.E.)	Exp (B)	B(S.E.)	Exp (B)
성별(여성)	.03(.28)	1.03	-.06(.36)	.94	.28(.41)	1.33
연령	-.01(.01)	.99	.01(.02)	1.01	.03(.02)	1.03
학력	.133(.17)	1.14	.22(.22)	1.25	.26(.25)	1.30
소득	-.01(.05)	.99	.08(.06)	1.08	.07(.07)	1.08
화이트칼라	.55(.32)	1.73	.30(.41)	1.35	.60(.45)	1.82
블루칼라	-.05(.39)	.95	-.28(.54)	.75	-.29(.61)	.75
수도권	.98*(.38)	2.66	1.78**(.53)	5.91	2.06**(.60)	7.82
호남	2.22***(.46)	9.23	1.61**(.58)	4.99	1.93**(.63)	6.88
영남	-.01(.41)	.99	1.31*(.58)	3.71	1.63*(.64)	5.12
문재인 선호도(1)	.27***(.06)	1.31	.14(.08)	1.16	.13(.10)	1.13
이명박 평가	-.86***(.19)	1.31	-.76**(.24)	.47	-.61*(.29)	.55
새누리 지지(2)			-2.35*** (.53)	.10	-1.97*** (.56)	.14
민통당 지지			2.88***(.46)	17.72	2.82**(.50)	16.70
새누리 공천 평가					-.81**(.30)	.45
민통당 공천 평가					.59(.31)	1.80
상수	-1.19(1.11)	.31	-2.90*(1.46)	.06	-3.97*(1.75)	.02
N	369		361		315	
-2로그우도	357.74		233.45		196.55	
카이자승 (유의확률)	146.16(.000)		258.59(.000)		230.48(.000)	
Pseudo $R^{2(3)}$	.33		.51		.52	

*** p<.001; ** p<.01; * p<.05

Data: 19대 국회의원 선거 유권자 조사(사회과학데이터센터)

(1) 문재인에 대한 선호도 (0-10)

(2) 정당 지지를 묻는 문항이 없어 대신 "가깝게 느끼는 정당" 문항으로 대체.

(3) Pseudo R^2=Cox & Snell

적인 평가를 받았다. 게다가 민주당 공천에 대한 긍정적 평가가 득표에 도움이 되지도 않았다. 민주당 지지자들만 긍정적 평가를 했을 가능성 때문이다. 반면 새누리당의 공천을 부정적으로 평가할수록 민주당 득표에 도움이 되었지만 불행히도 새누리당의 공천을 부정적으로 평가한 논평가는 거의 없었기에 그 영향도 미약했다고 본다.

한미 FTA 쟁점의 영향

한미 FTA는 선거 막바지에 야권연대가 한미 FTA 재재협상을 고리로 성사되면서 투표 쟁점으로서 한층 더 부각되었다. 한미 FTA의 미 의회 발효를 기점으로 진보적 유권자 사이에 한미 FTA에 대한 비판 여론이 높아졌으며 나꼼수가 주최하는 시위에 십만 명 이상 참여하면서 총선을 앞두고 이슈화가 촉발되기도 했다. 그러자 민주통합당의 한명숙 대표는 한미 FTA를 재재협상하겠다는 공약을 제시했고 미국 대사관을 찾아가 재재협상을 요청하는 서한을 전달하기도 했다. 한미 FTA 재재협상을 강력히 추진해야 한다는 한명숙 대표의 주장에 공감하는 유권자는 49.9%로 국민 여론이 양분되어 있음을 알 수 있다. 그러나 이러한 입장이 투표 선택에 영향을 미치지는 않은 것으로 밝혀졌다.

어떤 쟁점을 선거 막판에 부각시키는 이유는 그 쟁점이 중도층의 투표에 중요하고, 균열이 우리 편 승리에 유리하다고 판단하기 때문이다. FTA 쟁점이 그런 쟁점인지를 알기 위해선 유권자 여론 분포를 먼저 알아야 한다. 우선 국민들은 노무현 전 대통령의 한미

FTA와 이명박 대통령의 한미 FTA를 다르게 평가하는 것으로 나타났다. 노 전 대통령의 FTA에 대해서는 찬성 여론이 54.7%로 나타나 그렇게 부정적이지 않다. 이명박 대통령의 FTA에 대해선 반대 여론이 64.8%로 나타나 부정적 의견이 훨씬 높았다. 한때 이 대통령의 FTA에 대한 반대 여론은 75%에 달한 적도 있어 민주당은 이 여론조사를 기초로 한미 FTA 재재협상을 강하게 선거 의제화한 것으로 보인다. 그럼에도 불구하고 한명숙 대표의 한미 FTA 재재협상에 대한 의견에 공감하는 응답자는 절반이 채 되지 않으며 투표 선택에도 영향을 미치지 않은 것으로 나타났다.

이 결과는 무엇을 의미하는가? 유권자는 변덕쟁이이고 믿을 수 없는 존재인가? 그렇지 않다. 〈표 5〉에서 알 수 있듯이 노무현 FTA에 대해서는 초당적, 탈이념적 지지가 있음을 알 수 있다. 여성은 시종일관 모든 FTA에 대해 반대하고 있다. 그러나 노무현 FTA에 대해서는 연령, 학력, 소득의 긍정적 효과가 발견된다. FTA가 이념적 문제인지를 알아보기 위해 이념 변수를 삽입하자 노무현 FTA는 이념보다는 진보 진영 내 당파적 입장(민주당 찬성, 통합진보당 반대)이 관찰된다. 즉 FTA 쟁점에 대해 진보 진영이 분열해 있음을 알 수 있다. 그러나 새누리당 지지자의 반대는 관찰되지 않는다. 즉 노무현 전 대통령의 FTA에 대해선 초당적, 탈이념적 과반의 지지와 진보 진영 내 분열이 관찰된다.

이에 반해 이명박 FTA에 대해서는 학력의 효과가 사라지고 연령, 소득, 정당, 이념의 영향이 뚜렷해진다. 특히 화이트칼라의 반대 입장이 분명한 것을 보면 이명박 FTA는 고소득자에게는 경제적 쟁

<표 5> 노무현-이명박-한명숙 FTA 정책 선형회귀 분석

	노무현FTA	노무현FTA (이념요인)	이명박FTA	이명박FTA (이념요인)	한명숙FTA	한명숙FTA (이념요인)
독립변수	Beta(S.E.)	Beta(S.E.)	Beta(S.E.)	Beta(S.E.)	Beta(S.E.)	Beta(S.E.)
성별(여성)	-.07*(.05)	-.07*(.05)	-.11*** (.05)	-.10**(.05)	.07(.07)	.05(.07)
연령	.08*(.00)	.09*(.00)	.21***(.00)	.17***(.00)	-.13*** (.00)	-.11**(.00)
학력	.10*(.03)	.09*(.03)	-.01(.03)	.00(.03)	.01(.04)	.01(.04)
소득	.04(.02)	.05(.02)	.08**(.02)	.09**(.02)	-.08(.03)	-.07(.03)
화이트칼라	-.06(.06)	-.06(.06)	-.07*(.07)	-.07*(.07)	.04(.09)	.04(.08)
블루칼라	.00(.07)	.00(.07)	-.03(.08)	-.02(.08)	.00(.11)	-.00(.11)
수도권	.02(.07)	.02(.07)	.11**(.08)	.11**(.07)	-.04(.11)	-.03(.10)
호남	-.05(.09)	-.05(.09)	-.00(.10)	.00(.10)	-.04(.14)	-.03(.14)
영남	-.04(.07)	.04(.07)	.07(.08)	.07(.08)	-.03(.11)	-.03(.11)
새누리 지지	.04(.06)	.05(.07)	.27***(.07)	.22***(.07)	-.21*** (.09)	-.13**(.10)
민통당 지지	.10(.06)	.10**(.06)	-.15*** (.06)	-.13*** (.06)	.27***(.09)	.23***(.09)
통진당 지지	-.07(.11)	-.07*(.12)	-.12*** (.11)	-.10**(.11)	.19***(.14)	.16***(.14)
이념[(1)]		.02(.01)		-.20*** (.02)		.24***(.02)
상수	2.08***(.16)	2.03***(.18)	1.32***(.17)	1.88***(.19)	3.09***(.23)	2.28***(.26)
Adjust.R^2	.03	.02	.26	.29	.21	.26

*** p<.001; ** p<.01; * p<.05; N = 1026
(1) 1 = 보수; 9 = 진보

점이지만, 화이트칼라는 날치기로 인한 민주적 절차를 문제 삼고 있음을 알 수 있다. 화이트칼라는 민주화운동의 적극 참여자일 뿐 아니라 각종 여론조사에서 민주적 가치를 가장 중요하게 여기는 집단으로 나타났었다. 이 때문에 정치적 절차에 있어서 이명박 FTA가 잘못되었다고 믿는 유권자라 하더라도 반드시 재재협상을 관철시켜야 한다는 입장에 동의하지는 않는 유권자가 다수 있을 수 있다. 재재협상을 위해 미국과의 외교 마찰을 우려할 수 있기 때문이다. 특히 수도권 유권자의 이명박 FTA에 대한 긍정적 지지가 눈에 띄는데 이는 수도권 유권자가 한미 FTA와 이명박 심판이라는 서로 다른 방향의 선택 사이에서 기권을 하게 만듦으로써 수도권 40대의 투표율을 떨어뜨린 결정적인 이유일 수도 있다고 추론된다.

한명숙의 재재협상 주장에 가장 큰 영향을 미친 변수는 이념과 정당 지지였다. 이보다는 약하지만 연령 효과도 발견된다. 20대는 백지 상태와 같아서 외부의 영향을 쉽게 받아들이는데 나꼼수와 한미 FTA 집회의 영향으로 인해 한명숙의 재재협상에 대해 지지를 보낸 것으로 추측된다. FTA가 야권연대 과정에서 선거 쟁점으로 등장하자 이를 '이념 세력'이라 부른 새누리당의 전략이 설득력을 발휘한 게 전혀 근거가 없지 않음을 알 수 있다. 한명숙 FTA 재재협상을 평가함에 있어서 이념과 정당 지지의 뚜렷한 영향력이 발견되기 때문이다.

5. 선거 전략과 민주적 거버넌스

2012년 총선 결과 새누리당이 1당으로 과반 의석을 차지하자 논객, 전문가 모두 뜻밖이라는 반응을 보였다. 2012년 총선은 이명박 정부에 대한 불만이 극도로 팽배한 가운데 치러졌으며 선거 직전 연예인을 포함한 민간인 사찰에 대한 폭로가 이어져 선거 구조가 여권에 매우 불리하다고 판단했기 때문이다. 하지만 이러한 예측은 유권자가 회고적 투표를 한다는 가정에 기초한다. 2012년 총선이 대선 직전에 치러진 만큼 전망적 투표를 할 가능성이 크고, 견고하고 안정된 보수 정당 지지라는 구조적 요인(동아시아연구원, 2011)을 고려하면 애초부터 야권의 압승은 무리한 예측이었다고 본다.

이 장의 목적은 구조적 조건을 통제할 때 2012년 총선에서 각 정당의 선거 전략이 어느 정도 득표에 도움이 되었는지를 경험적으로 검증하는 것이었다. 순수한 전략의 효과를 검증하기 위해 구조적 요인을 통제했다. 즉 정당 지지의 안정성과 견고함의 차이는 '정당 지지' 변수로, 이명박 대통령에 대한 심판 여론은 '회고적 투표' 변수로 통제했다. 전망적 투표의 효과는 각각 박근혜 지지와 문재인 지지로 통제했다. 선거 전략은 구체적으로 각 정당의 선거 구호와 같은 전술에서부터 광범위한 이미지 전략이라고 할 수 있는 공천 평가, 주요 이슈였던 FTA에 대한 입장이 투표 결과에 미친 영향을 살펴보았다.

구조적인 요인에서 새누리당이 유리했다고 하더라도 새누리당의 선거 전략이 전망적 투표의 영향을 최대화하고 선거 구호도 무당파층에게 효력을 발휘했음을 경험적 자료로 확인할 수 있었다. 세간의 믿음과 달리 김용민 공천이나 막말 파문은 영향을 미치지 않은 것으로 나타났다. 이는 앞에서 소개한 리얼미터의 조사와도 일치하는 것이다. "이념 세력에게 나라를 맡길 수 없다", "참여정부도 민간인 사찰을 했다"는 새누리당의 주장이 무당파층의 새누리당 투표에 상당히 기여한 것으로 드러났다. 민주당의 전략은 "MB와 박근혜는 한 몸"이라는 주장과 "MB 심판"만이 무당파층의 민주당 투표에 기여했다. "야권연대"에 대한 공감은 통합진보당의 야권 투표에는 기여했지만 무당파층의 민주당 투표에는 도움이 되지 않은 것으로 나타났다.

민주당이 회고적 투표와 야권연대에 기대어 선거를 치렀지만 약간의 회고적 투표 효과 외에는 전략적으로 성공하지 못했다. 반면 새누리당은 다양한 구호가 무당파층에게 설득력을 발휘했음을 알 수 있다. 이명박 정부의 민간인 사찰이 폭로되면서 위기에 처한 청와대는 참여정부를 공격하는 물귀신 작전으로 위기를 극복했다. 야권이 압승할 것이라는 언론과 논평가의 잘못된 예측도 '거야를 막아달라'는 새누리당의 선거 전략에 힘을 실어주면서 투표 결과에 일부 영향을 미친 것으로 드러났다.

실제와는 다르게 만들어진 공천 평가에 대한 이미지 또한 무당파층의 투표에 영향을 미친 것으로 드러났다. 공천에서 많은 문제를 노출했던 새누리당이 공천 평가에서는 민주당에 비해 2배 정도 더 긍정적 평가를 받은 것은 보수 논객과 언론의 영향 때문만은 아니다. 민주당으로부터 단일화를 위한 양보를 이끌어내기 위해 진보언론과 진보적 트위터리안의 '민주당 때리기'도 민주당 공천에 부정적인 이미지를 씌웠다. 하지만 통합진보당이 무리하게 양보를 얻어낸 단일화는 감동을 주지도 못했고 중도층 득표에도 도움이 되지 않았다.

한미 FTA에 대한 입장이 투표에 미친 영향을 살펴보면 노무현 FTA에 대해서는 초당적, 탈이념적 과반수 지지가 발견되는 데 비해, 이명박 FTA는 부정적 평가가 더 높은 것으로 나타났다. 하지만 이도 FTA 그 자체를 반대한다기보다는 민주적 절차에 대한 문제제기로 해석된다. 이 때문에 한명숙 대표의 FTA 재재협상 주장은 여론의 긍정적 지지를 얻어내지도 못했고 민주당 투표에 긍정적 기여도 하지 못했다. 오히려 유리하지 않은 쟁점을 쟁점화함으로써 '이념 세력'이라는 역공을 자초해 결과적으로는 선거 패배에 결정적인 영향을 미친 것으로 드러났다.

김용민 공천이나 막말 그 자체가 투표에 부정적 영향을 미친 것은 아니지만 민주당 지도부는 여권의 공세에 제대로 대응하지 못함으로써 거야 견제, 이념 세력, 참여정부 민간인 사찰 등이 효력을 발휘하도록 방치한 책임이 있다. 공천과 야권연대 이후 추락하던 민주당 지지도가 그나마 막판 3일간 반등한 것은 나꼼수의 8일 시청광장 집회 직후의 일이다. 즉 중도층을 끌고 오기 위해선 양 진영이 똘똘 뭉쳐 공격하고 반격을 해야 선거 전략이 효과를 발휘한다는 홍보 이론의 기본 정석이 2012년 총선에서도 입증되었다고 할 수 있다. 민주당이 주로 선거에 패배하는 이유는 새누리당에 비해 정당 지지가 약하기 때문이기도 하지만 싸움의 기술이 부족한 게 결정적 이유임을 알 수 있다.

결론적으로 새누리당은 구조적 요인을 통제한 후에도 사실이든 아니든 상대에 대한 공세를 강화함으로써 무당파층을 설득하는 데 성공했다. 이에 반해 민주당은 "참여정부도 민간인 사찰을 했다"는 청와대의 공세에 제대로 대응하지 못했고 김용민 막말 파문 공세를 일주일 넘게 방치하기도 했다. 새누리당이 고연령, 저소득의 전통적 지지층 외에도 고소득자의 계층적 지지를 확보한 데 비해, 민주당은 진보적인 중산층의 지지를 받아야 함에도 불구하고 FTA 재재협상을 쟁점화함으로써 FTA에 찬성하는 중상층으로부터 등돌림을 당하는 결정적 실수를 저질렀다. FTA 재재협상을 고리로 한 야권연대는 새누리당에게 '이념 세력'이라는 역공의 빌미를 주고 그것이 설득력을 발휘함으로써 수도권 40대 투표율 하락에 기여한 것으로 보인다.

노무현 대통령이 좌우의 협공에 의해 실패한 정부로 알려진 것과 마찬가지로 민주당에게 통합진보당은 목에 가시와도 같은 존재이다. 진보의 분열로 인해 통합진보당과 연대를 해야 선거에 유리하지만 연대를 통해 선거 전략상 오히려 불리한 구도에 처한 것이 바로 민주당의 딜레마이기 때문이다. 민주당의 선거 전략 실패에 보수언론이나 논객의 영향도 작지 않다. 우선 야권의 압승을 예상한 논평은 역으로 새누리당의 "거야를 견제해달라"는 전략이 효과를 보도록 만들었다. 또한 실제와 다른 새누리당 공천에 대한 긍정적 평가와 민주당 공천에 대한 부정적 평가 또한 무당파층의 투표에 영향을 미쳤다.

하지만 민주당 선거 전략의 결정적 실패는 진보 논객에게도 일부 책임이 있다고 생각된다. 노무현 때문에 이명박이 당선되었다며 2012년 총선에서도 회고적 투표에 기초해 야권의 압승을 예측했으며, 노무현의 한미 FTA에 대해 사과하라며 FTA 재재협상을 고리로 야권연대를 압박했던 것이다. 야권연대에서 민주당의 양보를 받아내기 위해 민주당 공천에 대한 의도적 폄훼도 서슴지 않았다. FTA 협상을 주도했다는 이유로 김진표에 대한 부정적 트윗이 새누리당에서 문제된 공천자들에 대한 트윗을 합한 것보다 많을 만큼 진보 진영 지식인들은 FTA 문제에 감정적으로 대응했다. 하지만 이에 대해 무당파층은 냉정했으며 오히려 새누리당의 '이념 세력' 공격에 더 공감한 것으로 밝혀졌다.

이상 2012년 총선에서 각 당 선거 전략의 득표 효과를 분석한 결과 회고적 투표 이론에 기초해 야권의 승리를 예측한 보수, 진보 지식인은 대부분 틀렸으며 회고적 투표의 증거는 미약한 것으로 드러났다. 그럼에도 선거 전 보수 논객의 새누리당 공천에 대한 긍정적 평가나 야권 승리 예측, FTA를 고리로 야권연대가 필요하다고 주장했던 진보 지식인의 논평은 모두 민주당에 불리하게 작용했다. 민주주의가 제대로 작동하기 위해선 정치인이 투표에 나타난 유권자의 의사를 정확히 읽고 그것을 정책에 반영해야 한다. 그런데 유권자와 정치인 사이를 매개하는 논객이나 전문가들의 의도적인 여론 오도나 신념이나 이념에 기초한 논평이 오히려 정치인과 유권자의 소통을 왜곡시키고 있다. 한국 민주주의의 발전을 저해하는 책임 요인이 정치인 못지않게 논객이나 전문가에게 있는 셈이다. 선거 분석과 예측에 있어서 한국정당학회의 전문성이 보다 절실히 요구되는 이유이다.

구조적 요인 외에도 전략에서도 새누리당이 민주당을 압도한 이유가 어디에 있을까? 가장 근본적인 원인은 당대표의 리더십도 중요하지만 정당 거버넌스의 차이에 있다고 본다. 거버넌스(협치)란 "인간 행위를 조정함으로써 효율성을 향상시키는 신뢰, 규범, 네트워크와 같은 사회적 조직의 특성"(The Commission on Global Governance, 1995: 2)이라고 정의된다. 한 마디로 정당이 일 잘하고 유능해지도록 만드는 시스템을 어떻게 디자인할 것인가 하는 문제이다. 새누리당의 선거 승리와 민주통합당의 선거 패배의 가장 큰 이유는 바로 이 거버넌스의 차이에 있다고 생각한다. 새누리당은 위계적인 1인 지배 체제로 일사분란하게 움직임으로써 유능한 정당임을 각인시켰지만, 민주당의 집단 지도 체제와 어설픈 당내 민주주의는 공천 파동을 낳았고 정당에 대한 신뢰를 떨어뜨렸다. 특히 당대표 선거에서 선두를 다투던 경쟁자들이 모두 최고위원으로 선출됨으로써 집단 지도 체제가 죄수의 번민 게임 구조를 낳게 된다. 즉 협력으로 집단 리더십을 성공시켜야 할 최고위원들이 당대표를 배신할 때 보상 구조가 더 커지는 구조에 빠지게 되는 것이다.

집단 지도 체제란 공동으로 권한을 나눠 갖고 공동으로 책임지는 구조이다. 하지만 열린우리당의 경우 11명의 당대표를 배출했을 만큼 당이 정세균 대표 시절을 제외하고는 거의 안정된 지배 구조를 갖지 못했다. 1위로 당선된 최고위원은 당대표의 업무에 협조하기보다는 대표를 흔들어서 그 당대표가 실패해야 자신이 당대표를 승계하도록 보상 구조가 디자인되어 있기 때문이다. 새누리당이 돈 공천을 한 데 비해 민주당 공천의 내용은 별로 나쁘지 않았다. 그러나 이미지가 나쁘게 포장된 이유는 최고위원들이 각각 대리인을 공천심사위원으로 추천했고 이를 통해 자리 나눠 먹기를 했기 때문이다.

그 과정에서 자기 몫을 챙기지 못한 최고위원이 자리를 던지며 항의하는 소동이 일어났고 이런 것이 민주통합당의 공천을 실패한 공천 이미지로 만든 것이다. 한마디로 자해 행위에 의한 선거 전략의 실패라고 할 수 있다.

7장

선거예측모형에 의한 역대 선거 시뮬레이션

1. 선거예측모형의 주요 변수

필자는 선거예측모형에서 투표에 영향을 미치는 두 가지 요인은 선거 구도와 선거 전략이라고 3장에서 밝힌 바 있다. 선거 구도와 선거 전략을 매개하는 것이 후보라고 할 수 있다. 따라서 이 세 가지 변수를 먼저 살펴보겠다.

선거 구도

선거 구도에서 가장 중요한 건 정당 일체감의 분포와 선거의 특성

(회고적 투표와 전망적 투표)이라고 할 수 있다. 선거 구도에서 가장 중요한 요인은 정당 연합의 정도에 따라 결정되는 정당 구도이다. 앞에서 설명했던 정당 재편성 이론에 따르면 정당도 유기체처럼 정당 연합과 해체 그리고 재연합의 사이클을 30년(한 세대) 주기로 반복한다. 우리는 단축된 근대화를 경험한 결과, 이러한 주기가 서구의 안정된 민주주의 국가에 비해 짧으며, 몇 가지 쟁점이 동시다발적으로 나타나고 있다. 따라서 정당 연합의 정도를 정확히 측정하는 게 쉽지 않다. 가장 쉬운 방법은 정당에 대한 지지가 2~4년 이상 안정되게 지속되느냐를 보는 것이다. 다만 앞에서 지적한 여론조사의 여러 가지 문제로 인해 이것도 정확한 방법은 아니다. 또 한 가지 방법은 선거에서 정당의 영향을 가장 많이 받는 광역의회 의원이나 기초자치단체장 수의 증감을 통해 파악하는 것이다. 우리 정당들이 정당 구도에서 어떤 부침을 겪어왔는지는 9장 '한국 정당의 미래와 변하는 한국의 유권자'에서 다시 분석해보겠다.

유권자가 회고적 투표와 전망적 투표 중 어느 것을 택할지는 선거의 종류와 시기 그리고 선거 전략에 의해 결정된다. 미국처럼 현직자가 있는 대통령 선거에서는 회고적 투표가, 현직자가 없는 경우엔 전망적 투표가 강하게 나타난다. 우리의 경우는 대통령 임기가 5년 단임이기 때문에 모든 대통령 선거는 전망적 투표라고 할 수 있다. 그러나 국회의원 선거나 지방 선거는 대통령에 대한 중간 평가의 성격이 강하다고 볼 수 있다. 따라서 새로 선출된 대통령의 임기 초에 이들 선거가 실시되면 대통령에게 힘을 실어주는 전망적 투표를 하고, 임기 중반 이후의 선거에서는 회고적 투표를 통해 정부 여당을 심판하게 된다. 총선과 지방 선거에서 전망적 투표는 여당에 유리하고, 회고적 투표는 야당에 유리한 경향이 있다. 그러나 총선이나 지방 선거가 차기 대통령 선거를 앞두고 치러질 때 정당에 유력한 차기 후보가 존재한다면 그에 대한 기대가 반영되는 전망적 투표가 어느 정도 나타나게 된다.

재보궐 선거는 투표율이 낮기 때문에 정당 지지의 분포에 따라 결정적으로 좌우된다. 정당 지지의 분포가 엇비슷한 경우에는 선거의 시기에 의해 전망적 투표인지 회고적 투표인지에 따라 선거 결과가 영향을 받는다. 이러한 예측은 후보에 대한 고려를 전혀 하지 않은 것이지만 선거에 따라 후보의 영향이 크게 나타날 때도 있기 때문에 선거 구도와 전략 외에 인물이 중요한 선거도 있다.

후보

선거 구도와 전략을 매개해주는 것이 인물(후보)이라고 할 수 있다. 후보에 대한 평가에 있어서는 정책policy이나 성과performance보다는 개인적 이미지persona가 더 중요하다(Cho, 2008; 이상신, 2012). 앞에서도 설명했듯이 우리 사회에서 약자 위치 선점이 선거에 유리한 경향이 있지만 아무나 그런 전략을 사용할 수 있는 건 아니다. 후보의 과거 살아온 삶, 도덕성, 인물의 특성, 경력과 역량에 따라 어떤 전략이 먹히기도 하고 그렇지 않기도 한다. 여기에 대통령 선거, 광역단체장 선거, 국회의원 선거, 기초단체장 선거의 순으로 인물에 대한 평가가 중요하다. 광역이나 기초 의원(정당 공천이 허용되는 경우)의 경우에는 정당 지지의 지역적 분포에 따라 승패가 갈린다고 보면 된다.

선거 전략

선거 전략은 정당이 유권자에게 왜 자기 정당에 투표해야 하는지를 설득하는 다양한 소통 방법이다. 정당은 선거의 목표를 분명히 하는 슬로건을 내세우기도 하고, 공천을 통해 그런 목표 달성에 다가가는 첫 노력을 보여준다. 정책은 정당이 유권자에게 판매하려고 내놓은 상품과도 같다. 그러나 전망적 투표에서는 정당이 내놓은 정책을 비교해서 투표하겠지만 회고적 투표에서는 이미 시행된 정책에 대한 평가가 보다 중요할 것이다. 여당은 홍보할 업적이 있다면 회고적 투표를 강조하고, 과거를 숨기고 싶다면 전망적 투표를 강조하는 전략을 사용하게 될 것이다. 야당은 정부와 여당의 업적이 훌륭하고 대통령의 지지도가 높으면 미래 지향적 대안을 낸다 해도 설득력이 없으니 정부 여당의 약점을 공격하려 할 것이고, 정부 여당의 성적이 부진해도 이를 심판하기 위해 회고적 투표 전략을 사용할 가능성이 높다. 구도상 회고적 투표가 작동하는 시기엔 야당에 유리한 게 사실이다.

회고적 투표 대 전망적 투표의 결정은 대체로 선거의 종류와 시기가 결정한다. 대통령의 임기 절반까지는 국민이 믿고 기다려주고 힘을 실어주는 경향이 발견된다. 그러나 임기 절반이 넘어가면 심판 모드로 돌아선다. 이건 필자의 경험적 관찰에서 나온 것이라 그 규칙성은 언제든 깨질 여지가 있다고 생각한다. 따라서 정해진 선거 구도를 선거 전략이 어느 정도 바꿀 수 있을지는 여전히 의문이다. 여당은 방어하고 야당은 공세를 취하는 게 상식이라고 생각하지만 반드시 그런 것만은 아니다. 공격이 최선의 방어라는 말은 선거 전략에도 해당된다. 2012년 총선에서는 여당이 야당인 민주당과 통합진보당의 연대와 한미 FTA 재협상을 공격함으로써 좋은 성과를 얻었다.

전망적, 회고적 투표의 구도가 선거 종류나 시기에 의해 정해지는 경향이 높다면 이를 바꾸기 위한 노력보다는 거기에 맞춘 선거 전략을 세울 수도 있다. 가령, 필자가 컨설팅했던 한 야당 지역구 국회의원 선거에서는 당시 높은 지지도를 누리는 대통령 하에서 선거를 치렀는데 선거 구도상 전망적 투표가 예상되었다. 따라서 대통령에 대한 공격을 자제하고 대신 야당 의원으로서 무기력한 야당 내의 야당이 되어 어떻게 야당을 혁신할 것인지를 설득하는 선거운동을 하도록 했다. 전망적 투표에서 무의미한 심판론은 유권자에게 설득력이 부족하기 때문이다. 그런 구도에서는 자신의 미래 지향적 역할을 분명히 함으로써 왜 자신에게 표를 줘야 하는지 설득하면 된다. 이 후보는 대통령 지지도도 높고 여당세가 강한 지역에서 2천 표 차이로 당선되었다. 물론 이런 컨설팅을 하기 위해 제일 먼저 했던 건 지역에서 표본 2,000개의 설문조사였다. 중도층에 대한 샘플만 사용해 그들이 원하는 바를 집중 파악함으로써 모든 홍보물과 구호를 중도층을 대상으로 해서 만들었다. 이처럼 선거 전략은 잘만 사용하면 자신에게 불리한 구도를 어느 정도 극복하는 데 도움이 된다.

선거 승패에 선거 구도가 훨씬 중요하기는 하지만 선거 전략이 잘못되면 그 구도를 최대한 활용할 수 없기에 선거 전략도 선거의 승패에 중요하다. 그러나 어떤 선거 전략이 성공적인지를 판별하는 건 쉽지 않다. 필자의 경험에 비춰 성공하는 선거 전략의 특징을 다음과 같이 정리해보았다. 필자가 오랫동안 국제 홍보를 가르쳤고 박사학위논문을 선거 전략으로 쓰기는 했지만 최근에 선거 전략에 대해 별도로 공부한 것은 아니니 개인적 의견으로만 참고하면 좋겠다.

첫째, 좋은 선거 전략은 시대정신을 읽는 것이다. 당시 '국민이 원하는 것wants'이 아니라 '욕구needs'를 찾아내는 것이다. 스티브 잡스는 사람은 자신이 진정으로 원하는 것이 무의식에 잠재해 있어서 그것이 명시적으로 무엇인지 잘 모른다고 말한다. 기업이 소비자의 심연에 흐르는 욕구를 찾아낼 때 소비가 폭발한다는 것이다. 선거에서도 마찬가지이다. 한국 정치의 역사와 흐름을 이해하는 후보만이 빙하의 밑바닥에 감춰진 민심을 찾아낼 수 있다. 그렇게 찾아낸 시대정신은 오랫동안 성공할 수 있다. 이처럼 역사성이 있는 시대정신은 사실 정당 재편성의 흐름을 이해하면 훨씬 찾기가 쉽다. 역사의 흐름 속에서 후보의 역할을 통찰하게 되기 때문이다.

'보통 사람', '군정 종식', '준비된 대통령', '새로운 대한민국', '실천하는 경제 대통령', '내 꿈이 이뤄지는 나라', '나라다운 나라' 등은 최소한 당시 유권자의 바람은 읽었다고 할 수 있다. 이 중엔 역사성이 있는 시대정신도 있고 그렇지 않은 것도 있지만 적어도 당시 유권자가 원하는 것에 부응했다고 본다. 시대정신은 순간적으로 떠오르는 생각을 측정하는 여론조사로는 찾아낼 수 없다. 진정한 소통은 국민의 삶 속에서 함께 부딪치면서 터득하는 것이다. 최소한 FGI(Focus Group Interview: 구조화된 설문지 없이 6~10명 정도의 작은 그룹에서 주어진 아이디어나 주제에 대한 토론을 관찰함으로써 진행되는 비정형화된 설문조사 방법)를 통해 열린 대화를 한다면 시대정신을 찾는 데 도움이 될 것이다.

둘째, 선거 전략은 기본적으로 편을 가르는 것이다. 상대는 소수가 되게 만들고, 우리 편은 다수 승자 연합을 만들어내는 게 목표이다. 누구나 공감할 수 있는 뻔한 쟁점valence issue은 선거 전략으로 유용하지 않다. 양당이 모두 비슷해 보이기 때문이다. 결국 선거에서 이기려면 분열적인positional 쟁점을 내세우면서도 외연을 확장하기 위해 상대편의 약한 지지자들을 끌어들이는 전략이 효과적이다. 이 때문에 선거에서는 국민이 분열되고, 통치에서는 통합시키는 과정이 쉽지 않다. 우리 국민은 조화를 중시하는 유교적 영향으로 인해 슬로건에서 분열을 명시적으로 드러내는 건 별로 좋아하지 않는다. 따라서 묵시적인 분열적 쟁점으로 상대와의 차별성을 강조하는 게 더 효과적이다. '준비된 대통령'이나 '나라다운 나라'가 국민에게는 분열적 이슈로 보이지 않는다. 그러나 상대의 약점을 찌르면서도 자신의 장점을 드러내는 훌륭한 전략이었다고 생각된다.

셋째, 홍보의 핵심은 신뢰이다. 유권자가 우리 편의 말은 믿도록 하고 상대에 대한 신뢰를 깨뜨리는 전략이 효과적이다. 우리를 믿게 하는 최고의 전략은 진정성이다. 분열적 선거 구도에서 아직까지 우리나라에서는 상대적 우월성(준비된 대통령, 나라다운 나라)을 보여주거나, 끈기있게 싸우는 다윗의 위치(낡은 정치 대 새 정치, 이해 권력 교체)를 선점하는 게 유리하다. 앞에서 설명했듯이 중도 지향적이고 균형 감각이 있는 우리 국민 정서상 승자에게 편승하는 밴드웨건보다는 약자를 도와주는 언더독 현상이 더 자주 발견된다. 특히 전망적 투표에서는 유권자의 동점심을 자극하는 '왕따의 정치학'과 같은 전략이 통하는 경우가 많다. 회고적 투표가 일어나는 선거에서는 권력을 가진 집권 여당이 심판을 받게 되므로 동정심 전략이 통할 리 없다.

2004년에 필자가 열린우리당에 입당해 선거전략기획단의 자문위원을 맡고 '의회 권력 교체'를 내세운 선거에서 과반 의석을 확보한 건 투표율을 봤을 때 최대치의 지지자 동원에 성공한 것이라고 평가할 수 있다. 그런 전략이 설득력이 있었던 것은 기득권에 저항하는 노무현의 서사가 있었고 대통령이 탄핵 상태였기에 가능했다. 게다가 전망적 투표가 작용하는 선거였으니 지지자의 총동원이 가능했다. 그러나 2006년 지방 선거에서 '지방 권력 교체'라는 구호는 처음부터 실패할 것이라 생각했다. 2006년은 노무현 대통령 임기 3년이 지나 심판의 시기였고 지난 3년간 의회와 행정부를 장악했던 정부 여당이 이제 와서 지방 권력 때문에 할 일을 못 했다는 게 설득력이 없기 때문이다. 게다가 지방 선거는 중앙 정치에 대한 중간 평가 용도로 작동해온 게 관례라서 지방 권력에 대한 여당의 문제의식 자체에도 유권자는 동의하기 어려웠을 것이다.

필자는 2006년 지방 선거 2개월 전 청와대 홍보수석비서관직을 사임하고 떠나면서 참여정부의 성과를 홍보하고 오해를 바로잡는 영상을 만들어놓았다. 선거 전에 이 영상을 열린우리당 지역구에서 당원 교육 영상으로 사용하기를 바랐다. 당원 한 명 한 명이 정부 업적의 홍보맨으로 교육이 돼야 지방 선거에서 유권자를 설득할 수 있기 때문이다. 그러나 정동영이 열린우리당의 당의장으로 돌아와 했던 선거 전략은 역대 최악이었다. 당시 정부와 언론은 서로 권력 투쟁을 하고 있었다. 그 전방에 필자가 서 있었다. 필자가 선거 전에 퇴각한 것은 언론이 공격하던 타겟을 잃고 우왕좌왕할 때 당이 전투 태세를 갖추길 바랐기 때문이다. 당시는 금융 위기와 탄핵의 책임으로부터 자유롭지 않은 무기력한 야당과의 싸움이 아니라 노무현을 대통령으로 인정할 수 없었던 수구 기득권 언론과의 싸움이었다. 언론이 만들어놓은 프레임에 빠지는 순간 선거는 끝난 것이나 다름없었다.

열린우리당의 선거 전략을 맡은 김한길은 감성이 풍부한 소설가였지 싸움의 기술을 아는 전략가는 아니었다. 우선 열린우리당의 지도부와 후보는 정부가 뭘 잘못했는지도 모르면서 무조건 사과를 했다. 선거기획단장이 '싹쓸이를 막아주십시오'라는 플래카드를 내걸었고 '열린우리당을 살려주십시오'라고 등판에 새긴 유니폼을 입었다. 지도부와 후보는 상처받은 시민을 위로한다며 포옹을 하고 다녔다. 서울시장의 선거 포스터는 '진실의 힘!'이었고, 슬로건은 '보람이가 행복한 서울'이었다. 이는 매우 추상적이라 후보나 정당의 강점이 뭔지, 균열 쟁점이 뭔지를 보여주지 못하는 나쁜 선거 전략의 한 예라고 할 수 있다. KBS 출구조사에 따르면 강금실 후보는 오세훈 후보에게 20~30대에서도 패한 것으로 나왔다. 그럼에도 서울시장 후보의 한 측근은 후보는 좋았지만 대통령 때문에 서울시장 선거에 패했다고 말했다. 그렇게 참패하고도 왜 졌는지조차 모르는 것이다. 결국 2002년 대선 이후 최저의 지방 선거 투표율을 기록하며 여당은 전북 도지사를 제외한 전국 광역자치단체장 선거에서 참패했다.

신뢰를 얻기 위한 전략으로서 진정성뿐만 아니라 일관성도 필요하다. 공천도 선거 전략의 일부이다. 정당은 공천을 통해 무엇을 보여줄 것인지를 분명히 해야 한다. 이번 선거에서의 목표가 일찍 정해져야 공천도 홍보도 일관된 전략으로 이루어질 수 있다. 공천은 정당의 정체성과 추구하는 바를 유권자에게 뚜렷이 보여줄 수 있는 최선의 홍보 전략이다. 원칙을 가지고 공정한 시스템 공천을 하는지, 나와 가까운 사람을 공천하는 사천이 횡횡하는지, 그래서 공천 결과에 불복해 불화와 잡음이 많은지 등이 선거 결과에 영향을 미칠 것이다. 상대의 작은 흠집은 비난하면서 우리 후보에겐 더 큰 흠결이 발견된다면 공천의 정당성을 상실하게 된다.

넷째, 전략은 취사선택하는 것이다. 하나를 가지면 하나를 버려야 한다. 즉 둘 다 가질 수 없다는 말이다. 가령, 열린우리당이 호남 일부를 포기했기에 영남에서 의석을 확보할 수 있었다. 민주당의 정체성을 뒤흔들었던 안철수와 함께 새정연으로 2016년 총선을 치렀다면 투표율이 떨어져 실제보다 저조한 성적을 거뒀을 것이다. 정체성이 다른 두 정당의 합체였던 새정연이 민주당과 국민의당으로 분열했기에 각자 좋은 성과를 얻을 수 있었다. 뭉치면 살고 흩어지면 죽는다는 건 서로 정체성이 같을 때에만 맞는 말이다. 정체성이 다른 정당끼리 합당하는 건 두 마리 토끼를 좇다가 둘 다 놓치는 것이나 마찬가지이다.

“2020년 총선에서 자한당은 새로운보수당과 합칠 때에만 시너지가 난다. 우리공화당이나 소수 극우 세력과 통합한다면 지지도 상승에 도움이 되기는커녕 오히려 하락할 것”이라는 필자의 페이스북 글에 동의했는지 자한당은 새로운보수당, 시민단체 등과만 합쳐 미래통합당을 출범시켰다. 3당 합당 후 1992년 총선에서 거대 여당의 의석이 급격히 감소한 것만 봐도 이를 알 수 있다. 합친다고 무조건 좋은 게 아니다. 무엇을 버릴 것인지를 목표에 의거해 냉정히 선택하는 게 좋은 전략이다.

다섯째, 네거티브 캠페인으로는 선거 못 이긴다. 네거티브 캠페인은 정당이나 정치인들이 빠지기 쉬운 유혹이다. 네거티브 캠페인과 검증은 다르다. 검증은 있는 사실에 기초해 유권자들이 잘 모르는 상대 후보의 약점을 겉으로 드러내는 것이다. 검증은 선거 과정에서 유권자에게 꼭 필요한 정보를 제공한다는 점에서 중요할 뿐만 아니라 반드시 필요하다. 문제는 공개된 정보를 이용해 끊임없이 상대를 공격하거나 심지어 허위 정보를 사용해 공격하는 게 네거티브 캠페인이다. 후보가 자신이 왜 당선되고 싶은지를 설득하지 못하면 네거티브 캠페인의 유혹에 빠지기 쉽다. 아버지 부시는 잘 알려지지 않은 민주당의 두카키스 후보를 거짓말을 보태 공격함으로써 치명상을 입혔다. 두카키스는 이에 제대로 대응하지 못함으로써 8월에 20% 앞서던 여론조사 결과가 뒤집히고 두 후보 격차가 줄어들자 결국 대선에 패배했다. 레이건 8년의 집권은 미국 유권자에게 피로감을 가져왔고 구도상으로는 정권 교체의 분위기가 무르익었기에 두카키스가 압도적 지지를 받았지만 부시의 네거티브 캠페인에 무릎을 꿇고 말았다. 하지만 그렇게 당선된 부시 대통령도 연임에 실패했고, 그것이 현대 선거에 있었던 거의 최초의 네거티브 전략이라 성공했을지 몰라도 그 이후에는 그렇게 하는 후보도 없지만 그렇게 해서 성공한 사례도 없다.

우리나라의 경우는 2006년 서울시장 선거와 2007년 대선이 가장 네거티브 캠페인이 난무했던 선거라고 할 수 있는데 둘 다 부정적 선거운동을 하던 쪽이 패했다. 네거티브 캠페인은 보수보다는 진보 쪽 후보가 더 상처를 받기에 민주당 지지자들은 왜 우리 당 후보만 도덕적이어야 하냐고 항의하는 경우가 많다. 유권자의 비대칭적 편향성을 극복하는 게 쉽지는 않다. 유권자는 보수 후보에게는 능력과 전문성을, 진보 후보에게는 도덕성을 요구해왔던 게 그동안 우리 유권자의 정서이기 때문이다(이상신, 2012). 우리나라의 정서는 상품의 비교, 상대에 대한 공격이 허용되는 미국의 광고 방송과 달리 상대를 대놓고 비방하는 캠페인에 거부감을 일으키는 경우가 많다. 따라서 상대의 약점이나 감춰진 잘못을 드러내는 건 당연히 필요하고 성공적인 전략이지만, 왜 출마했는지 자신의 비전을 제시하지 못하고 네거티브만 하는 후보는 선거에 이기기 어렵다.

2. 역대 선거 시뮬레이션 방법

이 절에서는 3장의 선거예측모형을 사용해 선거 결과에 영향을 미치는 변수에 1(매우 낮음)에서 4(매우 높음)까지의 서수를 부여해 각 변수의 결합에 따른 시뮬레이션(모의실험)을 실시한다. 그 결과가 실제 선거 결과에 얼마나 근접한지 살펴본다. 이 모형은 기본적으로 전국적 구도에서 정당의 선거 유불리를 예측하는 모형이다. 개별 지역구의 예측을 위해선 후보 요인이나 지역구마다 다른 정당 구도의 차이가 고려돼야 한다. 가령, 강남 지역에서 보수 정당 후보가 연속 당선되는 것은 정당 지지의 분포가 보수 정당에 유리하게 편향돼 있기 때문이고, 강북도 그 역으로 마찬가지이다. 선거 구도의 수치는 이론에 기초해 연역적으로 배점했고, 선거 전략은 필자가 2장을 참고해 주관적으로 부여했기에 경험적 증거 앞에서 수정해야 하고 논쟁과 비판에 열려 있다.

정당 구도는 선거 결과 예측에 가장 중요하다. 그중에서도 정당 연합의 정도로 측정되는 정당 일체감 분포의 영향력이 가장 크다고 생각해 다른 변수보다 가중치 4배를 줬다. 탈지역주의 정당 재연합이 일어난 2004년의 열린우리당은 선거 이후에 추락했을지언정 선거 전의 지지도는 매우 안정되게 높았기에 4점을 배점했다. 성장주의로 재연합이 일어난 2007년 보수당의 경우는 이명박 정부 내 30%가 넘는 안정된 지지도를 누렸기에 3.5점을 부여했다. 2007년 급조된 대통합민주신당이 2008년 손학규 대표 체제에서 20%의 지지도를 넘은 적이 없어 이때는 2000년 새천년민주당과 마찬가지로 민주당에 2점을 부여했다. 박근혜 대통령 집권 이후 새누리당은 40%에 가까운 안정된 지지도를 누렸기에 2012년, 2016년에 각각 4점을 부여했다. 같은 시기 민주당은 호남과 친노의 결합으로 지지도는 높았지만 안정성이 떨어져 각각 3점을 줬다.

IMF 금융 위기 이전까지 여당은 최소한 30%의 지지도를 늘 유지하고 있었다. 금융 위기 이후, 노무현 탄핵으로 인한 역풍으로 보수 정당의 지지도는 추락했지만 샤이 유권자로 남아 있었을 뿐 정당 해체가 되었다고 보기 어렵다. 앞에서 정당 일체감에 대한 설명에서 강조했듯이 오랜 세월을 두고 형성된 태도가 하루아침에 사라지는 건 불가능하다. 따라서 보수 정당을 지지할 명분이 없으니 여론조사에 답을 하고 있지는 않지만 샤이 야당 유권자의 존재로 인해 정당 구도가 급격히 변했다고 보기 어렵다. 따라서 경제 위기 직후 첫 총선인 2000년의 보수 정당의 정당 일체감 분포와 탄핵 역풍이 있었던 2004년에 모두 3점을 부여했다.

그다음 중요한 게 회고적, 전망적 투표의 종류라 생각해 3배의 가중치를 부여했다. 전망적 투표는 대통령 취임을 기준으로 일 년 이내면 4점, 임기의 2년 이내면 3점, 임기 절반이 넘어가면 심판 분위기가 시작되므로 2점, 대통령 취임 3년차에는 1점을 부여한다. 야당에겐 4점에서 여당 점수를 뺀 값을 준다. 가령 임기 1년 이내의 전망적 투표 시기엔 여당은 3점이 되고 야당은 1점이 된다. 대통령 임기 3년차엔 역으로 여당엔 1점을 야당엔 3점을 부여한다. 2000년처럼 임기 2년이 막 지났지만 임기 절반이 넘지 않은 상황에서는 여당엔 2.5, 야당엔 1.5를 부여한다.

문제는 대통령 임기 4년차인 2012년인데 회고적 투표가 매우 강해야 함에도 역설적으로 강력한 차기 주자가 있는 정당엔 전망적 투표가 일어나게 된다. 따라서 회고적이냐 전망적이냐 하는 투표의 성격보다는 차기 주자의 존재가 더 중요하게 된다. 야당에겐 심판의 선거가 되므로 4점을 부여하고, 여당에겐 이를 상쇄할 후보가 있어 절반의 전망적 투표가 작동한다는 의미에서 2점을 부여하되, 3배수를 하지는 않았다. 역사상 2012년 선거는 매우 독특했으므로 향후 같은 상황이 돌아온다면 이 배점은 수정되어야 할지 모른다. 하지만 새누리당에서 박근혜의 존재는 매우 특별한 의미가 있기에 이 배점이 실제 값에 근접한 것으로 나온다.

10년 주기설은 경험적으로 선거에 중요한 영향을 미친 것으로 생각돼 같은 당에서 첫 대통령의 임기 중에 치러지는 선거의 경우 3.5점, 두 번째 임기의 경우 심판 바람이 거세질 것으로 예상해 1.5점을 배점했다. 차기 대선 후보의 존재도 총선이나 지방 선거에 중요한 영향을 미치므로 총 4점을 배점했다. 이회창이나 문재인처럼 차기 대선에 재도전하는 후보의 존재가 있는 정당엔 4점을 부여했다. 현직 대통령의 평가와 후보의 입장에 따라 후보의 존재는 다른 평가를 받는다고 생각한다. 가령, 이명박 대통령이 외면받는데 박근혜 차기 주자는 차별화로 성공적인 대안임을 부각시켰다. 이 경우에 많은 새누리당 지지자들이 박근혜를 찍는 게 이명박 심판이라고 생각했다. 2008년 보수당에 3점을 부여했다. 반면, 2012년 문재인 후보의 존재는 노무현을 성공적으로 계승한 후보라 생각해 2점을 부여했다. 현재 문재인 대통령의 비교적 높은 지지도가 선거 기간에도 유지된다면 차기 주자로서 이낙연의 존재는 대통령의 성공을 계승할 수 있는 존재라 생각해 2020년 총선에서는 2점을 부여할 수 있다. 차별화로 새누리당 이탈자를 붙들어놓은 박근혜와 달리 이낙연은 최근 문재인 대통령에 실망해 이탈하는 진보중도표를 모으기는 어렵다고 보기 때문이다. 그러나 만일 문 대통령의 지지도가 떨어진다 해도 이낙연 후보가 총선 중에 대통령과 차별화를 하는 건 불가능하다. 자신의 지지 기반이 주로 문 대통령 지지 기반과 겹치기 때문이다. 만일 이낙연 후보가 문 대통령과 차별화를 하거나, 황교안 대표가 박근혜 전 대통령과 차별화를 한다 해도 성공적이기 어렵기 때문에 이를 비성공적 차별화라 명했고 이 경우엔 1점을 줄 수 있다. 존재감이 미약한 후보나 아예 차기 후보가 보이지 않았던 2016년 총선의 새누리당과 2000, 2004, 2008년 민주당엔 0점을 부여했다. 노무현과 차별화를 했던 2007년의 정동영 후보에게는 0.5점을 줄 수 있다. 차기 주자로서의 존재감도 미약했지만 자신이 몸 담았던 정부 대통령과의 차별화는 비성공적 차별화라고 판단되기 때문이다. 10년 주기설과 후보의 존재는 평균 4점 만점으로 계산했다. 배점은 순전히 주관적인 것이라 필자의 모형에 동의하는 사람이라도 배점은 얼마든지 다르게 할 수 있다. 다양한 컴퓨터 시뮬레이션을 통해 실제에 가장 근접한 배점을 찾는 노력이 필요하다.

선거 전략은 선거 구도에 비해 영향력이 작기에 공천과 구호에 각각 4점씩을 배점했다. 6개의 변수에 A부터 F까지 명명했고, 여기에서 최고 점수를 받으면 43.5점이 된다. 〈표 1〉에는 각각 A부터 F까지 여·야당에 직접 배점을 해보았다. 이는 매우 주관적이라 얼마든지 논쟁에 의해 수정될 수 있다. 지난 5차례의 총선에 대해 필자가 직관과 공식에 따라 배점한 후 시뮬레이션 결과와 실제 선거 결과를 비교했다. 선거 구도는 이론적(연역적)으로 도출된 것이라 크게

<표 1> 선거 구도와 선거 전략 변수의 지표화

<table>
<tr><th></th><th colspan="4">선거 구도</th><th colspan="2">선거 전략</th></tr>
<tr><th></th><th>A</th><th>B</th><th>C</th><th>D</th><th>E</th><th>F</th></tr>
<tr><th></th><th>정당일체감
분포 (x4)</th><th>전망적 투표
(x3)</th><th>같은 당
대통령</th><th>차기 주자</th><th>공천</th><th>구호</th></tr>
<tr><td>1</td><td>0-10%/
기반 없는
신당</td><td>대통령 취임
3년차</td><td rowspan="2">두 번째
임기</td><td>비성공적
차별화</td><td>공천학살/
잡음</td><td>추상적/
신뢰도 추락</td></tr>
<tr><td>2</td><td>11-20%</td><td>대통령 임기
절반 이후</td><td>성공적 계승</td><td>나눠 먹기
공천</td><td>Valence issue</td></tr>
<tr><td>3</td><td>21-30%</td><td>대통령 취임
2년 이내</td><td rowspan="2">첫 임기</td><td>성공적
차별화</td><td>정책/현역/
인지도</td><td>신뢰도/
연대정신</td></tr>
<tr><td>4</td><td>31-40%
정당재편성</td><td>대통령 취임
일년 이내</td><td>재수
후보</td><td>필요한 정책
분야 보강/
개혁공천</td><td>시대정신/
상대
핵심약점 공격</td></tr>
<tr><td>소계</td><td>4-16</td><td>3-12</td><td>1.5-3.5</td><td>0-4</td><td>1-4</td><td>1-4</td></tr>
</table>

이견이 나올 여지는 없다고 보지만 선거 전략은 주관적이어서 선거 구도의 소계 항목을 만들었다.

3. 역대 선거 시뮬레이션 결과

시뮬레이션 결과는 제3당이 약진했던 2016년을 제외하고는 실제 선거 결과와 매우 흡사했다. 2016년의 경우는 김종인의 영입으로 호남의 이탈이 심각해지면서 민주당이 실제로는 더 많은 의석을 잃었다. 물론 국민의당과의 분열로 인해 구도적으로도 불안했지만 김종인의 영입과 이로 인한 공천 파동, 호남 민심 자극은 이 모형이 포착

할 수 없을 만큼의 선거 전략 실패를 의미한다고 할 수 있다.

다른 네 번의 선거는 시뮬레이션 결과와 선거 결과가 거의 흡사하게 나타났는데 이것을 동어반복이라고 비판하는 사람도 있을 것이다. 필자의 분석에 따라 배점했기 때문이다. 하지만 구도에 대한 배점이 연역적이고 모든 선거에 일관된다는 점을 감안한다면 전략에 대한 평가가 틀렸을 가능성보다는 선거 전에 있었던 언론이나 여론조사의 예측이 오류일 가능성을 의심하는 것이 합리적이라고 생각된다. 원래 연역적 이론의 힘은 동어반복에서 나오기 때문이다. 2000년 총선은 구도도 약간 불리했지만 전략도 야당에 미치지 못해 여당인 새천년민주당이 고전했음을 알 수 있다. 2004년의 열린우리당은 구도도 좋았지만 최대의 선거 전략을 활용해 좋은 성적을 얻은 것으로 보인다. 2012년 총선은 새누리당의 구도와 전략이 모두 좋아서 성공한 것으로 분석된다. 2016년 총선은 상당히 좋은 구도에도 불구하고 더불어민주당이 최악의 선거 전략으로 시뮬레이션보다도 더 적은 의석을 확보한 것으로 나온다.

결론적으로 선거 구도에 있어서도 보수 정당이 고정 지지층을 더 많이 가지고 있어 유리할 뿐만 아니라 선거 전략에 있어서도 훨씬 더 성공적인 것으로 분석됐다. 민주당은 구도가 불리한 적도 있지만 유리한 경우에도 선거 전략의 실패로 의석을 제대로 얻지 못한 것으로 나온다. 왜 민주당은 좋은 기회를 전략의 실패로 날리게 되는지 10장에서 2020년 총선을 예측하며 설명해보겠다.

시뮬레이션 결과는 구도에서의 정당 우위뿐만 아니라 선거 전략에 대한 필자의 평가가 주관적이지만은 않다는 결과를 보여준다.

<표 2> 선거예측모형에 따른 역대 총선 시뮬레이션과 선거 결과 비교

	선거 구도 보수당: 민주당					선거 전략		시뮬레이션 결과	선거 결과
선거	A x4	B x3	C	D		E	F	소계 (점수 합계)	의석수 (투표율)
연도	정당 일체감 분포	전망적 투표	같은당 대통령	차기 주자	구도 소계	공천	구호	보수당:민주당	보수당: 민주당
2000	3:2	1.5: 2.5	1.5: 3.5	4:0	22: 19	4:3	정략적 남북회담 공격 4 IMF졸업 생산적 복지 3	3x4+1.5x3+1.5 +4+4+4=30 2x4+2.5x3+3.5 +0+3+3=25 **54.5 : 45.5(%)** (55)	신한국당 133 민주당 115 **53.6 : 46.4(%)** (57.2%)
2004	3:4	1:3	3.5: 1.5	4:0	22.5: 26.5	3:4	천막당사 채찍질 2 의회권력 교체 4	3x4+1x3+3.5 +4+3+2=27.5 x4+3x3+1.5 +0+4+4=34.5 **44.4 : 55.6(%)** (62)	한나라당 121 열린우리당 152 **44.3 : 55.7(%)** (60.6%)
2008	3.5:2	3:1	3.5: 1.5	3:0	29.5: 12.5	1:2	기억 없음 1 기억 없음 1	3.5x4+3.5x3+3.5 +3+1+1=31.5 2x4+.5x3+1.5 +0+2+1=15.5 **67.0 : 33.0(%)** (47.0)	한나라당 153 민주당 81 **65.4 : 34.6(%)** (46.1%)
2012	4:3	**2:4** **(X1)**	3.5: 1.5	4:2	24.5: 19.5	3:3	이념세력/ 말바꾸기 세력 공격 3 진보연대 FTA 재협상 2	4x4+2+3.5 +4+3+4=30.5 3x4+4+1.5 +2+3+2=24.5 **55.5 : 44.5(%)** (55)	새누리당 152 민주당 127 **54.5 : 45.5(%)** (54.2%)
2016	4:3	1:3	1.5: 3.5	0:4	20.5: 28.5	1:2.5	야당심판 2 김종인 영입 0	4x4+1x3+1.5 +0+1+2=23.5 3x4+3x3+3.5 +4+2.5+0=31 **43.1 : 56.9(%)** (54.5)	새누리당 122 민주당 123 **49.8 : 50.2(%)** (58%)

두 가지 이유를 들 수 있다. 첫째, 시뮬레이션 결과와 실제 결과가 제3당이 약진했던 2016년처럼 특수한 경우를 제외하고는 매우 흡사하다는 점이다. 둘째, 두 정당 점수의 합계가 투표율 예측에 유용하다는 점이다. 가령, 양당의 합계가 최하를 기록했던 2008년 총선은 최하의 투표율 46.1%였는데 그나마 이 정도 높은 것은 친박연대와 이회창이 이끄는 정당의 존재 때문인 것으로 파악된다. 2000년과 2004년의 양당의 시뮬레이션 합계는 각각 55와 62로 나왔는데 투표율은 각각 57.2, 60.6%를 기록했다. 2000년에는 실제의 투표율이 시뮬레이션보다 더 높게 나타난 건 낙선운동이 투표율을 높였기 때문인 것으로 짐작된다. 2004년 총선의 투표율이 2000년 이후 역대 최고의 투표율임을 감안한다면 어느 정도 이상의 투표율에서는 작은 수치의 투표율을 끌어올리는 게 얼마나 어려운 일인지를 말해준다.

2012년과 2016년의 양당 시뮬레이션 합계는 각각 55와 54.5인데 실제 투표율은 54.2%와 58%이다. 이는 모형에 문제가 있는 게 아니라 민주당 전략의 실패로 국민의당이 호남과 비례대표 선거에서 선전한 결과 때문인 것으로 풀이된다. 즉 양당이 동원한 투표율로만 보면 2016년이 2012년에 비해 낮다. 그만큼 2016년 총선에서 양당이 유권자에게 매력적인 대안이 아니었다는 말이다. 반면, 안철수의 국민의당은 다음 8장에서 보겠지만 다른 나라의 포퓰리즘 정당처럼 평상시 투표에 참여하지 않던 정치냉소주의자마저 투표장에 불러내는 데 성공했다(조기숙, 2017). 특히 민주당의 오랜 지지층이었던 수도권 화이트칼라가 민주당보다는 국민의당의 선전에 중요한 역할을 했다는 연구 결과는 민주당의 선거 전략이 그만큼 실패했음을 증명한다.

| 3부 |

포퓰리즘의 도전과 정당의 미래

8장 2016년 총선, 국민의당 돌풍?

9장 한국 정당의 미래와 변하는 한국의 유권자

10장 예측모형으로 전망하는 2020년 총선

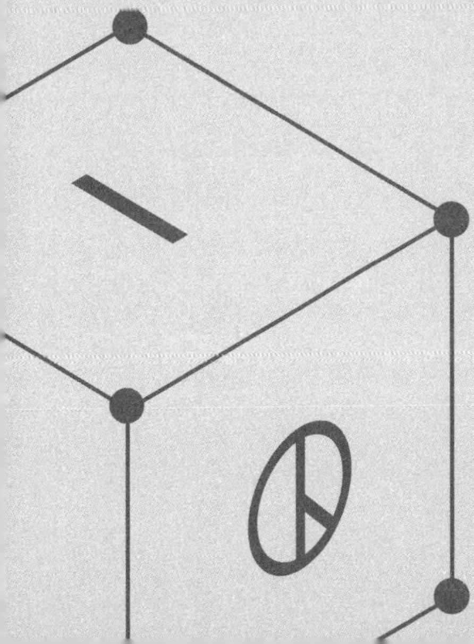

8장

2016년 총선, 국민의당 돌풍?

2012년 대선을 앞두고 안철수에 대한 지지는 폭발적이었다. 2012년 19대 총선 직후 실시한 여론조사에서도 안철수는 민주통합당의 잠재적 대선 후보였던 문재인을 압도하는 것으로 나타났다. 하지만 지지도가 점차 하락하자 안철수는 후보직에서 사퇴함으로써 문재인을 야권 단일 후보로 만들었다. 그 후 안철수는 민주통합당과 합당하여 새정치민주연합이라는 정당을 창당하여 공동대표를 맡았지만 2016년 20대 총선을 앞두고 자신이 창당한 정당을 탈당하여 '국민의당'을 창당했다.

남아 있던 사람들은 더불어민주당으로 당명을 바꾸고 김종인 비상대책위원장을 영입해 선거 체제로 돌입했다. 많은 이들의 우려에도 불구하고 더불어민주당은 국민의당과 당 대 당 연대를 시도하지 않았고 국민의당은 개인 차원에서의 연대마저도 불허했다. 야권 분열로 인해 원내교섭단체 구성에도 실패할 것이라는 많은 이들의 예측을 뒤로하고 국민의당은 20대 총선에서 38석을 차지함으로써 캐스팅보트를 쥐게 되었다. 언론과 논평가들은 야권 분열로 인해 새누리당의 압승을 전망했지만 야권연대 없이도 더불어민주당은 1당이 되었고 국민의당은 예상치를 훌쩍 뛰어넘는 의석을 차지했다.

이 장에서는 선거 직전 창당한 국민의당이 야권 분열에도 불구하고 어떻게 38석이라는 의석을 차지할 수 있었는지 그 배경을 이해하는 하나의 방법으로서 국민의당이 포퓰리즘 정당인지를 살펴보고자 한다. 이를 위해 2012년 안철수에 대한 지지와 2016년 안철수와 국민의당에 대한 지지에 있어서 어떤 변화와 지속성이 발견되는지를 추적하고자 한다. 포퓰리즘 정당의 특성이, 혹은 안철수 지지자의 특성에서 나타나는 변화와 지속성이 국민당의 선전을 설명하는 하나의 변수가 될 수도 있다고 생각하기 때문이다.

안철수가 등장했던 2012년 보수 언론은 안철수를 포퓰리스트라고 공격했고 진보 언론은 바람직한 지도자상으로 묘사했다(조기숙, 2015b). 양자 간에 공통점을 찾기 어렵다. 2012년 한 해 동안 안철수 현상에 대해 엄청난 단행본과 언론 보도가 쏟아졌고, 각기 의견이 분분했다. 언론의 보도만 상충되는 것이 아니라 안철수 현상에 대한 학문적 연구 결과 또한 매우 다양해서 합의점을 찾기 어려운 형편이다. 상당수의 학자들은 안철수 현상이 정당에 대한 불신, 더 나아가 대의제 민주주의에 대한 불신에서 비롯되었다고 주장했다(김정훈, 2012; 조희연 · 이창언, 2013; 박홍규, 2013; 고원, 2014). 안철수 캠프의 핵심 인물이었던 박선숙도 기존 정당에 대한 불신이 안철수를 정치로 이끌어냈다고 목소리를 높였다(선대식, 2012). 반면 안철수가 이념적으로 갈등적인 입장을 견지하는 유권자의 지지를 받았다(최종숙, 2013)는 연구가 있다. 하지만 안철수 지지자들은 전통적인 야권 지지자이며(강원택, 2013), 정치 불신자가 아니라 정치 자체를 혐오하는 정치냉소주의자라는 주장(조기숙, 2015a)은 앞의 연구결과와는 정면으로 배치된다.

이에 필자는 양자의 입장이 반드시 충돌되는 것은 아니라며 포퓰리즘 이론을 사용하여 안철수 현상에 대한 다양한 연구 결과에 대해 일관된 해석을 모색했다(조기숙, 2016). 에드워드 쉴즈(Edward Shils, 1956: 100-101)에 따르면 "포퓰리즘populism은 권력과 재산, 교육, 문화 등을 독점하고 있다고 생각되는 차별화된 기득권 지배 계급에 의해 만들어진 사회의 질서에 대한 대중의 불만이 있는 곳에는 어디든지 존재한다"(Taggart, 2000: 11에서 재인용)고 정의된다. 포퓰리즘은 대의민주주의의 위기로 인해 초래되며(Mény and Surel, 2002) 또한 정치냉소주의자를 동원할 가능성이 높다는 주장도 존재한다(Krouwel and Abts, 2007; Dekker, 2007). 안철수의 인기 요인이 정책이나 정당보다는 후보에 대한 호감에 있다는 연구 결과(이상신, 2012; 안종기, 2015) 또한 안철수의 포퓰리스트적 면모를 간접적으로 보여준다. 포퓰리스트는 기득권에 대해 증오심을 표출한다거나 그로 인해 대중의 열광적인 인기를 얻는다는 점에서 정치 혁신가와 유사점을 보인다. 따라서 안철수 현상이 민란이라는 박홍규(2013)와 새로운 정치를 시도했지만 중도 정치로 실패했다는 고원(2014)의 주장을 봐도 포퓰리스트와 혁신가의 유사성을 고려할 때 안철수 현상을 혁신 정치의 일환으로 혼동할 여지가 있다고 생각된다.

필자는 안철수의 폭발적 인기의 배경에는 정치냉소주의자의 동원이 있었다고 본다(조기숙, 2015a). 정치냉소주의자는 정치에 대해 관심도 없고 정치의 대상도 구분하지 않으며 총체적으로 정치를 외면한다는 점에서, 불신의 대상(정치인, 정권, 제도)을 구분하여 반응적인 태도를 보이는 정치 불신자와 다르다. 그동안 학자들이 정치 불신과 정치냉소주의를 같은 개념으로 사용해왔고 이의 측정자도 같았다. 하지만 양 개념은 개념적으로나 경험적으로나 다르다. 정치 불신의 태도는 현실 정치의 변화에 따라 증감하는 반면, 정치냉소주의는 외부의 자극에 반응적이지 않다. 반면 성공한 신화를 지닌 비정치인이 정치인으로 변신할 때 기득권 정치에 대한 총체적인 불신을 동원하는 포퓰리스트가 되기 쉬운데 그러한 포퓰리스트에게 정치냉소주의자들이 동원된다. 필자는 2016년 연구에서 기존 설문에 존재하는 제한된 설문을 사용해 정치 불신과 정치냉소주의가 서로 다른 태도임을 밝혀냈다. 더 나아가 안철수와 미국의 제3후보인 로스 페로는 포퓰리스트적 특징을 보이며, 둘 다 정치냉소주의자의 지지를 받았다는 점에서 유사하다는 점을 경험적으로 밝혔다.

그러나 이 연구는 두 가지 비판에 직면했다. 정치 불신과 정치냉소주의를 구분하기 위해 사용한 측정자의 타당성에 대한 것이다. 첫째는 로스 페로 지지자와 안철수 지지자의 정치냉소주의를 측정한 설문지가 서로 달랐고, 둘째는 그 설문이 정치 불신과 정치냉소주의를 제대로 측정한다고 보기 어렵다는 것이 이유였다. 이에 20대 총선 직후 실시한 선거학회의 설문조사는 위의 두 가지 태도를 측정하는 설문을 한 조사에 모두 포함했다.

이 장의 일차적 목표는 2016년 총선에서 국민의당 지지자의 특성이 2012년 총선 직후 설문자료와 비교할 때 어떤 변화와 지속성을 보이는지 살펴보는 것이다. 또한 그러한 변화의 원인과 의미에 대해서도 논의할 것이다. 국민의당 지지자들이 다른 정당(특히 더불어민주당) 지지자와 비교할 때 여전히 정치냉소주의자의 비중이 높은지도 살펴볼 것이다. 이를 위해 다음 1절에서는 포퓰리즘과 정치냉소주의의 관계를 이론적으로 처음 소개한 필자의 주장을 정리하고(조기숙, 2016), 2절에서는 국민의당이 2016년 총선에서 포퓰리즘 정당의 면모를 보여주고 있는지를 당의 수사학, 정치의 사인화, 선거 전략에 대한 분석을 통해 살펴본다. 그리고 3절에서는 2012년 총선 직후 자료와 비교할 때 2016년 총선에서 국민의당 지지자의 특성이 어떤 변화와 연속성을 보이는지 경험적으로 검증한다. 마지막 4절에서는 국민의당이 갖는 한계와 가능성에 대해 살펴보겠다.

1. 포퓰리즘과 정치냉소주의

전략으로서의 포퓰리즘 vs. 운동으로서의 포퓰리즘

포퓰리즘은 시대와 장소를 불문하고 어느 사회에나 공통적으로 기득권에 대한 적대감을 동원했던 정치 이념으로서, 단순히 대중의 인기에 영합하는 '포퓰라리즘popularism'과는 구분이 필요하다(정병기, 2012). 가령, 대통령의 결단으로 국군 장병에게 휴가를 하루 더 준다거나 연휴에 고속도로 통행료를 면제해주는 정책 등은 제도적으로 연속되는 정책이 아니라 국민의 인기를 얻기 위해 즉흥적으로 만들어진 정책으로서 포퓰라리즘이라고 할 수 있다.

포퓰리즘은 전략으로서의 포퓰리즘과 운동으로서의 포퓰리즘으로 구분된다(Ware, 2002). 기존 정당에서도 후보들은 종종 선거에 이기기 위해 자신을 일반 대중과 동일시하거나 상대를 악으로 자신을 선으로 포장하기 위해 포퓰리즘 전략을 구사한다. 가령, 미국의 지미 카터 후보가 자신을 땅콩 농장 출신으로 워싱턴 기득권과 대비하여 포장한다든지, 이명박 후보가 평범한 회사원으로 시작해서 재벌 기업의 사장이 되기까지를 신화화한 것, 고졸 출신으로 사법 고시에 합격한 노무현 후보가 서민적 이미지를 내세운 것이 대표적인 포퓰리즘 전략이라고 할 수 있다. 자신을 선으로 포장하고 상대를 친북 좌파라거나 수구꼴통이라고 부르며 악과 동일시하는 것도 일종의 포퓰리즘 전략이라고 할 수 있다.

미국 선거에서 연방 수준에서는 포퓰리즘 전략을 찾아보기 힘들었는데 그 이유는 오래된 헌법적 구조와 잘 정비된 정당 체제 덕분이라고 한다. 즉 공천권을 가지고 있었던 정당의 엘리트들이 포퓰리스트 후보를 좋아하지 않았기에 후보들은 포퓰리스트 전략을 자제하게 되었다(Ware, 2002). 그러나 서부와 남부 주 선거에서는 인종과 경제 문제를 쟁점으로 빈번하게 포퓰리즘 전략이 등장했다. 그것이 대중에게 먹히는 선거 전략이기 때문이었다. 하지만 이 지역에서도 경제가 발전하고 다양성이 증가하면서 포퓰리즘 전략도 거의 사라지게 되었다.

그러나 1970년대 이후 미국에서 예비경선이 도입되면서 정당 보스의 권한이 약화되고 정당보다는 후보자 중심의 선거운동이 강화되면서 포퓰리즘 전략이 일상화되었다(Ware, 2002). 특히 포퓰리즘 현상은 미디어의 역할을 빼고 논하기 어려울 만큼 언론의 역할이 중요한데 오늘날 정당 기능의 약화와 동시에 TV와 의사소통 매체의 혁명이라고 할 수 있는 인터넷, SNS의 발달은 포퓰리즘 전략이 보다 빈번하게 발생할 수 있는 토양을 마련했다고 할 수 있다(조기숙, 2016).

포퓰리즘 전략은 기존 정당에서도 일상적으로 등장하기 때문에 이 연구의 대상이 아니다. 필자가 관심을 갖는 현상은 포퓰리즘 운동과 그로 인해 탄생한 포퓰리즘 정당이라고 할 수 있다. 포퓰리즘 정당은 포퓰리즘 정치 담론으로 국민의 인기를 얻기에 기존 정당도 그 담론을 할 수 없이 따라가게 된다. 포퓰리즘 공약은 실현할 수 없는 내용을 담고 있기에 더 큰 정치 불신과 냉소주의를 양산하게 된다. 정치학자들이 포퓰리즘 정당에 대해 우려를 표하는 이유는 포퓰리즘 정당이 리더 한 사람에 의지하는 경우가 많고, 그것이 제도를 중심으로 작동하는 민주주의를 위협하기 때문이다(Kitschelt, 2002; Krouwel and Abts, 2007).

포퓰리즘 운동의 기원은 19세기 말 북미에서 펼쳐진 농민 운동과 러시아의 혁명 전야에 있었던 나로드니크Narodnik 운동으로 알

려져 있다(Mouzelis, 1985). 나로드니크의 영어 번역이 포퓰리즘이다. 미국의 농민 운동은 19세기 말 산업화와 철도 운송 요금의 인상으로 인해 피해를 입게 된 농가를 중심으로 순수하게 아래로부터 농민의 이익을 보호하기 위해 시작된 개혁적이고 체제 저항적인 성격의 운동이다. 농민들은 기존의 주요 정당이 산업가의 이익을 보호한다고 믿었기에 농민의 이익을 보호하기 위해 '국민의 당People's Party'이라는 새로운 정당을 만들었다.

포퓰리즘 운동은 '국민the people'의 요구가 실현되는 것을 방해하는 소수 엘리트에게 저항하는 운동을 의미한다. 모든 포퓰리즘에 나타나는 최소 정의minimal definition는 포퓰리즘의 필요충분조건을 포함한다. 즉 "정치를 동질적이고 적대적인 두 개의 집단(순수한 국민 대 부패한 엘리트)으로 분리하고 정치는 국민의 일반의지를 표현하는 것이어야 된다고 주장하는 이념"(Mudde, 2007: 23)이라고 할 수 있다.

운동으로서의 포퓰리즘은 주요 정당 밖에서 새로운 정당을 창당하게 된다. 포퓰리즘은 카멜레온과 같아서 자신이 추구하는 고유의 이념이 없기에 좌, 우, 중도 어떤 이념과도 친화력이 있다. 1970년대 남미에서는 포퓰리즘이 좌파와 결합되었다. 1980년대 이후에는 강력한 리더십과 신자유주의가 결합하는 정권이 탄생함으로써 신자유주의 포퓰리스트 정권의 성립도 가능하게 되었다(Conniff, 1999; Taggart, 2002). 최근 서유럽에서는 극우 포퓰리스트 정당이 등장하는데 태가르트는 이를 뉴포퓰리즘이라고 명명했다(Taggart, 2000; 2002).

뉴포퓰리즘은 정치 체제의 정당성과 같은 대의제의 문제를 다룬다(Taggart, 2002). 따라서 전체 국민의 목소리를 대변할 지도자가 부각되는 경향이 있어 정치의 사인화私人化 현상을 초래한다. 인종 문제를 거론하면서도 과거의 파시즘이나 나치즘과는 다르며, 대의민주주의의 병폐를 지적하고, 직접 정치를 선호하면서도 의회민주주의 자체를 포기하지는 않는다는 점이 뉴포퓰리즘의 특징이라고 할 수 있다(정병기, 2012: 15-16). 1970년대 남미 포퓰리즘과 1980년대 이후 유럽에서 등장한 뉴포퓰리즘의 가장 큰 차이는 전자가 좌파이며 경제가 주요 관심사이고 계급 연합을 통해 포함의 정치politics of inclusion를 추구했다면, 후자는 우파이고 정체성에 기반한 정치를 구사하며 소수자에 대한 배제의 정치politics of exclusion를 추구한다는 점이다(Mudde and Kaltwasser, 2013).

포퓰리즘을 연구하는 접근법에는 다양한 방법이 존재한다. 여기에서는 태가르트(2002)의 접근법을 받아들여 포퓰리즘의 이상형ideal-type을 제시하고 국민의당에 대한 사례 연구가 그것에 얼마나 근접한지 살펴보고자 한다. 모든 포퓰리스트에게 공통적으로 나타나는 현상은 레토릭과 리더십이라고 한다. 포퓰리즘에 공통적으로 나타나는 수사학적 특징은 첫째, 기득권과 기존의 지배적인 사상과 가치, 제도에 반대하는 것이다. 둘째, 포퓰리스트가 가장 많이 언급하는 단어는 국민인데, 국민은 "동질적인homogeneous 생각을 갖는 국민"(Krouwel and Abts, 2007: 264)을 상정한다. 민주주의는 기본적으로 서로 다른 의견을 갖는 다원주의를 가정한다. 따라서 정당을 통해 다양한 의견을 몇 개의 정당으로 모으고 지도자를 선출함으로써 대의 기관을 통해 대변하는 것이 대의민주주의의 특징이라고 할 수 있다. 반면 포퓰리스트는 국민의 분열과 갈등을 비정상적인 것으로 간주하여 다원주의에 반대한다(Urbinati, 1998). 셋째, 포퓰리스트는 정당이나 의회와 같은 매개 제도를 불신한다. 이러한 제도가 국민의 단일한 의지가 포퓰리스트 자신에 의해 대표되는 것을 방해한다고 믿기 때문이다(Kitschelt, 2002). 이 때문에 제도에 대한 신뢰를 리더 개인에 대한 신뢰로 대체하는 사인화 현상이 발생한다.

포퓰리스트는 수사학적 특징 외에 리더십에서도 특징을 발견할 수 있다. 수사학적으로는 국민을 내세우지만 리더십은 대체로 카리스마가 있으며 권위주의적인 특징이 있다. 포퓰리스트 리더는 대중과의 소통을 중시하기 때문에 직접적이고 단순한 수사를 구사하는 경향이 있다. 간접적인 소통은 인위적이고 반대중적이라고 생각한다(Urbinati, 1998). 또한 민주적 절차보다는 효율성을 중시하는 경향이 있어서 공조직보다는 자신의 측근으로 이루어진 폐쇄적인 사조직에서 의사 결정을 하는 경향이 있다. 또한 포퓰리즘 정당은 분열로 쇠락하는 경향이 있는데 정당이 제도적 절차보다는 리더 개인에 의해 좌지우지되다 보니 갈등을 해소하고 타협할 제도적 장치가 발달되지 않기 때문이다.

포퓰리즘이 다양한 이념과 결합하고 시기마다, 국가마다 다르게 나타나기에 공통점을 찾는 데 한계가 있다. 하지만 이들이 등장하는 시대적 배경에는 공통점이 있다. 즉 생산 수단이 변화하는 전환기에 구시대의 생산 수단에 의존해 생활하는 사회 기저층들이 새로운 생산 수단의 등장에 의해 생존을 위협받는 경우 기존 정치와 엘리트에 대해 분만이 팽배하게 된다. 이때 성공한 비정치인이 정치를 단순한 선악의 대결로 만들면서 기존 정치권을 비판하며 어려움을 겪는 국민의 분노를 대변하면 다수의 대중은 그가 자신들을 구원할 백마 타고 온 왕자라는 환상을 갖게 된다. 즉 포퓰리즘은 '극한 위기감'에 대한 반작용으로 나타난다. 유럽에서 극우적인 성격을 띠는 뉴포퓰리즘이 등장하게 된 원인도 유럽 통합과 그로 인한 치열한 경쟁, 이민자의 증가 등이 가져온 사회적 불안에 있다고 할 수 있다(Taggart, 2000). 한국도 금융 위기 이후 평생 직장의 개념이 사라졌고, 잠재성장력은 점차 하락하고 있으며, 세계화로 인해 빈부 격차가 심화되고, 청년 실업이 심각한 사회 문제로 등장하고 있다는 점에서 포퓰리스트가 등장할 토양이 갖춰졌다고 할 수 있다.

정치 불신 vs. 정치냉소주의

안철수 현상을 포퓰리즘 현상으로 해석하면 서로 충돌되는 학문적 연구 결과를 일관되게 설명할 수 있을 뿐만 아니라 안철수의 인기가 그렇게 짧은 기간에 폭발했다가 가라앉은 이유에 대해서도 체계적으로 설명할 수 있다고 본다(조기숙, 2015a). 이는 평소 정치에 전혀 관심이 없거나 심지어 반정치적이었던 유권자들이 존경받는 성공한 사업가인 안철수가 정치인으로 변신하자 정치에 관심을 갖게 되면서 새로운 정치 시장이 열리게 된 것이 안철수가 폭발적인 인기를 누리게 된 가장 큰 이유이기 때문이다. 즉 언론은 정치에 대한 새로운 독자층, 시청자층이 생기면서 안철수에 대한 수많은 보도를 쏟아내게 되었고, 그러한 보도는 유권자의 관심을 더욱 부추기면서 안철수 현상을 만들어낸 것이다.

또한 비정치인이 정치인으로 변신하면 포퓰리스트가 될 가능성이 많은데 민주적인 절차와 제도를 잘 이해하지 못하는 비정치인은 유권자의 정치 불신과 정치냉소주의를 동원함으로써 쉽게 인기를 얻을 수 있다. 기성 정치인이 반정치적인 레토릭을 구사한다면 설득력이 없을 것이다. 그들은 자신의 과오에 대해서 책임을 져야 할 입장에 있기 때문이다. 하지만 비정치인은 잘못된 정치에 대한 책임으로부터 자유롭기 때문에 부채의식 없이 정치를 비판할 수 있고 기존 정치에 대한 비판만으로도 유권자의 속을 시원하게 해주는 효과가 있다. 이 때문에 포퓰리스트 혹은 포퓰리즘 정당은 정치를 외면하는 정치냉소주의자를 동원할 가능성이 높으며, '정치냉소주의political cynicism'는 '정치 불신political distrust'과는 구분되어야 한다(조기숙, 2016).

그동안 정치학자들은 정치 불신과 정치냉소주의를 서로 같은 개념으로 사용해왔고 경험적으로도 같은 설문으로 측정해왔다. 하지만 양자가 개념적으로 구분되어야 한다는 주장이 최근 제기되었다. 아이징어는 현대적 의미의 냉소주의는 "세계를 향한 적대감만큼이나 세상에의 참여 거부, 비정직성에 뿌리박힌 정치를 버리고 고독, 내면으로의 침잠"을 의미한다며 "인간성에 대한 강한 적대적인 불신과 경멸"(Eisinger, 2000: 55)을 포함한다고 주장한다.

선행 연구(Krouwel and Abts, 2007; Dekker, 2007)에 기초해 필자는 정치 불신과 정치냉소주의를 (1) 대상, (2) 반응성의 정도, (3) 선거의 결과라는 세 가지 차원에서 구분을 시도했다(조기숙, 2016). 정치 불신은 정치인, 정당, 중앙 정부 등 대상에 따라 다른 태도인 반면, 정치냉소주의는 정치에 대한 전반적인 불만이라고 정의된다. 유권자의 반응성은 두 가지 요인—정치적 감시와 새로운 정치적 정보와 대안에 대한 개방성—에 따라 다르다고 한다. 따라서 정치 불신자는 정치적 정보를 세세히 검토해서 판단을 내리는 반면, 정치냉소주의자는 정치를 외면하기 때문에 정치적 정보에는 거의 관심이 없다. 정치 불신자는 새로운 정치적 대안에 반응적인 데 비해, 정치냉소주의자는 비정치적인 대안에는 열려 있어도 정치적 대안에는 닫혀 있다. 정치 불신은 정치 참여를 촉진하기도 하고 억제하기도 하지만 정치냉소주의는 정치적 참여를 저하시키는 경향이 있다고 주장한다.

실제로 정치 불신은 가변적인 태도라는 증거가 존재하며(Dekker, 2007; 조기숙, 2015a), 정부에 대한 일반적인 신뢰라기보다는 현직 대통령에 대한 신뢰와 함께 움직이는 것으로 나타났다(Citrin, 1974; Citrin and Green, 1986). 그동안 정치냉소주의는 웹스터 사전 Webster's Revised Unabridged Dictionary의 냉소주의자cynic의 두 번째 정의—"인간의 행위는 의식적이든 무의식적이든 전적으로 자기 이익을 위해 움직이면서 반대로 겉모습은 깊이가 없고 신뢰할 수 없다고 믿는 사람"—로 인해 정치 불신과 동의어로 사용되어왔다.

그러나 정치냉소주의는 "정치인, 정치 제도, 그리고/혹은 전반적인 정치 체제의 태생적인 사악함을 깊게 믿는 신념으로 이루어진 개인의 태도"라고 정의된다(Schyns et al., 2004: 3; Dekker, 2007에서 재인용). 따라서 정치냉소주의자는 누가 선거에서 당선되든 어차피 정치는 변하지 않을 것이라고 생각한다. 정치냉소주의자는 정치적 관심, 지식, 이해가 부족하기 때문에 외부의 자극에 반응하지 않는 경향이 있다. 학자들은 언론이 정치 불신을 부추긴다고 주장해왔는데(Nye et al., 1997; Patterson, 1993), 정치냉소주의자들은 언론에 대해서도 닫혀 있기 때문에 언론을 읽지도 않는다고 한다(Bromley et al., 2004). 즉 정치냉소주의는 정치 그 자체를 나쁘게 보기 때문에 비정치 영역에서 성공한 사람이 갑작스럽게 정치인으로 등장하는 포퓰리즘의 동원에 취약하다고 할 수 있다.

2. 국민의당은 포퓰리즘 정당인가?

필자는 2012년 대선에 출마한 안철수의 출마 선언문과 사퇴 선언문에 대한 수사학 분석, 의사결정 과정에 대한 리더십 분석을 통해 안철수가 상당히 포퓰리스트에 가까운 면모를 보여주었다고 주장했다(조기숙, 2015b). 다른 나라의 경우를 살펴보면 포퓰리스트가 신당을 창당하는 경우 포퓰리즘 정당으로 귀착되었음을 위의 연구는 밝히고 있다. 포퓰리즘 정당은 수사학, 정치의 사인화, 선거 전략 등에서 포퓰리스트적 특징을 보여줄 가능성이 높다. 이 절에서는 2016년 총선을 앞두고 창당한 국민의당이 포퓰리즘 정당의 이상형에 어느 정도 근사한지를 분석해보고자 한다.

국민의당 강령 수사학 분석

우선 수사학 분석을 위해 국민의당 홈페이지에 나타난 정당의 강령 및 기본 정책을 분석했다.[1] '국민의당'이라는 이름은 미국 최초의 포퓰리즘 정당의 이름일 정도로 포퓰리즘 정당이 가장 선호하는 이름이다. 포퓰리즘은 단일한 국민의 의사를 대변하는 걸 목표로 하기 때문이다. 그러나 당의 이름과는 달리 당의 강령은 기존 정당의 그것과 크게 다르지 않았다. 국민의당은 "합리적 진보와 개혁적 보수의 양 날개로 국민에게 안전한 삶, 따뜻한 복지를 제공하는 민생 정치를 추구하고자 한다"고 하여 중도 이념을 지향한다고 밝히고 있다. 포퓰리즘은 진보, 보수, 중도 어떤 이념과도 친화성이 있으므로 이념은 정당의 포퓰리즘적 특성을 감별하는 데 도움이 되지 않는다.

정당의 포퓰리즘적 특성을 가장 쉽게 감별하는 방법은 정당 강령에서 '국민'이라는 단어가 얼마나 많이 등장하는지를 살펴보는 것이다(Hawkins, 2009). 이에 각 정당의 강령에 나타난 단어의 개수와 '국민'의 등장 횟수, 그리고 그 비율을 계산한 결과가 〈표 1〉에 나타나 있다. 표에 따르면 '국민'은 새누리당의 강령에 가장 많이 나타나 있다. 국민의당의 창당 취지문, 강령 모두에 비율상으로 새누리당보다는 적지만 더불어민주당보다는 두 배 이상으로 많이 사용되었음을 알 수 있다. 이는 박근혜, 문재인, 안철수 세 후보의 출마 선언문

---

1 국민의당, 강령 및 기본 정책 원문.
http://people21.kr/wp-content/uploads/2016/03/Basic-Policies.pdf (검색일 2016년 8월 13일)

<표 1> 각 정당의 강령에 나타난 '국민' 개수와 비율

정당	새누리당 (강령)	더불어민주당 (강령)	국민의당 (창당 취지문)	국민의당 (강령)
전체 단어 수	1,484	2,099	3,918	1,977
'국민' 단어 수 (비율)	15/1,484 (1.01%)	9/2,099 (0.43%)	38/3,918 (0.97%)	18/1,977 (0.91%)

을 비교한 결과와 매우 유사한데, 이 결과는 국민의당과 새누리당 모두 포퓰리즘적 성격을 갖는 정당임을 시사한다.

그러나 국민의당 강령과 창당 취지문의 수사학을 본격적으로 분석해보면 포퓰리즘적 성격이 강하다고 말하긴 어렵다. 국민의당은 "시대정신을 망각한 독과점 양당 체제의 적대적 공존", "새로운 역사의 길목에서 국민들과 함께 낡고 무능한 분열 정치의 종언을 선언한다"는 대목에서 제3정당으로서 기득권 정당에 대한 적대감을 표출하고 있다. "국민 분열과 이념 대립의 시대를 마감하고 사회 통합의 관점에서 국가의 중심, 사회의 중심, 국민의 중심을 새롭게 세우고자 한다"는 대목이 단일한 국민을 상정하는 포퓰리즘 정당의 면모가 아닌가 하는 의구심이 제기될 수도 있다(〈표 2〉). 하지만 통합

<표 2> 국민의당 강령 수사학 분석 결과

포퓰리즘의 수사학	국민의당 강령
• 기득권에 대한 증오심 표출	• "시대정신을 망각한 독과점 양당 체제의 적대적 공존" "새로운 역사의 길목에서 국민들과 함께 낡고 무능한 분열 정치의 종언을 선언한다"
• 매개 제도에 대한 불신	• "당원과 시민이 지역사회 발전에 이바지하는 봉사형 정당 모델을 지향"
• 동질적인 국민 상정	• "개인과 집단의 다양성을 인정하고"

과 상생을 강조하는 건 한국의 모든 정당의 수사학이라고 할 수 있다. 오히려 "개인과 집단의 다양성을 인정하고"라는 대목은 단일한 국민을 상정하는 포퓰리즘 정당의 면모와는 거리가 있어 보인다. 다만 정당 본연의 목적이 집권, 공천, 이익 결집 등에 있음을 감안할 때 국민의당은 봉사형 정당 모델을 지향함으로써 전통적인 정당 모델과는 거리가 있음을 알 수 있다. 결론적으로 기득권 정당에 대한 비판적 태도 외에는 국민의당의 강령에서 뚜렷한 포퓰리즘 정당의 면모는 발견되지 않았다고 할 수 있다.

정치의 사인화

포퓰리즘 정당의 또 다른 특징은 포퓰리스트 리더 개인에게 과도하게 권한이 집중되고 리더 개인의 인기에 의지하는 정치의 사인화 현상이라고 할 수 있다. 국민의당은 선거 초반 안철수 · 천정배 공동대표 체제를 통해 1인 정당의 모습을 표면적으로는 탈피했다고 할 수 있다. 또한 취임 5개월 여만에 홍보비 리베이트 의혹 사건을 계기로 두 공동대표가 사퇴하고 박지원 비상대책위원회 체제로 개편되면서 사당의 모습을 띤다고 단언하기는 어렵다.

그러나 공천 과정을 살펴보면 갈등을 제도적으로 해소하지 못해 몸싸움, 폭력 사태와 도끼 시위까지 벌어졌었다(조성흠 · 박수윤, 2016). 박근혜 대통령의 새누리당 공천 개입과 더불어민주당의 김종인 비대위원장의 공천 파동으로 인해 양당의 공천 문제가 불거지면서 국민의당 공천 내홍이 언론에 크게 부각되지는 않았지만 선거 이후 불거진 홍보비 리베이트 의혹 사건에서 국민의당 공천이 제도적이지 않았다는 점이 속속 드러났다. 선거 직전 급조한 신생 정당이니 이런 갈등이 자연스럽다고도 할 수 있다. 주요 정당인 새누리당도 제도적인 공천이 이루어졌다고 보기 어렵다고 주장하는 이도 있을 것이다. 하지만 이한구 공천관리위원장을 통한 박근혜 대통령의 공천 개입이나 김종인 비대위원장의 공천이 제도적으로 주어진 권한을 통해 행사되었다면 안철수 대표는 제도적 제약을 넘어선 비공식적 권한을 사용했다는 차이점이 있다.

국민의당을 공동으로 창당했던 김한길은 사당화를 탈피하기 위해 정당의 대표를 외부에서 영입하려 했으나 창당 과정에서 소외되었다. 공동대표인 천정배 또한 공천 과정에서 소외됨으로써 천정배계 일부가 탈당을 하거나 더불어민주당으로 돌아가기도 했다(손상원, 2016). 천정배 대표가 반대했던 안철수의 최측근 이태규가 비례대표 공천을 받은 점도 국민의당이 안철수 사당에서 크게 벗어나지 못했음을 증명해준다. 선거 후에 홍보비 리베이트 사건으로 검찰수사를 받게 되면서 국민의당 비례대표 공천이 절차에 있어서 커다란 하자가 있었음도 뒤늦게 조명을 받았다(문동성, 2016). 국민의당이 안철수 사당이라는 증거는 비대위원장을 맡은 박지원의 발언에서 보다 노골적으로 드러난다. 박지원 비대위원장은 다음의 기사에서 알 수 있듯이 국민의당이 안철수 사당임을 당연하게 여겼으며 비대위원 인선 과정을 안 전 대표와 긴밀히 조율한 것을 숨기지도 않았다.

> 박 위원장은 '국민의당은 안철수 당이기 때문에 계속 안철수 이미지로 갈 것'이라는 자신의 말대로 친안계 인사들을 전진 배치했다. 반면 현역 의원 대다수가 호남인 데 반해 호남 출신은 박 위원장을 포함해 4명에 그치는 등 호남색은 빼고 안철수 색깔은 유지한 모양새가 됐다. 박 위원장은 인선 과정에서 안 전 대표와 긴밀히 조율한 것으로 알려졌다(홍지인 · 박수윤, 2016).

결론적으로 공천 과정뿐 아니라 이후에도 안철수 개인에게 과도하게 권한이 집중되었으며, 뒤에 나오겠지만 당의 선거도 안철수 개인의 인기에 과도하게 영향을 받았다는 점에서 어느 정도 포퓰리즘적 특성을 띠고 있다고 할 수 있다.

선거 전략

연합뉴스는 총선 당선인을 상대로 한 설문조사를 통해 어떤 단어를 가장 많이 사용했는지 조사한 결과를 보도했다(한운희 · 권영전, 2016).[2] 정당별로는 새누리당은 국민 · 국회 · 지역 · 생각 · 선거, 더불어민주당은 정치 · 국민 · 생각 · 선거 · 국회, 국민의당은 정치 · 호남 · 지역 · 시민 · 국민의당을 많이 말한 것으로 나타났다. 모든 정당이 '국민', '정치'를 가장 많이 거론했다는 점에서는 별 차이가 없

2 연합뉴스는 5월 8일 4.13 총선 당선인 168명(새누리당 62명 · 더불어민주당 69명 · 국민의당 24명 · 정의당 2명 · 무소속 11명)을 인터뷰해 송고한 기사 중 일문일답에서 후보 답변 부분 총 6만 1천354어절의 키워드를 빈도 분석했다.

었다. 오히려 국민의당 후보자들이 국민이라는 단어를 별로 사용하지 않았다는 점이 흥미롭다. 하지만 국민의당은 호남과 지역이라는 단어를 가장 많이 언급함으로써 국민의당이 지역 정당이며, 선거 내 지역주의 선거 전략을 구사했음을 간접적으로 증명하고 있다.

실제 국민의당은 지역구 당선자 25명 중 수도권 당선자인 안철수, 김성식 의원을 제외한 23명이 호남 지역에서 당선되었다. 지역당이라고 해도 틀리지 않은 말이다. 다른 나라의 포퓰리즘 정당의 다수가 지역당이었다는 점도 의미심장하다. 포퓰리즘 정당은 중앙정치로부터 소외된 지역에서 기득권에 대한 불만을 동원하여 쉽게 원내로 진입하기 위한 교두보를 마련하는 경향이 있다. 지역주의를 동원해 당선되는 것이 전국을 대상으로 하는 것보다 신생 정당으로서는 가장 쉬운 선거 전략이기 때문일 것이다.

국민의당의 2016년 20대 총선 선거 전략은 크게 두 가지로 압축된다. 하나는 국민을 강조하면서 양대 기득권 정당을 공격하는 포퓰리즘 전략이고, 다른 하나는 호남 지역에서 친노 패권을 비판하는 '배제의 전략'이라고 할 수 있다. 국민의당의 정필재 후보(경기 시흥을)는 "국민의당 선거 전략은 오로지 국민의 말을 듣고, 국민의 애로사항을 헤아리고 국민 편에서 민생을 돌보겠다는 것"이라고 주장했다. 안철수 상임공동대표는 "4.19 당시 서울대 문리대 학생들의 출정 선언문을 빌려서 우리의 각오를 말씀드리겠다"며 "보라 우린 기쁨에 넘쳐 승리의 횃불을 올린다, 보라 우린 거대 양당의 기득권에 균열의 종을 난타하는 타수의 일원임을 자랑한다(정진형, 2016)"고 하면서 포퓰리즘적 수사학을 구사했다.

국민의당이 호남에서 친노 패권을 비판하는 배제의 선거 전략 또한 다분히 포퓰리즘적이라고 할 수 있다. 더불어민주당에 친노 패권이 존재하는지는 몇 가지 사례를 보면 쉽게 알 수 있다. 당의 공식 절차에 의해 선출된 문재인 당대표는 당무를 거부하는 이종걸 원내대표와 탈당을 협박하는 박영선 의원의 압박으로 선거 직전 대표직을 사임해야 했고, 김종인 비대위원장은 친노의 상징이라 할 수 있는 이해찬 후보를 아무 결격 사유도 없이 정무적 판단이라며 공천에서 탈락시켰다. 이는 친노가 국민이나 인터넷 당원으로부터 폭넓은 지지를 받는 건 사실이지만 더불어민주당의 당내 주류 세력이 아니라 여전히 소수임을 증명한다.

반면, 국민의당의 호남 지역 후보는 상당수가 현역 의원이었으며, 그중 대부분이 다선 의원이다. 정통 야당에 뿌리를 둔 더불어민주당이 오랫동안 호남 지역의 기득권 정당임은 분명하지만, 그 더불어민주당의 기득권 다선 의원들이 더불어민주당의 현역 의원 평가에서 최하위를 기록하자 탈당해서 만든 정당이 국민의당이다. 언론의 르포는 호남 민심이 김종인의 셀프 공천에 등을 돌려 더불어민주당을 심판하게 되었다고 주장하지만 실제로는 친노 패권이 호남을 차별했다는 사실무근의 국민의당 지역주의 선거 전략이 상당히 주효했다고 할 수 있다. 즉 국민의당의 지역주의 선거 전략, 특정 집단(친노)에 대한 배제의 전략이 뉴포퓰리즘의 모습과 닮아 있고, 이것이 호남에서의 국민의당 승리에 기여했다고 할 수 있다.

결론적으로 국민의당 강령은 수사학적으로 포퓰리즘적인 면도 있고 그렇지 않은 면도 있다. 하지만 안철수 1인에게 과도하게 실린

권한과 갈등 해결에 비효율적이었던 국민의당 공천 과정은 정치의 사인화 현상을 보여주었다. 무엇보다 국민을 부르짖으며, 친노 패권을 기득권이라 공격하며 지역주의 선거 전략을 구사한 것은 전형적인 포퓰리즘 정당의 선거운동이라고 할 수 있다.

3. 국민의당 지지자의 특성 분석

자료와 검증 모형

이 절에서는 국민의당 지지자의 특성이 2012년 총선 직후 안철수 지지자의 특성에서 어떤 변화와 지속성을 보였는지 분석한다. 자료는 선거학회가 2016년 20대 총선 직후 실시한 면대면 설문조사 자료를 활용했다.[3] 검증할 주요 모형은 다음과 같다.

$$\log \{Pr(Y=j)/Pr(Y=j')\} = \alpha + \beta_1 X_{1n} + \beta_2 X_{2n} + \beta_3 X_{3n} + e \quad \text{[모형 1]}$$

j : 참조범주 제외한 종속변인

j′: 참조범주

$X_{1\sim4n}$: 4n개의 독립변인

3 자료에 대한 자세한 설명은 『한국의 선거 VII』(오름, 2017) 1장, 이현우 교수의 논문을 참고하길 바란다.

여기에서 j'은 새누리당 투표자, j는 국민의당 투표자 혹은 더불어민주당 투표자이다. 새누리당 대비, 국민의당 투표자와 더불어민주당 투표자의 성향을 먼저 비교하고, 더불어민주당과 국민의당 투표자를 비교하기 위해 더불어민주당 투표자를 참조범주로 하고 국민의당 투표자와 비교했다. X_{1n}은 사회경제적 변수로서 연령, 교육, 수입, 성별, 화이트칼라, 블루칼라, 영남 지역, 호남 지역, 수도권을 포함했다. X_{2n}은 새누리당 지지, 더불어민주당 지지, 국민의당 지지가 포함되었다. X_{3n}은 두 가지 가설을 검증한다.

첫 번째 가설은 정치의 사인화 현상을 검증하기 위해 각 당의 정치 지도자(박근혜, 문재인, 안철수)에 대한 선호도를 변수로 사용했다. 각 지도자의 선호도가 정당 투표에 많은 영향을 미칠수록 정치의 사인화 현상이 심하다고 할 수 있다. 그다음으로는 X_{3n}을 정치 불신과 정치냉소주의 변수로 대체해 검증했다. 정치냉소주의가 각 정당 투표에 유의미한 영향을 미칠수록 포퓰리즘 정당일 가능성이 높다고 할 수 있을 것이다.

양변인 분석 결과

정치 불신과 정치냉소주의

포퓰리스트는 정치 불신자보다는 정치냉소주의자를 동원하는 특징이 있음을 필자의 다른 논문(2015a)에서 다루기 때문에 여기에서는 방법론적 문제는 다루지 않는다. 선행 연구(조기숙, 2015a)에 기초해 본 설문은 관련 문항을 모두 포함했다. 정치냉소주의로 "누가 권력을 잡느냐에 따라 사회에 미치는 영향의 차이가 있다는 의견도 있고, 별 차이 없다는 의견도 있습니다. 다음의 눈금 중에서 00님은 몇 번에 해당하십니까? 여기서 1은 '누가 권력을 잡느냐에 따라 차이가 없다'는 것을 의미하며, 5는 '큰 차이가 있다는 것'을 의미합니다"와 "어떤 후보에게 표를 던지느냐가 미래의 일에 얼마나 영향을 미친다고 생각하십니까? 아니면 영향을 미치지 않는다고 생각하십니까?"를 사용했다. 정치 불신을 측정하기 위해 "대부분의 정치인은 국민에게 관심이 없다", "대부분의 정치인은 신뢰할 만하다", "대부분의 정치인은 부자와 권력자의 이익을 지킬 뿐이다"를 사용했다. 각 항목은 요인 분석에서 높은 상관관계를 보였으며 정치 불신과 정치냉소주의는 서로 다른 차원의 변수로 발견되었다.[4]

정치 불신은 정치 전반에 대한 불신을 측정하기도 하지만 현직자(정부 여당)에 대한 불만도 포함하고 있는 개념이라는 점을 이미 밝힌 바 있다(Citrin, 1974; 조기숙, 2015a). 이 점은 본 분석 결과에서도 그대로 나타났다(〈표 3〉). 각 정당 투표자의 정치 불신을 비교한 결과 여당인 새누리당 지지자의 정치 불신(3.39)은 더불어민주당(3.58)와 국민의당(3.59) 투표자에 비해 낮았다. 야당인 더불어민주당과 국민의당 지지자는 대통령과 정부에 대한 불신으로 높은 정치 불신을 보였을 가능성이 있다. 반면, 정치냉소주의는 새누리당(2.01)과

4 정치 불신과 정치냉소주의가 다른 차원의 변수라는 것만으로 위의 설문이 정치냉소주의를 측정하는 타당한 척도로 보기 어렵다는 주장도 있는데 이 설문은 냉소주의 정의를 그대로 차용하고 있기 때문에 face validity가 있다고 볼 수 있다. face validity를 인정하지 않는다면 어떤 설문도 만드는 것이 불가능하다.

<표 3> 각 정당 투표자의 정치 불신 태도 평균 비교

투표한 정당	N	평균	표준편차	F
새누리당	316	3.3956	.67403	6.950***
더불어민주당	264	3.5884	.68215	
국민의당	104	3.5962	.70699	
합계	684	3.5005	.68816	

**** p<.001; *** p<.01; ** p<.05; * p<.10

<표 4> 각 정당 투표자의 정치냉소주의 태도 평균 비교

투표한 정당	N	평균	표준편차	F
새누리당	312	2.0144	.86869	4.769***
더불어민주당	264	2.0284	.88725	
국민의당	104	2.3029	.74852	
합계	680	2.0640	.86366	

**** p<.001; *** p<.01; ** p<.05; * p<.10

더불어민주당(2.03) 투표자에 비해 국민의당 투표자가 통계적으로 높게 나타났다(2.30)(〈표 4〉).

정치냉소주의를 측정하는 또 하나의 방법은 정치 관심을 측정하는 것이다. 본 설문은 일반적인 정치 관심에 대한 설문은 포함하지 않으며, 2016년 총선에 대한 관심을 포함하고 있다(〈표 5〉). 국민의당 투표자(2.74)는 새누리당 투표자(2.94)와 더불어민주당 투표자(2.94)에 비해 선거 관심이 낮은 것으로 나타났다. 이는 2012년 총선 직후 필자가 안철수 지지자 집단에서 발견한 결과와도 일치한다(조기숙, 2015a). 국민의당을 가장 가까운 정당으로 느끼는 지지자는 투

<표 5> 각 정당 투표자의 선거 관심 평균 비교

투표한 정당	N	평균	표준편차	F
새누리당	317	2.9369	.69067	3.544**
더불어민주당	265	2.9434	.72339	
국민의당	104	2.7404	.69667	
합계	686	2.9096	.70700	

**** p<.001; *** p<.01; ** p<.05; * p<.10

<표 6> 정당 일체감에 따른 투표율 비교

		이번 선거에 투표하셨습니까?		전체	N
		투표했다	투표하지 않았다		
정당 일체감	새누리당	73.0%	27.0%	100.0%	415
	더불어민주당	70.3%	29.7%	100.0%	327
	국민의당	62.2%	37.8%	100.0%	209
	기타 정당	56.0%	44.0%	100.0%	25
	없다	19.3%	80.7%	100.0%	223
전체		49.5%	39.9%	100.0%	1199

표 참여 또한 가장 소극적인 것으로 나타났다(〈표 6〉). 정치에 적극적으로 참여하는 비판적 시민(critical citizen 혹은 Ronald Inglehart의 탈물질주의자)은 정치에 대한 높은 관심을 보여주는 게 특징이다. 이들은 포퓰리즘에 가장 동원되기 어려운 집단이라고 할 수 있다. 반대로 국민의당 투표자들은 정치냉소주의는 높은 반면, 정치 관심이 낮고 투표율도 낮아 포퓰리즘에 동원되기 쉬운 유권자 집단이라고 할 수 있다. 이 결과는 안철수 지지자의 특성이 2012년 총선에 이어

2016년 총선에도 지속됨을 보여준다. 또한 이 결과는 국민의당이 포퓰리즘 정당일 가능성을 높여주는 또 하나의 증거라고 할 수 있다.

정치의 사인화

정치의 사인화 정도를 살펴보기 위해 각 정당 지역구 투표자의 정치인 선호도를 비교했다(〈표 7〉). 리더 개인의 인기가 유권자의 투표에 미치는 영향력을 비교하기 위함이다. 새누리당 투표자는 김무성 대표와 박근혜 대통령의 선호도가 높게 나타났고 더불어민주당 투표자는 김종인 비대위원장과 문재인 전 대표의 선호도가 높게 나타났다. 국민의당 투표자는 안철수 선호도가 압도적으로 높게 나타났다. 즉 지역구 후보에 대한 투표에서 리더 개인의 영향력이 가장 높게 나타난 사람은 박근혜 대통령(7.30)과 안철수(7.44)라고 할 수 있다. 정당의 강령에서도 포퓰리즘적 요소가 새누리당과 국민의당이 유사하게 나타났는데 정치의 사인화 현상도 두 정당이 유사한 수준으로 발견되었다.

박근혜 대통령에 대한 선호도는 더불어민주당 투표자(4.16)보다는 국민의당(3.96) 투표자에게서 더 낮게 나타난다. 반면, 김무성 대표에 대한 선호도는 더불어민주당 투표자(3.93)가 국민의당 투표자(4.28)에 비해 더 낮은 것으로 나왔다. 새누리당 투표자들은 문재인(3.78)보다는 안철수(4.47)를 더 선호하는 것으로 나타났다. 반면, 더불어민주당 투표자의 안철수 선호도(5.60)와 국민의당 투표자의 문재인 선호도(5.45)는 유사하게 나타남으로써 국민의당 투표자와 더

<표 7> 각 정당 지역구 투표자의 정치인 선호도(0~10점)

선호하는 정치인	투표한 정당	N	평균	표준편차	F
김무성	새누리당	315	5.83	1.868	87.347****
	더불어민주당	261	3.93	1.743	
	국민의당	104	4.28	1.616	
	합계	680	4.86	1.998	
박근혜	새누리당	317	7.30	1.893	224.522****
	더불어민주당	265	4.16	2.139	
	국민의당	104	3.96	1.734	
	합계	686	5.58	2.532	
문재인	새누리당	316	3.78	1.900	115.855****
	더불어민주당	264	6.21	2.072	
	국민의당	104	5.45	1.762	
	합계	684	4.97	2.253	
김종인	새누리당	305	3.90	1.602	57.350****
	더불어민주당	256	5.35	1.724	
	국민의당	102	4.82	1.331	
	합계	663	4.60	1.745	
안철수	새누리당	317	4.47	1.633	143.935****
	더불어민주당	265	5.60	1.681	
	국민의당	104	7.44	1.022	
	합계	686	5.36	1.876	

**** p<.001; *** p<.01; ** p<.05; * p<.10

불어민주당 투표자 사이에 적대적인 관계가 있다고 보기는 어렵다. 한편, 더불어민주당 호남 참패의 원인이 문재인에게 있다는 김종인의 주장은 성립되기 어려운 것으로 보인다. 국민의당 투표자의 문재인 선호도(5.45)는 김종인(4.82)보다 높기 때문이다.

정당의 제도화 정도

포퓰리즘 정당은 포퓰리스트 리더 개인의 인기와 리더십에 의존하기 때문에 정당의 제도화가 제대로 이루어지지 않는 특징이 있다. 정당의 제도화 정도를 측정하는 또 하나의 방법은 정당 일체감이 정당 투표에 미치는 영향을 살펴보는 것이다. 정당 일체감이 투표에 미치는 영향은 정당의 제도화에 비례해서 클 것이기 때문이다. 정당 일체감이 각 정당에 대한 투표에 영향을 미치는 정도를 비교한 결과(〈표 8-1〉), 20대 총선에서 정당 일체감이 투표에 미친 영향이 매우 큰 것으로 나타났다. 정당 투표는 물론이고 지역구 투표에도 상당히 큰 영향을 미쳤다(〈표 8-2〉). 새누리당에 가깝게 느끼는 유권자의 90.4%, 더불어민주당에 가깝게 느끼는 유권자의 85.2%, 국민의당에 가깝게 느끼는 유권자의 66.2%가 그 정당의 지역구 후보에게 표를 준 것으로 나온다. 이는 새누리당, 더불어민주당, 국민의당 순으로 정당이 제도화되었음을 보여준다. 오래된 역사만큼이나 새누리당에 일체감을 갖는 유권자의 정당 충성도가 가장 높은 것으로 나타났다.

정당 일체감이 비례대표 투표에 미친 영향은 지역구 투표보다는 더 강하리라 예측할 수 있다. 지역구는 후보 변수나 3자 대결에서 전략적 투표로 인해 정당 일체감과 정당 투표가 반드시 일치하지 않을 수도 있지만 비례대표 투표는 정확히 의석으로 전환되기 때문이다. 새누리당 94.4%, 더불어민주당 92.2%, 국민의당 88.5% 순으로 세 정당 모두 정당 투표의 비율이 매우 높게 나타났다. 정도는 다르지만 순위는 정당의 제도화의 정도에 따라 지역구 투표에 미친 영향과 다르지 않았다. 결론적으로 양변인 분석에서 국민의당은 정치

<표 8-1> 정당 일체감이 정당 투표에 미친 영향

		정당명식 비례대표 투표에서 어느 정당에 투표?					전체	N
		새누리당	더불어 민주당	국민의당	정의당	기타 정당		
정당 일체감	새누리당	94.4	2.0	2.3	.0	1.3	100.0%	303
	더불어민주당	.9	92.2	4.8	1.7	.4	100.0%	230
	국민의당	4.6	6.2	88.5	.0	.8	100.0%	130
	기타 정당	.0	7.1	14.3	64.3	14.3	100.0%	14
	없다	23.3	51.2	25.6	.0	.0	100.0%	43
전체		42.2	34.6	20.3	1.8	1.1	100.0%	720

<표 8-2> 정당 일체감이 지역구 투표에 미친 영향

		지역구 투표는 어느 정당 후보에게 투표?						전체	N
		새누리당	더불어 민주당	국민의당	정의당	기타 정당	무소속		
정당 일체감	새누리당	90.4	4.6	.3	.3	.0	4.3	100.0%	303
	더불어 민주당	7.0	85.2	3.9	.9	.0	3.0	100.0%	230
	국민의당	7.7	21.5	66.2	.0	1.5	3.1	100.0%	130
	기타 정당	14.3	57.1	7.1	14.3	.0	7.1	100.0%	14
	없다	34.9	44.2	16.3	.0	.0	4.7	100.0%	43
전체		44.0	36.8	14.4	.7	.3	3.8	100.0%	720

의 사인화, 정치냉소주의의 동원, 정당의 제도화 수준에서 포퓰리즘 정당에 가장 가까운 것으로 보인다.

다변인 분석 결과

정치의 사인화 가설

각 지도자의 선호도가 정당 투표(지역구, 비례대표)에 얼마나 영향을 미쳤는지 정치의 사인화 가설을 검증하기 위해 새누리당을 참조범주로 하여 더불어민주당과 국민의당 투표와 비교했고(〈표 9-1〉), 더불어민주당과 국민의당 투표자의 차이를 비교하기 위해 더불어민주당을 참조범주로 하여 국민의당 투표와 비교했다(〈표 9-2〉). 사회경제적 변수를 통제하고 지도자의 선호도를 독립변수로 포함했다. 결과는 〈표 9-1〉에서 보듯이 새누리당에 비해 더불어민주당과 국민의당에 대한 투표가 상당한 유사성을 보여준다고 할 수 있다. 양당 투표는 블루칼라에서 약하고 박근혜 선호도와 부정적 관계를 보였다. 더불어민주당은 새누리당에 비해 영남에서 상대적으로 낮은 득표를 했고 국민의당은 호남과 남성, 수도권에서 새누리당에 비해 강세를 보였다. 두 정당 모두 잠재적 대선 후보라고 할 수 있는 안철수, 문재인의 영향력이 높은 것으로 나왔지만 안철수는 문재인에 비해 압도적 영향력을 행사함으로써 정치의 사인화 현상을 보여주었다. 문재인 호감도가 국민의당 투표에 의미 있는 영향을 미치지 못한 데 비해 더불어민주당 투표에는 안철수 호감도가 긍정적인 것으로 나타났다. 이는 안철수를 지지하는 유권자가 지역구에서는 더불어민주당 후보에게 전략적 투표를 했기 때문인 것으로 해석할 수 있다.

더불어민주당과 비교해 국민의당은 지역적으로는 수도권과 호남에서, 그리고 남성에게서 상대적으로 선전했고, 안철수 호감과 문

<표 9-1> 지역구 투표에 미친 정치인 호감도의 영향력 (참조범주: 새누리당)

	더불어민주당		국민의당	
독립변수	B(S.E.)	Exp(B)	B(S.E.)	Exp(B)
성별(여성)	.035	1.036	-.666*	.514
연령	-.012	.988	-.023	.977
학력	-.094	.910	-.126	.882
소득	.012	1.012	-.088	.916
화이트칼라	.171	1.187	.591	1.805
블루칼라	-1.253**	.286	-1.809**	.164
수도권	-.236	.790	.936	2.549
호남	.252	1.287	2.493****	12.093
영남	-1.011***	.364	-.588	.555
박근혜 호감도	-.567****	.567	-.589****	.555
문재인 호감도	.328****	1.388	-.145	.865
안철수 호감도	.194**	1.214	1.266****	3.546
상수	1.706*		-3.439**	
N	684			
-2로그우도	754.896			
카이자승(유의확률)	627.587(.000)			
Pseudo R^2	.600			

**** p<.001; *** p<.01; ** p<.05; * p<.10
(1) Pseudo R^2=Cox & Snell

재인 비호감이 국민의당 지역구 투표에 영향을 미쳤는데 안철수 호감도가 상대적으로 영향이 큰 것으로 나타났다(〈표 9-2〉).

비례대표 투표에서는 새누리당에 비해 저연령일수록 더불어민주당, 국민의당에 투표한 것으로 나오고, 영남일수록, 박근혜 대통

<표 9-2> 지역구 투표에 미친 정치인 호감도의 영향력 (참조범주: 더불어민주당)

	국민의당	
독립변수	B(S.E.)	Exp(B)
성별(여성)	-.701**	.496
연령	-.011	.989
학력	-.031	.969
소득	-.100	.905
화이트칼라	.419	1.521
블루칼라	-.556	.574
수도권	1.172**	3.227
호남	2.241****	9.399
영남	.422	1.526
박근혜 호감도	-.023	.978
문재인 호감도	-.473****	.623
안철수 호감도	1.072****	2.920
상수	-5.146***	
N	684	
-2로그우도	754.896	
카이자승(유의확률)	627.587(.000)	
Pseudo R^2	.600	

**** p<.001; *** p<.01; ** p<.05; * p<.10
(1) Pseudo R^2=Cox & Snell

령에 대한 호감이 높을수록 두 정당 투표에 부정적인 것으로 나타난다(〈표 10-1〉). 문재인 호감도가 더불어민주당 투표에 영향을 미치기는 했으나 안철수 호감도가 국민의당 투표에 미친 영향력이 훨씬 큰 것으로 나타났다. 국민의당은 비례대표 투표에서 새누리당에 비해

<표 10-1> 비례대표 투표에 미친 정치인 호감도의 영향력 (참조범주: 새누리당)

	더불어민주당		국민의당	
독립변수	B(S.E.)	Exp(B)	B(S.E.)	Exp(B)
성별(여성)	.205	1.228	-.880**	.415
연령	-.022*	.978	-.039***	.962
학력	-.011	.989	.035	.1036
소득	-.114	.892	-.239*	.788
화이트칼라	-.212	.809	-.118	.889
블루칼라	-.984	.374	-.920	.398
수도권	-.670	.511	-.882*	.414
호남	-.630	.532	.310	1.364
영남	-1.420***	.242	-1.639***	.194
박근혜 호감도	-.922****	.398	-.937****	.392
문재인 호감도	.567****	1.763	-.107	.899
안철수 호감도	.041	1.042	1.028****	2.795
상수	4.688****		3.370**	
N	697			
-2로그우도	692.371			
카이자승(유의확률)	779.982(.000)			
Pseudo R^2	.673			

**** p<.001; *** p<.01; ** p<.05; * p<.10
(1) Pseudo R^2=Cox & Snell

<표 10-2> 비례대표 투표에 미친 정치인 호감도의 영향력 (참조범주: 더불어민주당)

	국민의당	
독립변수	B(S.E.)	Exp(B)
성별(여성)	-1.085****	.338
연령	-.016	.984

학력	.046	1.047
소득	-.125	.883
화이트칼라	.095	1.099
블루칼라	.064	1.066
수도권	-.211	.810
호남	.941**	2.562
영남	-.219	.804
박근혜 지지	-.015	.985
문재인 지지	-.674****	.510
안철수 지지	.987****	2.682
상수	-1.318	
N	697	
-2로그우도	692.371	
카이자승 (유의확률)	779.982(.000)	
Pseudo R^2	.673	

**** p<.001; *** p<.01; ** p<.05; * p<.10
(1) Pseudo R^2=Cox & Snell

비수도권 유권자, 저소득자로부터 득표할 확률이 더 높은 것으로 나타나 포퓰리즘이 극한 위기에 처한 유권자를 동원한다는 가설을 일면 입증해주고 있다. 이상의 분석 결과도 국민의당 투표가 포퓰리즘에 동원될 가능성에 무게를 싣고 있다. 이러한 결과는 더불어민주당과 비교한 국민의당 투표에서 다시 확인된다(〈표 10-2〉). 비례대표 선거에서 더불어민주당에 비해 국민의당은 남성, 호남에서 더 높은 경쟁력을 보인 것으로 나타났다.

정치냉소주의 가설

앞에서 사인화 가설을 검증해보았는데 여기에서는 정치냉소주의와 정치 불신을 검증하기 위해 통제 변수와 함께 모델을 분석해보았다. 새누리당 투표와 비교할 때 정치 불신자일수록 더불어민주당과 국민의당에 투표할 확률이 높았고 정치냉소주의는 국민의당 투표에

<표 11-1> 정치 불신과 냉소주의가 지역구 투표에 미친 영향 (참조범주: 새누리당)

	더불어민주당		국민의당	
독립변수	B(S.E.)	Exp(B)	B(S.E.)	Exp(B)
성별(여성)	-.175	.840	-.994***	.370
연령	-.037****	.964	-.068****	.934
학력	.084	1.088	.045	1.046
소득	.032	1.033	-.105	.901
화이트칼라	.307	1.359	.927**	2.528
블루칼라	-.665	.514	-.760	.468
수도권	.095	1.100	.822	2.276
호남	1.623****	5.067	3.823*	45.726
영남	-.958****	.384	-.970****	.379
정치 불신	.377***	1.457	.296*	1.345
냉소주의	-.053	.948	.336**	1.399
상수	.303		.174	
N	678			
-2로그우도	1104.539			
카이자승(유의확률)	266.901(.000)			
Pseudo R^2	.325			

**** p<.001; *** p<.01; ** p<.05; * p<.10
Pseudo R^2=Cox & Snell

만 영향을 미친 것으로 나타났다(〈표 11-1〉). 더불어민주당과 비교해도 국민의당 투표자는 정치냉소주의가 투표에 영향을 미쳤다(〈표 11-2〉).비례대표 투표에서도 국민의당 투표는 정치냉소주의의 영향을 받은 것으로 나타났다. 이 결과는 2012년 총선 직후 안철수 지지자의 특성과 일치한다. 이는 정치냉소주의자들이 포퓰리즘 정당을

<표 11-2> 정치 불신과 냉소주의가 지역구 투표에 미친 영향 (참조범주: 더불어민주당)

	국민의당	
독립변수	B(S.E.)	Exp(B)
성별(여성)	-.819***	.441
연령	-.032***	.969
학력	-.039	.961
소득	-.137	.872
화이트칼라	.621*	1.860
블루칼라	-.095	.910
수도권	.727	2.070
호남	2.200****	9.024
영남	-.011	.989
정치 불신	-.080	.923
냉소주의	.388**	1.475
상수	-.129	
N	678	
-2로그우도	1104.539	
카이자승(유의확률)	266.901(.000)	
Pseudo R^2	.325	

**** p<.001; *** p<.01; ** p<.05; * p<.10
Pseudo R^2=Cox & Snell

지지할 확률이 높다는 필자의 가설을 뒷받침하는 결과이다.

그러나 저소득층의 국민의당 지지와 호남의 압도적 국민의당 지지가 포퓰리즘적 성격을 입증해주는 반면, 2012년과는 달리 긍정적인 변화도 발견된다. 여론의 바로미터라고 할 수 있는 화이트칼라가 더불어민주당보다는 국민의당에게 투표할 확률이 높았다는 점이다. 저연령층은 특정 정당에 일체감을 느끼는 경우가 많지 않기에 첫 투표의 경험이 지속되는 경향이 있는데 더불어민주당에 비해 국민의당이 저연령층의 표를 많이 받은 것도 미래 지향적으로 긍정적인 신호라고 할 수 있다. 하지만 어느 나라나 포퓰리즘 정당은 저연령층의 동원을 이끌어낸다는 점을 기억할 필요가 있다. 비례대표 투표 결과는 지역구 투표 결과와 크게 다르지 않기에 결과는 생략한다. 다만, 더불어민주당 투표에는 정치냉소주의가 유의미한 부의 상관관계를 보이는 데 비해, 국민의당 투표에는 정치냉소주의가 유의미한 정의 상관관계를 보인다는 점이 흥미롭다.

4. 국민의당의 한계와 가능성

안철수는 기존의 제3후보와 달리 폭발적인 인기를 누렸으며, 국민의당 또한 기존의 제3정당과는 달리 원내교섭단체를 구성하는 데 성공했다. 안철수와 국민의당 현상이 향후 어떻게 진행될 것인지 예측하기 위해서는 이론적 접근이 필요하다. 포퓰리즘 이론은 안철수와 국민의당 현상을 이해하고 미래를 예측하는 데에도 도움이 되지만, 또한 그것을 통해 국민의당이 현실 정치에 미치는 함의를 체계적으로 논할 수 있기 때문이다.

이를 위해 1절에서는 포퓰리즘과 포퓰리즘 정당의 특징을 살펴보았다. 국민을 강조하는 수사학, 정당의 지지를 한 지도자의 인기에 의지하는 정치의 사인화 현상, 배제의 정치에 기초한 지역주의 선거 전략 등을 포퓰리즘 정당의 일부 특징으로 제시했다. 또한 정치 불신과 정치냉소주의가 서로 다른 개념임을 밝히고 포퓰리즘은 정치 불신자 혹은 정당 불신자가 아니라 정치냉소주의자를 동원한다는 것을 제시했다.

2절에서는 국민의당이 포퓰리즘 정당의 이상적인 모형에 얼마나 가까운지 판별하기 위해 국민의당의 강령, 창당 취지문을 새누리당, 더불어민주당의 강령과 비교했다. 국민이라는 용어의 등장은 포퓰리즘 정도를 판별하는 가장 손쉬운 방법이다. '국민'의 등장 횟수는 새누리당 강령에 가장 많고, 국민의당은 더불어민주당의 2배 정도로 나타났다. 이는 안철수와 문재인의 출마 선언문에 나타난 빈도수와 일치한다. 그러나 국민의당 강령 그 자체는 기득권 정당에 대한 적대감을 제외하고는 딱히 포퓰리즘 정당이라고 할 만한 증거를 찾지 못했다. 하지만 공천 과정과 그 이후 당의 운영을 살펴볼 때 국민의당은 분열의 제도적 해결에 미흡했고 안철수 대표는 공동대표임에도 불구하고 공천 과정에서 다른 공동대표를 능가하는 압도적인 영향력을 행사했다. 안철수가 대표를 사임하고 일반 당원이 된 후에도 국민의당의 주인은 안철수임을 박지원 비대위원장은 노골적으로 밝혔다. 또한 선거에서 친노에 대한 적대감을 부추기고 지역주의를 활용했다는 점에서 다른 나라의 포퓰리즘 정당과 유사한 선거 전략을 활용했음을 알 수 있다.

3절에서는 2016년 총선 직후 실시된 선거학회의 설문조사 자료를 사용하여 국민의당의 지지가 안철수 개인의 인기에 의존하는 정치의 사인화 현상을 보이는지, 정치 불신자보다는 정치냉소주의를 동원하는지 경험적으로 분석했다. 그 결과 국민의당 투표는 안철수 개인에 대한 의존도가 매우 높은 것으로 나타났고 정치 불신의 영향력은 더불어민주당과 유사하게 나타난 반면, 더불어민주당과는 다르게 정치냉소주의자도 동원한 것으로 나타났다. 이러한 결과는 양변인, 다변인 분석에서 모두 확인된다. 사회경제적 변수에서도 일부 선거에서 저소득층과 비수도권 유권자를 동원한 것으로 나타나 포퓰리즘이 극한 위기감에 처한 인구를 동원한다는 가설과 일치하는 것으로 보인다.

그러나 한 가지 긍정적인 변화도 발견되는데 그것은 국민의당이 더불어민주당에 비해 지역구 선거에서 비수도권보다는 수도권에서 더 높은 득표 확률을 보인 것으로 나타난 점이다. 3자 대결에서 전략적 투표로 인해 국민의당이 비록 수도권에서 2석밖에 의석을 차지하지는 못했지만 투표의 질에 있어서는 오히려 더불어민주당을 능가한 것이다. 그 이유가 더불어민주당에 대한 불만 때문이었는지, 국민의당에 대한 적극적 지지 때문인지는 모르겠지만 더불어민주당에게는 경고 사인이고 국민의당에게는 긍정적 신호일 수 있다. 왜냐하면 화이트칼라가 시위에 참여할 때 국민은 독재 정부를 무너뜨리고 민주화를 쟁취할 수 있었고, 수도권 화이트칼라는 여론 주도층이며 선거의 승패에 결정적인 영향을 미칠 수 있다는 점을 여론 전문가는 지속적으로 주장해왔기 때문이다.

결론적으로 당시 국민의당은 포퓰리즘 정당에 상당히 가까운 면모를 보이고 있었다. 포퓰리즘 정당은 분열을 제도적으로 해결하지 못해 해체되는 경우가 많다. 또한 포퓰리즘 정당이 특정 지역을 기반으로 교두보를 마련하는 경우에도, 더 이상 확장하지 못하는 딜레마로 인해 소멸하는 경우가 많았다(조기숙, 2016). 국민의당도 외연 확대를 위해서는 여당이나 박근혜 대통령과 손을 잡아야 하지만 지지 기반이 박근혜에 대한 호감도가 낮은 호남인 관계로 그러한 결합이 쉽지 않으며, 이러한 딜레마는 국민의당이 외연을 확대하고 포퓰리즘 정당에서 제도권 정당으로 전환하는 데 부담이 될 가능성이 매우 높은 것으로 필자는 전망한 바 있다. 필자의 예측대로 국민의당은 소멸되었다. 2020년 총선을 앞두고 안철수 단기필마로 다시 재창당되었지만 큰 주목을 받지는 못하고 있다.

9장

한국 정당의 미래와 변하는 한국의 유권자

1. 정당 체계의 전망, 왜 필요한가?

필자의 한국선거 예측모형(2013)의 핵심은 정당 구도의 변화를 예측할 수 있는 정당 재편성 이론에 기초해 선거의 종류와 시기에 따라 선거 구도를 예측하는 것이다. 여기까지는 미국선거 예측모형과 크게 다르지 않다. 본 모형이 특수한 한국 선거 예측에 유용한 것은 대선, 총선, 지방 선거의 시기가 서로 다른 점에 착안해 선거 종류와 시기에 따라 회고적 투표와 전망적 투표가 일어나는 조건을 이론화한 데에 있다. 특히 차기 대선 직전에 치러지는 선거에서 차기 대선 주자의 존재 여부와 존재감이 영향을 미친다는 점을 발견해 모형에 포함시킴으로써 모형의 예측력을 높였다. 미국에서는 대통령의 재선이 허용되지만 단임만 허용하는 한국 선거는 미국과 다를 것이다. 필자는 노무현 대통령의 10년 주기설을 도입해 정당의 선거 경쟁력을 다르게 파악했다. 따라서 이 선거예측모형의 사용에서 핵심은 향후 한국 정당 체계가 어떻게 변화해갈 것인지, 그에 따른 정당 일체감의 변화를 예측하는 데 있다고 할 수 있다. 이 장에서 한국 정당의 미래를 전망해보려는 이유가 바로 여기에 있다.

필자는 1992년부터 일관되게 투표 행태의 설명에 있어서 정당 체계에 대한 이해가 필수적임을 지적해왔다. 한국의 정당들이 서구의 오랜 민주주의 역사 속에서 발달한 정당 체계와 같은 수준의 제도화를 이루지 못해 정당명이 매 선거마다 바뀌고 끊임없는 이합집산이 이뤄지고 있지만, 그럼에도 불구하고 유권자의 마음속에는 과거에는 여야라는 준거 틀로, 1997년 이후에는 여야의 관계가 뒤바뀌면서 전통 여당이 뿌리를 내린 보수 정당과 민주화 세력이 진화해가는 진보 정당의 정당 체계가 주요 균열로 자리 잡게 되었다. 그 과정에서 정당 지지 기반이 변화하는 정당 재편성을 여러 차례 겪었다. 겉으로는 보수 대 진보의 정당으로 보이지만 지지 기반이나 균열 쟁점을 들여다보면 내용이 변화해왔다고 할 수 있다. 서구는 급진적 재편성과 점진적 재편성이라는 두 종류의 정당 재편성을 겪었고, 최근에는 주로 30년 주기로 세대교체에 따른 점진적 재편성이 일어나고 있다. 우리는 압축된 근대화처럼 정당 재편성도 압축적으로 일어나 동시다발적인 변화를 겪고 있다. 이 때문에 정당 재편성의 사이클을 발견하는 데 다수의 학자들이 어려움을 겪는 것으로 생각된다.

필자가 합리적 선택 이론에 기초해 정당 체계에 대한 이론으로 역대 선거를 일관되게 분석한 논문을 1992년 여름 한국정치학회에서 처음 발표했을 때만 해도 무분별하게 서구 이론을 도입한다며 말도 안 되는 소리라는 선배들의 비판에 직면해야 했다. 2000년대 초까지만 해도 정당학자들 사이에는 한국 정당엔 체계가 없다는 게 대체적인 견해로 받아들여졌다(김용호, 2001). 이 때문에 지역주의 정당이 탄생한 이유가 1987년 대통령 직선제의 도입으로 인해 민주 대 반민주의 구도가 약화되었기 때문이라는 필자의 주장은 호된 비판을 들었지만 요즘은 교과서적 지식으로 받아들여지고 있다. 최근엔 정당 재편성의 핵심 개념인 정당 일체감도 투표 행태 분석에 자연스럽게 활용되고 있다.

그러나 대부분의 학자들이 한국의 역사적 정당 재편성에 대한 큰 그림 없이 일회적 선거 연구에 정당 재편성 이론이나 정당 일체감을 활용해 한국 선거를 분석하면서 몇 가지 문제점을 드러내는 것도 사실이다. 이는 네 가지로 정리된다. 첫째, 점진적 정당 재편성이나 정당 해체는 동시적이며 연속적 과정이다. 그런데 한국 정당의 역사적 변동에 대한 이해 없이 특정 선거에 대한 일회적 분석에 정당 재편성 이론을 적용해 이를 정당 해체인지 일탈 선거인지 규명하는 것이 가능할까 하는 점이다. 둘째, 2012년 이후 갑자기 많은 학자들이 선거 연구에 정당 일체감 변수를 고려하기 시작했는데 과거에는 의미가 없던 변수가 언제부터 왜 한국 정치에서 의미 있는 변수로 등장하게 되었는지, 왜 이 개념을 사용해 한국 선거 분석을 하는 게 갑자기 타당해졌는지에 대한 설명은 생략돼 있다. 그렇다면 정당 일체감을 사용하지 않았던 과거의 경험적 연구는 모형 오류 misspecification인지 이에 대한 설명은 존재하지 않는다.

셋째, 한국의 정당 일체감이 호오에 기반한 심리적 변수라는 주장(장승진, 2012b; 황아란, 2008)부터 평가를 내포한 수정주의적 개념(이현출, 2001)이라는 주장까지 다양한데 정작 정당 일체감이 어디에서 생성되어 어떻게 변화해왔는지, 서구의 개념과는 어떻게 다른지에 대한 논의는 찾기 어렵다. 넷째, 유럽과 달리 우리나 미국의 선거에서는 계급 배반 투표가 예외라기보다는 보편적인 현상이었다. 그런데 최근 갑자기 계층 투표나 자산 기반 투표 등 계급 투표에 대한 연구가 쏟아져 나오고 있다(강우진, 2013; 최종호, 2016; 김도균 · 최종호, 2018). 그러나 이 현상이 언제부터 시작되었는지, 무엇이 이런 현상을 추동했는지에 대한 근본적 물음은 존재하지 않는다. 따라서 이들 연구 결과는 현상만 드러내고 있을 뿐, 결과가 일부 모순되거나 상충되기도 해서 누가 맞는지 헷갈리기도 하고, 왜 그런 결과가 나타났는지에 대한 적절한 설명은 아직 찾기 어렵다.

이에 2절에서 먼저 정당 재편성과 정당 일체감 연구의 한계를 한 가지 예를 들어 검토하고자 한다. 필자는 이 책에 수록한 2011년과 2013년 논문에서 이 이론과 개념을 왜 그리고 어떻게 선거 연구에 도입해야 하는지를 설명한 바 있다. 그러나 선행 연구에 대한 충분한 검토나 근본적인 질문 없이 특정 선거에 대한 일회적 연구로 장님 코끼리 만지듯이 쏟아져 나온 정당 일체감과 정당 재편성 관련 연구는 선거 예측이나 정당의 미래를 예측하는 데 한계를 지니고 있다고 생각한다. 3절에서는 한국 정당의 미래를 전망하기 위해 2011년 논문에서 필자가 정리한 한국 정당 재편성의 역사를 균열 쟁점과 데이터를 통해 시계열적으로 되돌아보겠다. 한국 정당의 미래를 알려면 과거의 변동을 일관성 있게 설명해야 하기 때문이다. 이 부분은 별도의 논문으로 출간될 예정이라 여기에서는 간략히 짚어본다. 끝으로 4절에서는 한국 정당 체계의 미래를 전망해본다.

2. 숲은 보지 않고 나무만 보는 선거 연구

매 선거가 끝나면 특정 선거에 대한 수많은 연구물이 쏟아져 나온다. 하지만 특정 선거를 역사적 맥락에서 해석하지 않고 단면만 보고 결론을 내리면 일반화에 한계를 갖게 된다. 이 절에서는 숲을 보지 않고 나무만 보는 선거 해석은 타당성이 결여될 수도 있음을 설명하고 다음 절에서는 숲을 보는 선거 연구의 방법을 역대 선거의 역사적 흐름에서 살펴보고자 한다.

강원택(2019)은 2018년 지방 선거 이후 영남 유권자의 투표 행태를 분석한 후, 대구·경북 지역과 달리 부울경(부산·울산·경남)에서는 지속성을 갖는 선거maintaining election, 일탈적 선거deviating election, 재편성의 선거realigning election 중에서 정당 해체가 일어나는 정당 재편성의 선거가 이루어졌다고 주장했다. 그 증거로 2010년 이후 영남의 선거를 분석한 연구 결과를 제시했다. 대통령 선거, 민주화 이후 국회의원 선거, 그리고 2014, 2018년 지방 선거의 영남 지역 결과를 토대로 경남은 경북에 비해 지속적으로 지역주의가 완화되어왔다는 정재도와 이재묵(2018)의 선거 결과를 제시했다. 이 지역의 정당 해체가 2018년에 처음 일어난 건 아니고 이미 2010년(류재성, 2010), 2012년(이동윤, 2012)에도 유사한 현상이 발견된 바 있으니 정당 재편성의 기간에 들어갔다는 것이다. 특히 2018년 부울경에서 민주당의 압도적인 승리는 새누리당과 박근혜에 대한 실망에 의해 다수의 유권자가 새누리당으로부터 이탈해서 가능했지만 그렇다고 그것이 민주당에 대한 정당 지지로 이어지지는 않았으므로 정당 해체라는 것이다.

여기까지는 기존의 정당 재편성 이론에서 볼 때 타당하다. 정당 일체감은 장기간 지속되고 안정적인 게 특징이므로 정당에 대한 한 번의 평가로 일체감을 바꾸는 게 쉽지 않다. 그러나 강원택은 정당 재편성이 언제 시작되었는지는 언급하지 않고 있다. 점진적 정당 재편성이라 하더라도 이의 시동을 거는 촉발 요인trigger이 존재하기 마련이다. 그것을 알아야 어떤 균열 쟁점에 의해 지지 기반이 어떻게 변하는지를 추적할 수 있고 예측도 가능하기 때문이다. 게다가 박근혜 탄핵과 새누리당 분열에 의한 이탈이 과연 정당 해체로 볼 수 있는지는 여전히 의문이다. 이명박에 대한 부정적 평가가 새누리당에 대한 지지에 영향을 미치지 않는 것으로 나타났기 때문이다(장승진, 2012b). 새누리당의 분열이 지지하는 정당이 없다는 응답을 초래했지만 보수 정당이 통합 또는 복원되는 선거에서는 결과가 또 어떻게 변할지 모른다.

필자의 정당 재편성 이론으로 역사적 맥락에서 볼 때 2018년

민주당의 압도적 지방 선거 승리는 정당 해체라기보다는 일탈적 선거의 결과라고 생각된다. 2018년 지방 선거가 결과적으로 정당 재편성 과정에서 치러진 것만큼은 분명하지만 과연 이것이 박근혜에 대한 실망과 보수 정당의 분열로 인한 일시적 일탈인지, 정당 해체의 결과인지는 여전히 의문이기 때문이다. 이것이 만일 정당 해체의 결과라면, 2020년 총선에서 인물이 지선보다는 중요하겠지만 여전히 민주당의 선전을 예견해야 한다. 하지만 그럴 가능성은 별로 없어 보인다. 2018년 지방 선거는 새로 선출된 문재인 대통령에 대한 기대와 초기의 높은 호감도, 남북정상회담에 대한 기대, 그리고 박근혜 전 대통령에 대한 실망과 보수 정당의 분열로 지지하고 싶은 정당이 일시적으로 사라지는 등 다양한 요인의 결합이 낳은 일탈적 선거라고 생각되기 때문이다. 만일 2020년 총선에서 보수당이 통합된다면 박근혜에 실망해 문재인을 찍었거나 불참했던 장년층 유권자는 얼마든지 통합된 보수당으로 회귀할 가능성이 크다. 정당 일체감은 복원력이 크기 때문이다. 필자의 예측모형은 보수 정당의 해체 없이도 민주당의 지방 선거 압승을 예견하고 있다.

정당 해체란 기존 정당으로부터 이탈된 후 어느 정당에도 소속되지 않고 이탈된 유권자가 다수 존재하는 현상을 의미한다. 이 때문에 강원택은 당분간 이 지역에선 선거의 유동성이 올라갈 것이라고 예측한 바 있다. 그러나 정당 일체감은 오랫동안 지속되는 감정적 애착이라 정의되므로 향후 몇 번의 선거에서 지속적으로 민주당을 찍을 환경이 조성되지 않는다면 중장년의 경우는 빠른 원상회복력을 보여 원래의 정당 지지로 회귀할 것이다. 필자가 2018년 지방 선거를 일탈적 선거라고 정의하는 이유는 이 지역에서 꾸준한 투표율의 증가에 있다. 정당 해체의 대표적인 현상은 부동층의 증가와 그로 인한 투표율의 하락이라고 할 수 있다. 일탈적 선거에서도 부동층의 증가는 얼마든지 가능하다. 따라서 한 번의 선거로는 알 수 없고 부동층의 추세와 흐름을 봐야 한다. 정당 재편성 과정에는 정당 재연합과 정당 해체가 동시에 일어난다. 투표율은 재연합인지 해체인지를 판별하는 가장 좋은 지표라고 할 수 있다.

지방 선거는 인물보다는 정당이 투표 선택의 중요한 기준이 된다는 점에서 강원택이 정당 재편성 분석에 지방 선거 결과를 활용한 것은 현명한 전략이다. 이에 필자도 〈표 1〉에서 역대 지방 선거 부울경 투표율을 서울과 전국 평균값과 비교했다. 지방 선거 투표율은 2002년 저점을 찍고 2018년까지 지속적으로 상승해왔다. 1998년은 1997년 대선에서 최초의 정권 교체 후 몇 개월 만에 치러진 지방 선거였고, 국민회의와 자민련의 두 공동 여당이 연대한 선거였기에 높은 투표율을 기록했다. 그러나 2002년 지방 선거는 두 공동 여당의 공조가 이미 2000년 총선에서 깨진데다 월드컵 와중에 치러져 국민

<표 1> 역대 지방 선거 투표율

	1998	2002	2006	2010	2014	2018
서울	46.9	45.8	49.8	53.9	58.6	59.9
부산	46.7	41.8	48.5	49.5	55.6	58.8
울산	57.6	52.3	52.8	55.1	56.1	64.8
경남	61.1	56.5	57.8	61.8	59.8	65.8
전국 평균	52.7	48.9	51.6	54.5	56.8	60.2

적 관심도 저조했다. 특히 새천년민주당의 대선 후보로 선출된 노무현 후보가 김영삼 전 대통령을 찾아가는 바람에 노풍이 꺼지면서 지방 선거 결과를 후보 재신임으로 받아들이겠다고 선언했지만, 선거 당시 가장 큰 뉴스는 대통령 아들의 비리 스캔들이었다. 그 결과 여당은 낮은 투표율 가운데 저조한 성적을 거뒀다. 앞의 선거 결과 시뮬레이션에서 살펴보았듯이 낮은 투표율은 젊은 층의 불참을 의미하며, 이는 상대적으로 진보적인 민주당의 패배를 초래했다.

2006년 지역적 기반이 없었던 열린우리당은 대통령 중간 평가의 역할을 하는 지방 선거에서 전북 도지사 한 명만 배출하는 참혹한 결과를 얻었다. 그러나 흥미로운 사실은 2006년 지방 선거에서 투표율이 상승했다는 점이다. 전국 평균은 물론 서울에서도 투표율이 상승했다. 2006년 지방 선거에서 울산과 경남의 투표율 증가가 별로 없었던 데 비해 부산의 투표율 상승은 괄목할 만하다. 이는 당시 현직 시장인 한나라당의 허남식 후보와 열린우리당의 오거돈 후보의 부산시장 선거 경쟁이 치열했음을 의미한다. 여당이 대통령 중간 평가의 벽을 넘지 못하고 패하기는 했지만 의미 있는 유권자 동원이 있었음을 보여준다.

무엇보다 지방 선거 투표율은 2002년 저점을 찍은 후 전국 평균은 물론 서울 지역과 부울경 지역에서도 꾸준히 상승하고 있다. 역대 투표율의 상승이 주로 젊은 층에서 이루어졌다는 점을 감안한다면(김지원, 2018) 이 지역에서 정당 해체에 의한 재편성보다는 동원과 세대교체에 의한 정당 재편성이 진행되어왔다고 할 수 있다. 즉 젊은 층과 과거에 지역 정당이 싫어서 투표를 하지 않던 유권자의 동원에 의해 꾸준히 정당 재편성이 이뤄지고 있지만 중장년층이 기존 정당으로부터 이탈했다고 보기는 어렵다. 기존 정당으로부터의 이탈에 따른 재편성은 급진적(전이적) 재편성을 가져오는 경향이 있다. 점진적 재편성은 세대교체에 의해 이뤄지므로 한 세대(30년)가 걸린다고 한다. 강원택도 자한당과 박근혜에 대한 불만이 민주당에 대한 지지로 이어진 것이 아니라 문재인 대통령에 대한 호감이 민주당 투표로 이어졌다고 주장한다.

또 한 가지 흥미로운 발견은 대도시인 서울과 부산은 전국 평균보다 투표율이 낮은 경향이 있다는 점이다. 그러나 울산의 2014년 투표율을 제외하고는 울산과 경남은 전국 평균보다 높은 투표율을 기록해왔다. 2014년 울산에서는 새누리당의 김기현 후보가 65.4%라는 압도적 득표율로 당선되었기에 투표율이 낮았던 것으로 이해된다. 결론적으로 정당 재편성의 촉발 요인은 2006년 전에 있었다고 추측된다. 여당이 참패한 2006년 선거에서 '지방 권력 교체'라는 선거 구호가 정당 재편을 유도할 균열 쟁점을 내놓을 여력이 없었다고 생각되기 때문이다.

〈표 2〉의 역대 부울경의 기초자치단체장의 당선 의석과 민주당계 정당의 득표율은 필자의 주장을 더 강화시켜준다. 이는 강원택의 〈표 1〉에다 민주당계 후보의 득표율을 포함시킨 것이다. 필자는 앞에서 점진적 정치 변동은 S자 커브로 일어난다고 밝힌 바 있다. 그 이유는 소선거구 다수제 하에서 득표율은 꾸준히 상승해도 그것이 의석수를 획득할 만큼 높아져야 비로소 변동의 결과를 육안으로 확인할 수 있기 때문이다. 따라서 이 표들은 눈으로는 드러나지 않는

<표 2> 민주당계 기초단체장 영남 지역 당선자 수 / 전체 의석수(득표율)

	1998	2002	2006	2010	2014	2018
	2회	3회	4회	5회	6회	7회
부산	0/16 (7.5%)	0/16 (0.9%)	0/16 (22.7%)	0/16 (16.2%)	0/16 (24.8%)	13/16 (49.1%)
울산	0/5 (12.8%)	0/5 (3.3%)	0/5 (12.1%)	0/5 (4.2%)	0/5 (10.9%)	5/5 (45.8%)
경남	0/20 (7.5%)	0/20 (3.7%)	0/20 (14.6%)	0/18 (6.6%)	1/18 (21.5%)	7/18 (47.2%)
대구	0/8 (6.8%)	0/8 (2.7%)	0/8 (9.2%)	0/8 (7.5%)	0/8 (7.3%)	0/8 (38.3%)
경북	1/23 (5.6%)	0/23 (6.7%)	0/23 (5.6%)	0/23 (3.3%)	0/23 (4.0%)	1/23 (25.5%)

1998년 2회 새정치국민회의 + 통합민주당
2002년 3회 새천년민주당
2006년 4회 새천년민주당 + 열린우리당
2010년 5회 민주당
2014년 6회 새정치민주연합당
2018년 7회 더불어민주당

득표율의 변화를 한눈에 보여준다.

민주당계 기초단체장 영남 지역 당선자 수를 보면 1998년만 해도 YS의 후신이라고 할 수 있는 통합민주당이 경북에서 한 석을 얻었다. 그러나 2000년 통합민주당이 새정치국민회의와 통합한 이후인 2002년 민주당계 정당의 영남 지역 득표율이 더 하락한 것을 발견할 수 있다. 즉 1988년부터 국회의원 선거에서 지역주의 투표가 나타나기 시작했지만 지방 선거에서는 2002년까지 지역주의가 더 심화되면서 투표율이 하락한 것이다. 그러나 부울경이 대구 · 경북 지역과 지역 균열에서 틈을 내기 시작한 최초의 지방 선거는 2010

년이 아니라 2006년이라고 봐야 한다. 당선자를 내지 못했을 뿐, 열린우리당은 여당이 참패한 지방 선거에서 영남 지역에서 괄목할 만한 득표율 상승을 얻었다. 이유는 2004년 탄생한 탈지역주의 정당인 열린우리당의 창당에 있다. 2010년 선거에서는 한 석을 얻었지만 득표율에서는 2006년 선거에 비해 전 지역에서 하락한 것으로 나타난다. 2014년 안철수가 이끄는 새정치민주연합이 치른 선거에서 부산만 높은 투표율로 인해 득표율이 높을 뿐, 다른 지역 득표율은 2006년 수준을 회복한 것으로 나온다. 이러한 추세를 감안할 때 2018년 지선의 민주당 득표율은 과도하게 높아 보인다. 점진적 정당 재편성이 이렇게 빨리 진행되기는 어려우므로 2018년 선거는 재편성 과정에서 일어난 일탈 선거라고 보는 게 더 타당해 보인다.

〈표 3〉은 영남권 지역의 민주당계 정당의 국회 의석수와 득표율을 보여준다. 3당 합당 이후 선거이지만 민주당이 새정치국민회의와 통합민주당으로 갈라선 후 1996년 총선에서 통합민주당의 권오을 의원이 경북 지역에서 당선되었고 같은 당 의원 2명도 울산에서 당선되었다. 국회의원 선거에서는 지방 선거보다 인물이 더 중요하다는 걸 실감할 수 있다. 통합민주당은 YS계에서 이탈한 인물들이 모인 당이라 지역적 거부감이 적은 탓에 인물에 따라 영남 지역에서도 당선될 수 있었다고 생각된다. 2004년 선거는 매우 예외적이었다. 〈그림 1〉이 보여주듯이 1988년 이후 지속적으로 추락하던 총선 투표율이 2004년에 반전했을 뿐만 아니라 탈지역주의 정당으로서 열린우리당은 영남 지역에서 총 4석의 의석을 확보했다. 부울경뿐만 아니라 대구·경북의 민주당 득표율 상승도 괄목할 만하다.

<표 3> 영남권 지역 민주당계 국회의원 당선자 수(득표율)

	1992	1996	2000	2004	2008	2012	2016
	14대	15대	16대	17대	18대	19대	20대
부산	0/16 (19.2%)	0/21 (24.6%)	0/17 (14.8%)	1/18 (39.2%)	1/18 (11.6%)	2/18 (35.8%)	5/18 (37.8%)
울산	0/3 (8.0%)	2/5 (39.8%)	0/5 (16.0%)	1/6 (28.4%)	0/6 (2.2%)	0/6 (13.4%)	0/6 (16.2%)
경남	0/20 (8.7%)	0/18 (12.1%)	0/16 (11.6%)	2/17 (34.4%)	1/17 (8.4%)	1/16 (18.0%)	3/16 (32.5%)
대구	0/11 (11.7%)	0/13 (5.3%)	0/11 (10.8%)	0/12 (28.3%)	0/12 (0.8%)	0/12 (19.4%)	1/12 (16.6%)
경북	0/21 (6.6%)	1/19 (9.7%)	0/16 (16.0%)	0/15 (25.8%)	0/15 (3.0%)	0/15 (8.5%)	0/13 (8.0%)

1992년 14대 민주당
1996년 15대 새정치국민회의 + 통합민주당
2000년 16대 새천년민주당
2004년 17대 새천년민주당 + 열린우리당
2008년 18대 통합민주당
2012년 19대 민주통합당
2016년 20대 더불어민주당

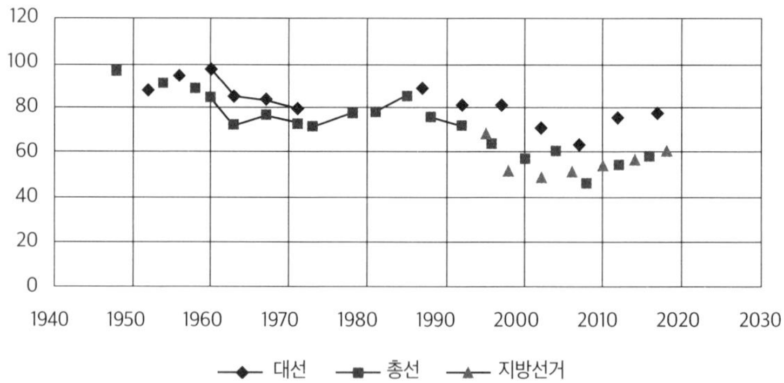

<그림 1> 역대 대통령, 총선, 지방 선거 투표율
(출처: 중앙선거관리위원회)

만일 탄핵이 없었다면, 그래서 위기의식에 영남 유권자들이 단결해 한나라당에 투표하지 않았다면, 열린우리당이 영남 지역에서 의석을 더 확보할 수 있었을지도 모른다.

그러나 지역적 기반이 없는 열린우리당은 재보궐 선거는 물론 2006년 지방 선거에서도 아직 강고히 살아남은 지역주의 정당 구도에서 고정 지지층이 없는 관계로 선거 경쟁력이 현저히 떨어졌다. 2007년 대선에서 정동영이 열린우리당 간판으로 출마했어도 5백만 표 차이로 참패했을지는 여전히 의문이다. 2007년 대선에서 열린우리당은 역사 속으로 사라지고 민주당과 합당함으로써 지지자들은 이를 '도로 민주당'이 되었다고 생각했을 것이다. 그것이 참패의 가장 큰 원인이라고 생각한다. 앞에서도 보았듯이 2002년 노무현에게 표를 준 영남 지역 유권자가 2007년에는 대거 불참했다. 2006년 지방 선거에서 민주당이 영남 지역에서 얻은 상당히 높은 득표율을 감안할 때 2007년 대선 때 민주당의 낮은 영남 득표율은 노무현에 대한 실망 때문이 아니라 열린우리당을 폐기한 결과 영남 유권자가 찍을 대안이 없었기 때문으로 보인다. 선거 직전 대통합민주신당의 정당 지지도가 7%에 불과했던 것이 결정적 이유이다.

이런 점에서 2008년 총선의 예외적으로 낮은 투표율과 민주당의 참패도 2007년 대선 직전 창당한 대통합민주신당이 도로 민주당으로 보인 것에 그 원인이 있다고 할 수 있다. 2008년 총선에서 영남의 그 이전보다도 낮은 최악의 민주당 득표율의 원인도 낮은 투표율에 있다. 2008년 총선에서 통합민주당이 호남에 기반을 둔 정당으로 비쳐진 것도 참패의 중요한 원인이지만 당시 손학규 대표가

2007년 대선 패배의 책임을 물어 친노를 공천에서 배제한 것이 또 다른 이유라고 생각된다. 대구와 경북은 물론 부울경에서도 민주당 득표율은 추락했지만 2008년 부산과 경남에서 여전히 두 석을 확보한 건 후보의 개인기 덕분일 것이다. 2008년 총선은 지역 구도가 탈지역주의 구도로 재편성되는 과정에서 나타난 일탈 선거로 볼 수 있다. 언론과 학자들 때문에 2007년 대선 패배의 원인을 잘못 파악한 정치권의 오판 때문에 일어난 일이다.

그러나 2012년 총선에서 민주통합당은 부울경에서 2004년만큼은 아니지만 빠르게 득표율을 회복했다. 한명숙 당대표와 차기 대선주자로 떠오르던 문재인 후보의 부산 출마가 친노 탈지역주의 개혁세력의 부활로 보였기 때문일 것이다. 하지만 앞에서 말했듯이 한미 FTA 재협상은 노무현을 부정하는 것이었고, 통합진보당과의 선거연대도 수도권 중도진보층에게 기권의 빌미를 주었다. 2008년 탈지역주의 흐름이 차단되었지만 그 이후 선거에서 민주당은 의석수나 득표율에 있어서 천천히 다시 회복되고 있는 추세이다. 그 이전 선거 결과에 대해 잘못 해석함으로써 민주당은 2012년, 2016년 더 많은 의석을 확보할 기회를 놓쳤다. 그래서 정당 재편성의 속도가 매우 느리다. 2017년 보수 정당이 몰락했음에도 불구하고 민주당이 아직 정당 구도상 안정된 다수당이 되었다고 보기 어렵다. 2020년 부울경에서 민주당의 선전을 기대하기 어려운 이유이다.

3. 미래를 알려면 과거를 보라

이 절에서는 역대 있었던 정당 재편성의 흐름을 짚어보겠다. 미래를 조망하려면 과거에 대한 이해가 필수적이기 때문이다. 숲을 보는 시각은 나무만 보는 시각에 비해 논리적 일관성을 확보하면서도 특정 선거가 역사적 맥락에서 지니는 의미를 파악함으로써 드러난 현상에 대해 깊이 있는 이해를 가능하게 한다.

우리 역사 속의 정당 재편성이 어떤 쟁점으로 시작해서 어떻게 발전되어왔는지 앞에서 이미 설명했지만 앞의 〈그림 1〉의 투표율 변동을 살펴보면 보다 흐름이 명확해진다. 지금 우리가 사용하는 여야 개념은 박정희 정권에서부터 시작된 것이다. 이것이 우리 역사상 첫 번째 정당 재편성이라고 생각한다. 그러나 야당 후보였던 김대중이 박정희의 재선을 위협했던 1971년 대선은 박정희가 직선제를 폐지할 결심을 하게 된 결정적인 계기가 되었다고 본다. 대통령 직선제 폐기와 함께 유신헌법은 국회를 대통령의 시녀로 만들어 유정회가 탄생했다. 전두환의 독재 하에서 통일주최국민회의 선거 투표율은 높았지만 관제 동원에 의한 것이라 의미가 없고, 독재 이후 처음으로 비교적 자유로운 분위기에서 치러진 총선은 1985년이 최초였다. 이때의 투표율은 84.6%으로 민주화 이후 모든 총선에 비해 높다. 이때가 여야 구도의 정점이었다고 생각되는데, 이것이 여야 구도로 치러진 마지막 총선이라고 필자는 생각한다.

이 총선의 결과 탄생한 신한민주당이 1987년 6월 항쟁을 승리로 이끌면서 대통령 직선제를 쟁취했다. 그러나 야권의 분열로

1987년 대선에서 민주 진영이 패배하면서 민주 대 반민주의 구도는 적실성을 결여하게 되었다. 그 결과 1988년 총선에서 최초로 지역 정당이 탄생했다. 필자는 이것이 두 번째 정당 재편성이라고 생각한다. 정당 재편성이 투표율의 증가를 가져오는 것과 다르게 지역 구도는 매력적인 쟁점이 아니라 투표율이 급락하면서 그 이후로도 지속적인 투표율 하락을 겪게 된다. 즉 지역 구도는 재편성되는 순간부터 서서히 해체되면서 새로운 쟁점을 기다리게 되었다.

세 번째 재편성은 1997년 정권 교체 이후 국민의 정부가 실시한 햇볕 정책이 진보와 보수라는 이념의 내용을 채우면서 처음 시동을 걸었다. 이때 이념은 지역성과 중첩되면서 지역적 지지 기반에는 변화가 없는 것으로 보였다. 그래서 이것이 정당 재편성이라는 사실에 동의하지 않을 학자가 더 많으리라 생각한다. 그러나 햇볕 정책이 수도권 유권자의 지지를 받으면서 민주당의 지지 기반을 넓히는 데 도움이 되었다고 본다. 이때의 투표율이 80.7%로서 1992년 대선보다 낮고 2000년 총선 투표율 또한 57.2%로서 역대 총선에 비해서는 매우 낮기 때문에 정당 재편성이 아니라는 주장도 일리가 있다고 생각한다. 그러나 다수당의 탄생이 아니라 지지 기반의 쟁점과 지지 집단의 내용에 변화가 있는 것을 정당 재편성으로 정의하는 선퀴스트의 정의에 따르면 이도 작은 의미의 재편성이라고 할 수 있다. 다만 지역 구도에 의해 만들어진 정당 분파를 따라 햇볕 정책에 대한 평가가 엇갈리면서 이념과 지역이 중첩되었기에 표면적으로는 지지 기반에 변화가 없는 것으로 보였다. 그럼에도 내용적으로는 지지 기반의 변화가 있었다고 생각된다(조기숙, 2000).

네 번째 재편성은 2004년 탈지역주의 정치 개혁을 표방한 열린우리당의 등장에 의해 가능했다. 즉 2000년 지역 구도로부터 이탈한 유권자가 다수 존재했기에 지역 구도를 극복하려고 노력해온 후보가 탈지역주의 쟁점을 가지고 등장하면 새로운 정당 재편성이 일어날 것이며 그 인물이 바로 노무현이라는 필자의 예측은 정확히 맞아떨어졌다. 2004년 투표율의 상승, 그리고 2006년 지방 선거에서 열린우리당이 참패했을 때조차 경남 지역에서의 높은 득표율이 이를 증명한다. 열린우리당의 폐기로 한쪽이 완전히 무너진 가운데 2007년 대선과 2008년 총선을 치렀지만 탈지역주의 바람이 완전히 꺼진 것은 아니었다. 두 번의 일탈 선거로 정당 재편성이 잠시 중단됐을 뿐 2010년 지선에 이어 2012년 총선과 그 이후 선거에서 민주당은 투표율을 높이면서 2004년에 시작된 정당 재편성을 이어가고 있다. 2004년엔 정치 개혁이 주요 쟁점이었다면 그 이후 선거에서는 성장과 복지의 쟁점을 통해 민주당의 재연합이 진행 중이다. 정당 재편성의 쟁점은 내용이 조금씩 변화되어왔지만 재편성의 과정은 여전히 진행 중이다.

따라서 엄밀하게 말하면 우리 역사상 정당 재편성은 크게 세 차례 있었는데 여야 구도, 지역주의, 보수-진보의 균열이라고 할 수 있다. 보수-진보의 구도는 그 내용이 처음에는 햇볕 정책에서 시작해 탈지역주의 개혁으로 옮겨갔고 지금은 성장과 분배(복지주의)라는 균열로 재편성되는 과정에 있다고 생각된다. 햇볕 정책의 경우는 지역 구도와 중첩되면서 투표율 증가도 없었기에 정당 재편성이라는 인식을 하지 못했지만 보수-진보의 중요한 내용 중 하나로 균열 구조에 포함되어 있다. 노무현의 등장은 탈지역주의 정당의 탄생으로 이어졌고 정치 개혁이 그의 핵심 과제였다. 그러나 노무현 정부는 2004년 총선으로 탈지역주의 정당이 과반 의석을 확보하면서 국민의 정치 만족도를 획기적으로 향상시키면서 개혁 쟁점이 힘을 잃었다. 정치 개혁은 정당의 재편성을 지속적으로 유지할 힘을 갖지 못했다. 열린우리당이 실패하면서 정당 재편성이 멈춘 것 같지만 사실은 2007년 대선에 처음으로 성장과 복지의 균열이 등장한다. 그 이유는 노 대통령이 정치 개혁을 어느 정도 성공시킨 후 들고 나온 화두가 양극화였기 때문이다. '비전 2030'은 정동영 후보를 위한 선물이었지만 정 후보는 노무현과 차별화를 하느라 이를 외면했고 복지를 선거 전략으로 사용하지 않았다. 하지만 2007년 대선에 이런 균열이 포착된 것은 노무현이 복지 담론을 전파했고 그에 대한 반작용으로 참여정부 5년간 새누리당이 박정희의 발전주의로 재연합되었기 때문이다.

순차적 정당 재편성

필자는 이를 '순차적 정당 재편성'으로 명명하고자 한다. 보통 외국에서는 양당이 동시에 새로운 균열 쟁점을 계기로 정당 재편성을 겪는 데 비해 민주 진영이 2007년과 2008년 성장-복지에 대한 입장을 취하지 않음으로써 정당 재편성의 지체를 겪게 되었다. 새누리당은 2007년 발전주의로 재연합됨으로써 정당 구도에서 압도적 우위를 차지하며 이명박, 박근혜 임기 동안 안정된 지지를 누렸다. 2007

년 대선은 새누리당의 정당 일체감이 대선 결과에 결정적인 영향을 미친 최초의 선거였다. 많은 학자나 언론이 노무현 때문에 이명박이 당선되었다고 주장했지만 양자는 관련이 없었다. 한나라당과 정당 일체감을 갖는 유권자들이 노무현이 경제를 망쳤다고 생각했고 동시에 이명박을 지지해서 나타난 현상이었다. 한나라당의 정당 일체감을 통제하면 이명박 지지와 노무현 평가는 무관하게 나온다. 2012년 이후 정당 일체감을 사용하는 연구가 갑자기 다수 발견되는데, 그것이 의미를 가지게 된 최초의 선거가 2007년이었음을 상기시키고자 한다.

참여정부 5년 동안 노무현의 지지 기반에도 변화가 발견되었다. 2002년과 2007년 사이에 발견된 미세한 변화는 계층 투표가 처음으로 등장한 것이다. 즉 2002년 이회창의 지지층이었던 중하층(월 가구소득 100만~250만)이 한나라당 지지에서 노무현 지지로 이탈한 것으로 관찰된다. 그러나 이 기간에 탈물질주의 균열도 등장했으니 수도권 고학력 저연령 중산층 유권자를 중심으로 한 신중산층의 열린우리당 지지가 그것이다. 이는 일견 계급 배반 투표로도 보이지만 본질은 가치를 핵심으로 하는 탈물질주의 신좌파의 투표 행태라고 할 수 있다. 노사모로 대표되는 자발적 정치 참여 집단은 신중산층의 탈물질주의 가치 지향을 대표적으로 보여준다.

노무현 지지자는 성장주의 대 복지주의(신좌파)의 균열을 택한데 비해 2012년 총 · 대선과 2016년, 2017년 총 · 대선에서 민주당은 구좌파(소득 주도 성장 및 정규직 전환) 노선을 택했다고 할 수 있다. 2012년 총선의 예상보다 적은 의석수, 2012년 대선에서 문재인의 패배, 탄핵 정국 이후 치러진 2017년 촛불 정국에서 문재인의 41.1%의 비교적 낮은 득표는 구좌파 선거 전략으로 인한 신좌파 유권자의 이탈에서 기인한 것으로 생각된다. 실제 2016년 총선에서 진보적 투표의 바로미터라고 할 수 있는 수도권, 화이트칼라는 다른 조건을 통제했을 때 국민의당에 투표할 확률이 더 높은 것으로 나타났다. 수도권 30~40대 중산층인 신좌파가 민주당으로부터 이탈하면서 민주당은 좋은 구도에도 불구하고 더 많은 의석을 확보하지 못했던 것이다. 실패의 원인이 민주당의 잘못된 구좌파 선거 전략에 있다고 필자가 주장하는 이유이다.

대통령의 아젠다를 분석한 한 연구는 노무현 대통령이 경제 문제를 의제화하면 진보 진영이 분열하고 정치 문제를 의제화하면 진보 진영이 단합했다고 주장하면서 이는 노 대통령이 경제 문제를 보다 진보적으로 택하지 않고 중도적 입장을 취했기 때문이라고 한다(한귀영, 2011). 이는 인과관계를 역으로 추론한 오류라고 생각된다. 진보 진영이 정치적 진보엔 합의하지만 경제적 진보에 대해선 합의할 수 없는 구조적 분열이 내재되어 있기에 노무현 대통령이 경제적으로 진보적 아젠다를 제시했다 해도 진보의 분열은 피할 수 없었을 것이다(조기숙, 2012b). 다수의 유권자가 현재까지도 경제 성장을 가장 중요한 과제로 선택한다는 점을 감안한다면 노 대통령이 경제적으로 더 좌클릭했다면 그의 지지 기반은 더 소수화되었을 것이다. 문 후보의 좌클릭 선거 전략과 대통령으로서의 좌클릭 정책이 지지도 하락과 관련된 것을 봐도 필자의 주장이 타당하다고 생각된다.

2007년 이전에 재편성이 된 보수 정당은 뿌리가 깊고 단단하며 지속성이 있는 데 비해, 민주당은 뒤늦게 2012년부터 정당 재편성이 시작되었다. 그러나 매번 선거에서 구좌파, 신좌파, 호남 등 세 집단의 분열로 민주-진보 진영이 하나로 통합하지 못함으로써 정당 재평성이 지연되고 있다. 그러나 박근혜의 탄핵으로 인해 민주-진보 진영이 다수가 되는 재편성이 더 빨리 진행될 기회를 맞은 게 사실이다. 향후 민주당은 다수당의 위치를 얼마나 오래 지속할 수 있을까? 그건 문재인 정부가 지난 3년간 국민으로부터 어떤 평가를 받고 2020년 총선에서 어떤 선거 전략을 택할지에 의해 영향을 받을 것이다. 그럼 지금까지의 논의에 기초해 향후 한국 정당의 미래를 전망해본다.

4. 한국 정당의 미래 전망

진보 우위의 시대?

박근혜의 탄핵은 그로 인한 보수의 분열이 문제가 아니라 정당 일체감의 핵심 쟁점이라고 할 수 있는 성장주의의 상징이 무너진 사건이었다. 박근혜는 단순한 전직 대통령의 딸이 아니라 유권자들 사이에 보수 정당 일체감의 근원으로서 커다란 상징적 의미를 지니고 있었다. 박근혜의 뇌물 스캔들보다 국민들에게 더 충격적이었던 사건은 대통령이 단지 꼭두각시에 불과했다는 사실이다. 그로 인해 보수는 무너졌다고 다들 생각했다. 2018년 지방 선거에서 민주당의 압승이 한 예이다.

그러나 조국 사태 이후 민주당의 지지도는 34%까지 하락했고 자한당은 전화조사가 아닌 ARS 설문조사의 경우 30%에 가까운 지지를 받는다. 금융 위기 이후 신한국당을 지지한다는 말을 못 하고 숨어 있던 보수 성향 유권자들이 불과 2년 만에 2000년 총선에서 신한국당을 133석으로 만들어주었다. 보수 정당의 분열을 극복하지도 못한 상태에서 보수 정당의 전통적 지지도를 모두 회복한 것이다. 박근혜 정부의 안정된 지지가 40%였음을 감안한다면 아직 중도 보수 성향 유권자의 마음을 얻은 건 아니지만 보수 세력에겐 30%의 묻지마 지지가 상수로 존재한다고 볼 수 있다. 이처럼 정당 일체감은 역사 속에서 형성된 감정과 평가의 총합으로서 지속적인 성향이 있어 하루아침에 해체되지 않는다. 보수 정당에 대한 30%의 지지도는 이명박 정부 시절 대통령의 추락한 지지도와 무관하게 흔들리지 않았다.

이에 비해 문재인 대통령은 임기 초 80%에 가까운 지지도로 시작해 선거를 두 달 앞둔 현재 많이 하락했지만 여전히 45~50% 정도의 지지를 받고 있다. 이에 힘입어 민주당도 조국 사태와 추미애 법무장관의 검찰 인사 이후 두 차례를 제외하고는 거의 40% 가까운 안정된 지지를 유지해왔다. 문재인에게 대선에서 표를 던진 40%는 민주당의 콘크리트 지지자라고 할 수 있을까? 보수의 궤멸로 인해 진보 우위의 구도가 만들어진 건 사실이지만 앞에서 살펴본 정당 재편성의 지연으로 인해 민주당의 지지가 안정됐다고 보기는 어렵다.

보수 성향의 유권자는 과거 독재 시절부터 경제 성장과 권위주의를 동시에 지지했고 거의 60년간 보수 정당에 대한 지지를 이어왔기에 리더에 대한 실망으로 잠시 거리를 둔다고 해도 빠른 복원력을 보인다. 무엇보다 조국 사태는 권력이 입시에 개입한 정유라 사태와는 근본적으로 다르지만 입시 부정이라는 점에서는 차이가 없다며 보수 지지자들에게 보수 정당 지지를 합리화할 명분을 제공해주었다. 2004년 총선 탄핵 역풍이 거셌을 때에도 정동영의 오해 살 만한 발언 하나가 전세를 역전시킬 만큼 합리화의 근거를 제공하는 데 충분했다.

따라서 민주당이 35~38%에서 안정된 지지를 선거까지 끌고 간다고 해도 보수 정당도 통합과 새로운 인물 영입 등으로 지지도를 35%까지 회복할 수 있으리라 생각한다. 이러한 회복이 여론조사에는 나타나지 않을 가능성이 있다. 우리 유권자는 사회적으로 혹은 도덕적으로 떳떳하지 않은 응답은 회피하거나 감추는 경향이 있기 때문이다. 민주당이 현재의 지지도가 앞선다고 그것이 표로 이어질 것이라고 보면 오산이다. 앞에서도 밝혔듯이 여론과 선거는 괴리가 크기 때문이다. 게다가 진보는 민주당, 정의당, 민생당으로 나눠져 있어서 총선 후 공동 집권은 가능할지 몰라도 보수 정당처럼 하나의 정당으로서 정당 재편성이 완성되지 않았다. 성장과 분배의 구도에서 세 정당이 하나로 통합하는 것은 불가능하기에 이 분열은 극복되기 어렵다고 생각된다. 분열의 극복이 한국 정당의 발전을 위해 바람직한지도 의문이다. 최근 도입된 50% 연동형 비례대표제 선거법은 진보의 분열을 제도적으로 관리하기 위한 조치였다고 생각된다.

그러나 진보의 우위 속에서 만들어진 이 조치가 죽어가던 보수 정당을 살리게 될 수도 있음은 역사의 아이러니이다. 보수 정당의 비례당 탄생이 가능하고 상당한 득표력을 올릴 것이라는 사실을 외면한 민주당의 자충수가 아닐 수 없다.

결론적으로 현재 지지하는 정당이 없다는 응답자가 여론조사에서 급증하고 있는 것은 맞지만 실질적으로는 그 수가 30%를 넘지 않는다고 할 만큼 우리는 역사상 가장 안정되고 균형 잡힌 정당 체계의 시대에 살고 있다고 해도 과언이 아니다. 이런 기간이 얼마나 더 진행될 것인가 하는 것은 전적으로 민주당이 국정을 얼마나 성공적으로 운영하고 정권 재창출에 성공하느냐에 달려 있다고 할 수 있다. 수적으로는 진보 성향의 유권자가 많은 것이 사실이라 2022년 대통령 선거는 민주당이 미래통합당에 비해 유리하다고 생각한다. 하지만 총선에서 민주당이 제1당이 되는 목표가 그리 쉽지 않을 수 있다. 그 이유는 10장 2020년 총선 전망에서 다시 논의하겠다.

포퓰리즘의 위협?

포퓰리즘은 극한 위기 상황에서 발생한다. 세계화와 4차 산업혁명의 소용돌이 속에서 노동자는 일자리를 잃고 빈부 격차는 더 악화돼 왔다. 정치권은 세계 어디에서도 이 문제에 대해 제대로 된 해법을 제시하지 못하고 있다. 전통적인 좌파 우파 모두 이를 해결하지 못하니 대의민주주의의 허점을 포퓰리스트가 파고들고 있다. 포퓰리스트는 정치적 갈등을 불필요한 악으로 생각하고 국민의 뜻을 하나로 모으는 게 가능하다고 믿는다. 더 나아가 자신만이 단일한 국민의 뜻을 대변할 수 있다고 생각한다. 포퓰리즘은 이념의 내용이 없어, 진보, 보수, 중도의 어떤 이념과도 손을 잡을 수 있다. 포퓰리스트는 기본적으로 현재의 정치 제도를 불신해 이를 우회함으로써 국민과 직접 소통하려 한다. SNS의 등장은 이런 점에서 포퓰리스트의 가장 큰 무기가 되고 있다. 포퓰리스트는 엘리트를 기득권으로 간주해 1%의 엘리트와 99%의 국민을 적대적인 선악 관계로 파악하고 엘리트를 악으로 간주해 그들의 개혁에 앞장선다.

전 세계에 불고 있는 포퓰리즘의 열풍으로부터 우리도 자유롭지 않았다. 지난 몇 년간 안철수의 등장과 추락에서 목도했듯이 우리 사회에도 포퓰리즘의 열기가 휩쓸고 지나갔다. 한 번 경험했다고 우리 사회가 안전한 것은 아니다. 포퓰리스트는 당분간 나올 가능성이 없을 만큼 우리의 양당 구도가 현재 가장 안정되고 균형돼 있지만 수많은 포퓰리즘 공약과 정책, 담론이 나올 가능성은 상당히 높다. 실제로 SNS 등에서는 엘리트에 대한 반감과 혐오가 넘쳐나고 있다. 경제에 대한 불안감과 양극화에 대한 불만을 해소하는 가장 쉬운 방법은 가상의 적을 만들어 공격함으로써 적대감을 조장하는 것이다.

전통적으로 우리의 독재 정부와 보수 정당은 포퓰리즘 전략에 매몰되어 왔다고 해도 과언이 아니다. 정부를 반대하거나 비판하는 사람들을 빨갱이로 몰아 사법 살인하고 옥에 가두고 고문한 역사가 오래되었고, 최근까지도 친북이라는 공격을 전가의 보도처럼 사용하고 있다. 보수 성향 지지자가 계속 감소하고 민주당이 영토를 점점 확대해나가는 이유는 젊은 층이 흘러간 옛 노래를 다시 듣고 싶어하지 않기 때문이다. 그러나 경제가 어려워질수록 젊은 보수가 만들어질 가능성이 높다. 경제 발전과 중산층의 확대로 점점 증가해온 진보적 성향의 탈물질주의자도 경제가 어려우면 그 수가 감소하는 경향이 있다. 보수 정당은 경제 성장이 2%에 머무는 요즈음이 젊은 보수를 유입시킬 가장 좋은 시기라고 생각된다.

진보적 유권자라고 포퓰리즘으로부터 자유로운 건 아니다. 트럼프의 당선을 예측하는 데 미국 학자들이 실패한 이유는 이성적인 선거 모형으로는 예측이 불가능했기 때문이다. 이처럼 극한 공포로부터 시작된 포퓰리즘은 이성적 사고를 마비시킨다. 필자는 2012년 대선을 앞두고 문재인 후보의 지지자들이 박근혜, 안철수 후보의 지지자들과 비교할 때 가장 정치에 대한 지식도 높고 합리적인 깨어 있는 시민들이라고 칭송한 바 있다. 그러나 문 후보가 대통령에 당선되고 높은 지지를 받으면서 열성적인 지지자의 수가 엄청나게 확대되었다. 다수의 안철수 후보 지지자들이 문 대통령 지지자로 전환된 것으로 보인다. 안철수 후보의 지지자들은 포퓰리스트 지지자의 특성을 보인 바 있다. 문 대통령의 지지자들이 사용하는 용어나 표현, 문화도 포퓰리즘적 성격을 띠게 되었다. "우리 이니 하고 싶은 대로 다 해", "이니가 임명하고 싶다니까 무조건 밀어줘야 해", "당신이 대통령보다 더 잘 알아?" '이니'는 대통령의 애칭이다.

우리가 민주주의를 신뢰하는 이유는 견제와 균형의 제도 때문이다. 인물 위주의 포퓰리즘 정치가 민주주의에 위협이 되는 이유는 그것이 제도를 건너뛰어 특정 지도자를 무조건 지지함으로써 권위주의적 리더로 만들고 권위주의적 문화를 조성하기 때문이다. 후보 시절에는 후보를 보호하기 위해 지지자들이 경쟁자를 대신 공격하고 싸워주는 것이 선거 경쟁의 일환일 수 있다. 하지만 대통령은 이미 가장 큰 권한을 지닌 권력자이지 보호해야 할 약자가 아니다. 참여정부 때처럼 대통령이 좌우 기득권 언론에 가로막혀 국민과의 소통이 두절되는 시대도 아니다. SNS 시대에 기득권 언론은 이미 힘을 잃었다. 취임 직후부터 비판을 했던 구매체가 힘이 있었다면 문 대통령의 높은 지지도는 불가능했을 것이다.

이 세상에 완벽한 사람은 없다. 막강한 카리스마를 지닌 3김 이후의 정치에서 더 이상 신화는 존재하지 않는다. 리더도 사람이고 실수를 할 수 있음을 인정해야 한다. 그러나 대통령에 대한 일체의 비판을 막기 위해 언론인, 여야 정치인, 논객을 가리지 않고 다수의 지지자들이 떼로 몰려다니며 언어 테러를 하는 행위는 민주주의에 역행한다. 대통령 지지자들의 과도한 팬심이 대통령에 대한 부당한 비판과 흠집 내기를 억제하는 효과는 긍정적이지만 그건 일시적일 뿐이고, 궁극적으로 그것이 여당이나 대통령의 성공에 도움이 될지는 의문이다.

인터넷 여론 조성에서는 수적으로 우세한 대통령 지지자들이 유리해 보인다. 하지만 전체 국민이 표를 던지는 선거에서는 오히려 선거 결과를 좌우하는 비당파성 유권자의 반감을 불러올 수 있다. 우리 국민은 어떤 상황에서도 중도를 지키는 10~15%의 유권자가 선거에서 견제와 균형의 역할을 통해 선거 결과를 결정해왔음을 앞에서도 지적한 바 있다. 최근 중도진보층의 민주당으로부터의 이탈이 이런 흐름과 무관하지 않다고 생각된다. 거대한 기득권과의 싸움일수록 자신들의 약점을 날것 그대로 보여주기보다는 지혜롭게 싸우는 전략이 필요하다. 결론적으로 우리도 세계 여느 나라와 마찬가지로 포퓰리즘의 분위기가 팽배한 것은 사실이다. 문재인 정부의 정책에서도 포퓰리즘 냄새가 많이 난다. 결과에 대한 책임감보다는 의도만 선하면 밀어붙이는 과도한 최저임금 정책, 부자를 적대시하는 부동산 정책 등이 그렇다. 그러나 우리 국민은 안철수, 반기문 후보를 통해 한 분야에서 성공한 사람이 정치권에서도 좋은 리더가 되는 건 아니라는 사실을 학습했다. 중도를 선호하는 한국인의 오랜 성향으로 인해 오늘날 양당이 양극화되는 정당 재편성의 과정에서 갈등의 수위가 심각해졌지만 무당파층은 견제와 균형의 묘를 잃지 않을 것이라 생각해, 다른 나라보다는 포퓰리즘의 위협이 비교적 크지 않다고 생각한다.

보촌진도(保村進都)?

2004년에 시작된 탈지역주의 정당 재편성은 보수-진보의 구도로 진행되는 중이다. 보통 30년이 되면 한 사이클이 완성되고 새로운 쟁점으로 재편성이 시작된다고 한다. 성장과 분배의 쟁점으로 정당이 재연합되는 과정에서 흥미로운 현상은 과거의 여촌야도처럼 '보촌진도'의 현상이 발견된다는 점이다. 즉 농촌은 보수 정당, 도시는 진보 정당을 지지하는 현상이다. 독재 시대 민주화의 동력은 야당을 지지하는 도시에서 시작되었다. 당시에 민주가 새로운 개념이었듯이 지금은 보수 일변도의 나라에서 분배가 새로운 개념일 것이다. 새로운 개념은 도시보다는 대도시에서, 군보다는 시에서, 경북과 경남보다는 대구·부산·울산의 대도시에서 지지를 얻어가고 있는 것으로 보인다. 도시의 고학력자를 중심으로 인지적 동원이 일어나고 있기 때문일 것이다.

그러나 한때 야당의 성지였던 강남 지역이 보수의 아성으로 변한 것처럼 부와 재산의 성장이 특정 수준을 넘어가게 되면 일부 유권자는 가치에 의한 투표가 아니라 이익 투표를 하게 된다. 특히 민주당이 승리했던 2010년 지방 선거와 2008년 총선의 차이를 살펴본 필자의 미간행 논문에 따르면 중상층(가구 월소득 5백만 이상) 유권자가 스윙 보터로서 보수와 진보 정당을 넘나들며 승자를 결정했음을 알 수 있다.

문재인 정부에서 서울과 수도권 일부 대도시를 중심으로 부동산이 폭등했다. 자산이 급상승하고 과도한 부동산 세제 정책이 도입되면 승리에 꼭 필요한 중상층이 보수 정당에 대한 정당 일체감을 발전시키고, 보수 정당에 이익 투표를 하는 행태가 일어날 수 있다. 경제가 발전할수록, 민주당이 정의나 공정과 같은 가치에서 멀어질수록, 선거의 주요 쟁점이 정치적 가치가 아니라 경제가 될수록, 스윙 보터들이 보수 정당으로 유인될 가능성이 크다.

필자가 지난 3년간 문 대통령 지지자들로부터 공격을 당하면서도 문재인 정부의 부동산 정책을 비판하고 대안을 제시하며 꾸준히 부동산 가격 안정을 위해 노력했던 이유이다. 불행히도 문재인 정부는 뒤늦게 필자의 몇 가지 대안을 받아들였을 뿐, 아직도 부동산 문제를 해결하지 못했다. 풍선 효과가 나타남으로써 가장 최근의 극약 처방이라고 할 수 있는 12.16 대책도 문제가 있음을 드러내고 있다. 9억이 넘는 부동산의 거래를 막았을 뿐, 서울과 일부 수도권의 아파트는 9억을 향해 평준화되고 있기 때문이다. 폭발물은 지하에 숨겨두고 지상의 평온을 즐기는 동안 민주당의 잠재적 지지층인 중상층이 지지를 철회할 가능성이 높아졌다. 보수는 무기력하고 진보의 정당 재편성은 현재도 진행 중이지만 문재인 정부에서 있었던 조국 사태와 부동산 폭등은 이 흐름에 제동을 가함으로써 보수의 재구성에 도움을 주게 될 것이다.

향후 한국 정당은 보수의 통합이나 재구성, 진보의 정당 재편성이 이어지면서 양극화의 흐름이 지속될 전망이다. 그러나 장기적으로는 영남은 물론 호남 또한 양당화 추세에 합류하면서 지역주의 구도는 점차 사라지게 될 것이다. 점진적 정당 재편성이 보통 한 세대인 30년이 걸린다는 게 정설이지만 우리의 낮은 출산율과 높은 평균수명을 고려할 때 한 세대가 앞으로는 훨씬 긴 세월을 필요로 할 수도 있겠다는 생각이 든다. 그만큼 정당 재편성의 과정이 길어질 수 있으며, 체감 변화의 속도는 느릴 수 있다. 보수 정당과 진보 정당 양쪽 모두에게 기회와 위협 요인이 존재하는 만큼 결국 정당 재편성의 과정은 집권 세력이 얼마나 국민과 지지자에게 만족을 주느냐에 따라 지체될 수도 촉진될 수도 있다고 생각된다.

10장

예측모형으로 전망하는 2020년 총선

1. 높은 더불어민주당 지지도, 불리한 선거 전망 왜?

이제 필자의 선거예측모형을 사용해 2020년 총선의 결과를 전망해 보겠다. 2020년 초반 내내 여론조사에서 문재인 대통령(45~50%)과 더불어민주당(34~38%)에 대한 높은 지지도 덕분에 1장에서 소개했듯이 여론조사 결과로 시뮬레이션을 하면 민주당이 압도적 1당을 차지하는 것으로 나온다. 만일 선거법 개정을 하지 않았다면 과반 의석 확보도 가능해 보였다. SNS에서는 총선에서 이기면 검찰 개혁 두고 보자며 미리 샴페인을 터뜨렸다. 드디어 총선을 통해 야당을 심판하고 여당이 압도적 다수를 만들어 문재인 정부의 개혁을 추진할 힘을 얻게 될 것이라는 희망에 찬 기대가 여기저기에서 나왔다. 그러나 뜻하지 않은 사건이 터지면서 민주당이 과반은커녕 1당이 되기도 쉽지 않다는 필자의 주장이 주목받기 시작했다.

임미리 연구교수의 경향신문 기고문, "민주당만 빼고…"를 민주당이 이해찬 당대표 명의로 검찰에 선거법 위반으로 고발한 것이다. 즉각 네티즌들의 반발이 이어졌다. '#나도 고발하라', '#민주당만 빼고' 해시태그 운동이 인터넷상에서 벌어진 것이다. 이에 이낙연 선대본부장이 고발 철회를 민주당에 요청함으로써 일단락되는 것으로 보였다. 이에 대한 반응은 두 갈래로 나눠진다. 하나는 선거법 위반이 분명하니 법대로 고발하는 게 뭐가 문제인가? 왜 보수 정당이나 정치인, 심지어 윤석열 검찰총장이 언론인을 고발할 때에는 가만 있다가 민주당의 고발만 문제 삼느냐는 민주당 당원들의 반발이다. 따라서 법대로 처리하고 경향신문과 임미리는 표현의 자유를 억압한 선거법을 헌법소원 심판청구 하라는 입장이다. 다른 하나는 민주당이 표현의 자유를 억압함으로써 스스로의 정체성을 훼손했으니 당대표가 사과해야 한다는 입장이다. 언론은 때를 만난 것처럼 임미리 교수의 발언을 집중적으로 보도했고 경향신문은 민주당을 규탄하는 사설과 사과하라는 임미리 교수의 주장을 기사화함으로써 민주당에 대한 공세를 이어갔다. 이런 식의 대응이야 늘 있었던 일이지만 이것이 선거판을 흔들 만큼 큰 사건인지에 대해서는 당혹스러워하는 네티즌들의 모습이 역력했다.

필자는 이건 하나의 트리거(촉발 요인)일 뿐이라고 생각한다. 지금까지 여론조사에서의 높은 민주당 지지도대로 총선이 흘러가지 않을 것이라는 점은 1장에서 이미 밝힌 바 있다. 이번 선거는 구도상 미래통합당보다는 민주당에 유리하다. 10년 주기설에 따르면 민주당은 한 번 더 집권의 기회가 있는데다 차기 유력 주자라고 할 수 있는 이낙연 전 총리가 민주당의 선대본부장을 맡았기 때문이다. 조국 사태 이전까지 민주당은 역대 최고의 안정된 지지도라고 할 수 있는 40% 안팎을 기록했다. 민주당의 지지도가 자한당의 두 배를 상회한 건 역사상 처음 있는 일이다. 게다가 KBS의 여론조사에 따르면 정부 심판보다는 야당을 심판해야 한다는 여론이 압도적으로 높은 것으로 나왔다(이 여론조사는 설문에 문제가 있어 선관위의 경고를 받았다)(이동환, 2020). 이런 분위기 속에서 민주당 지지자들이 민주당의 선전을 기대하는 게 당연해 보인다.

그런데 왜 작은 트리거 하나가 선거판을 이렇게 뒤집어놓는 것일까? 이는 트리거의 문제가 아니라 위협 요인이 이미 잠재해 있었다고 봐야 한다. 필자는 지난 3년간 문 대통령과 민주당이 누렸던 높은 지지도 그 자체가 바로 가장 큰 위협 요인이라고 생각한다. 경영학에서 성공할 때가 혁신할 때라고 하듯이 정치에서도 높은 지지도는 축복이 아니라 저주가 될 수 있다. 민주당이 박근혜 집권 3년차에 치러진 2016년 총선에서 그 교훈을 얻지 못했다는 건 유감이다. 민주당은 2016년뿐만 아니라 그 이전의 선거의 승패 요인에 대해서도 제대로 이해하고 있지 못하다. 비전문가들이 자기 나름의 해석으로 국정에 임하니 잘하기 어려운 게 당연하다는 생각이 든다. 그러니 아무리 구도가 좋아도 선거에서 지속적으로 패하는 것이다.

필자는 지난 2년간 문재인 정부와 민주당에 끊임없이 경고음을 냈다. 2018년 7월 첫 부동산 세재 개편안이 발표되던 시점부터 매 부동산 대책이 나올 때마다 비판하면서, 부동산을 안정시킬 수 있는 정책 대안을 SNS에서 지속적으로 제시했다. 필자는 2019년 5월 출간한 『대통령의 협상』에서는 견제와 균형이 없는 청와대 의사소통 구조의 문제점을 지적했고, 문재인 정부 성공에 꼭 필요한 게 부동산 정책의 성공이라며 장문의 대안을 제시하는 데 지면을 할애했다. 그렇게 조기 경보를 발령했건만 문재인 정부와 민주당은 문제를 그대로 방치했다. 높은 지지도에 취해 위험이 다가오는 것을 전혀 느끼지 못했기 때문이다. 결과적으로 문 대통령과 민주당의 높은 지지도 그 자체가 민주당에게는 가장 큰 위협 요인이 되었다.

필자가 이번 총선에서 구도적 이점에도 불구하고 미래통합당보다는 민주당에 어려운 선거가 될 것이라고 분석하는 데에는 다음의 네 가지 이유가 있다. (1) 민주당에게만 불리한 선거법 개정, (2) 국민을 양 진영으로 갈라놓음으로써 무당파층이 민주당 지지에서 이탈하도록 만든 조국 사태, (3) 문재인 정부의 실패한 부동산 정책, 그리고 이 모든 문제가 발생한 배경에 있는 (4) 문재인 대통령 지지자를 자처하는 문파들의 과도한 집단행동이 그것이다. 특히 (4)번은 앞 장에서 설명했듯이 다름과 토론을 허용하지 않는 포퓰리즘 현상인데 포퓰리즘은 권위주의 문화를 만들고 민주적 의사소통을 방해한다. 임기 중반에 맞는 총선치고는 매우 좋은 구도임에도 불구하고 이렇게 선거를 어렵게 만들기도 쉽지 않은 일이다. 이제 선거 구도와 선거 전략, 그리고 더불어민주당과 미래통합당의 위협 요인과 기회 요인을 차례로 살펴보자.

2. 더불어민주당에 유리해 보였던 선거 구도

앞에서 말했던 대로 선거 구도 자체는 민주당에 유리해 보였다. 필자의 모형에 따라 점수를 배점해보았다(〈표 1〉). 올 초까지만 해도 정당 일체감은 민주당에 4점, 야당에 3점을 부여해야 했을 것이다. 그러나 검찰과의 갈등으로 하락한 민주당 지지도의 새로운 균형점은 35%로 나타나 3.5점을 부여했다. 보수당의 경우는 탄핵 이전 40%의 지지도에서 탄핵에 반대한 20%의 충성도는 높지만 이로부터 이탈했던 20%가 과거의 충성도를 회복하기 위해서는 미래통합당이 지지자에게 확신을 줄 필요가 있다고 생각된다. 그러나 조국 사태 때 회복되었던 자한당 지지도 30%와 박근혜가 부끄러워 숨기고 있는 샤이 야당 지지층을 고려하면 미래통합당의 견고한 지지 30% 회복은 시간문제라고 생각해 같은 3점을 배점했다.

전망적 투표 대 회고적 투표의 변수는 양 정당에 각각 3점과 1점을 배점했다. 임기 3년차면 정부와 여당이 그동안의 업적을 평가받는 시기이기에 1점, 야당에게는 3점을 주었다.

또한 10년 주기설에 따르면 민주당은 한 번 더 집권의 기회가 있어 3.5점을 주었고, 차기 유력 주자라고 할 수 있는 이낙연 전 총리가 문재인 대통령을 계승한 후보라는 점에서 2점을 줬다. 반면, 미래통합당은 0.5점을 부여했고 황교안 대표는 차기로서의 위치도 확실하지 않고 박근혜에 의해 임명된 총리이면서 박근혜를 계승하지 않는다는 점에서 비성공적 차별화로 생각해 1점을 주었다.

이를 합산하면 미래통합당 대 더불어민주당의 선거 구도 점수

<표 1> 2020년 총선 선거 구도 시뮬레이션

연도	선거 구도 미래통합당 : 더불어민주당				
2020	A (x4)	B (x3)	C	D	
	정당 일체감 분포	전망적 투표	같은 당 대통령 임기	차기 주자	구도 소계
	3 : 3.5	3 : 1	0.5 : 3.5	1 : 2	22.5 : 22.5 (3x4+3x3+0.5+1) (3.5x4+1x3+3.5+2)

는 22.5 대 22.5로 팽팽하다. 그러나 울산 시장 선거 개입과 관련해 청와대는 일체의 대응을 자제하고 있는 가운데 야당과 언론은 이를 쟁점화하려고 노력 중이다. 아직까지는 이것이 어려운 쟁점이기도 하고 코로나 바이러스 때문에 별 영향이 없어 보이지만 이것이 쟁점화되고 문재인 탄핵론이 탄력을 받으면 선거 구도 자체가 흔들릴 수 있다. 즉 민주당에 3.5점, 통합당에 0.5점을 부여했던 것이 각각 2점으로 변경될 여지가 생긴 것이다.

그러나 올해는 선거 구도가 일찌감치 정해졌던 과거와 달리 선거 전략에 따라 구도가 흔들리는 매우 독특한 상황이 예상돼 어느 때보다도 불확실성이 높아진 게 사실이다. 이렇게 불확실성이 높아진 것은 정당 해체가 일어난 보수 정당 때문이라는 강원택(2019)의 주장에도 약간의 일리는 있지만, 필자는 민주당과 문재인 대통령의 정책에 대한 평가가 불확실성을 가져왔다고 생각한다. 민주당이 이룩한 불완전한 정당 재편성이 지속되기도 전에 흔들리게 만든 결정적 요인은 조국 사태와 부동산 정책의 실패에 있다고 보기 때문이다. 왜 그럴까?

3. 더불어민주당의 위협 요인

더불어민주당의 1당을 방해하는 위협 요인은 앞에서 제시했듯이 네 가지이다. (1) 부동산 정책 실패, (2) 조국 사태, (3) 선거법 개정 (4) 문재인 대통령과 문파의 트라우마에서 비롯된 포퓰리즘이다. 부동산 정책 실패의 가장 큰 원인은 앞에서 사례로 다뤘듯이 2007년 대선에 대한 잘못된 해석에서 비롯되었다. 2006년 지방 선거, 2007년 대선 패배가 재산세 인상과 직접적 관련이 있는 것도 아닌데 비전문가에 의한 잘못된 선거 분석에 기초해 시기를 놓쳐 이런 상황에 이른 것이다. 지난 십여 년간 학습한 국민들은 마음의 준비를 하고 있었는데 정부는 재산세와 종부세를 제때 인상하지 못한 채 국민의 신뢰를 잃어버렸다. 한마디로 현 정부의 선거 분석에 대한 전문성 부족이 사태를 이렇게 키웠다고 할 수 있다.

나머지 세 가지는 모두 하나의 원인에서 비롯되었다. 조국 사태이다. 조국 사태로 인해 공수처법에 집착하게 되었고, 그로 인해 민주당만 손해를 보는 선거법에 4+1 연대와 합의하게 된 것이다. 조국 사태는 문재인 대통령과 그 지지자들이 노무현 대통령과 참여정부에서 얻은 트라우마로 인해 합리적인 의사결정을 내리지 못하고 포퓰리즘에 휩쓸린 결과라고 생각된다. 언론 보도에 따르면 문 대통령은 청문회 이후 조국을 법무장관에 꼭 임명할 생각은 아니었던 것으로 보인다. 임명을 강행할 때와 철회할 때를 대비해 두 개의 연설문을 작성하라고 지시한 것이 그 증거이다. 문 대통령이 조국을 장관에 임명할 수밖에 없었던 이유는 지지자들이 조국 임명을 강력히 요구하는데 여기서 철회하면 지지층이 붕괴돼 총선을 치르기 어려워질 것이라는 조언을 받아들였기 때문이라는 이야기를 전해 들었다. 이 전언이 맞다면 지지자들은 물론 문 대통령도 참여정부와 노무현 대통령의 서거에서 얻은 트라우마에서 벗어나지 못해 비합리적인 결정을 내린 게 아닌가 추측된다.

문 대통령의 트라우마

이 부분은 경험적인 연구가 아니라 순전히 필자의 관찰과 추측에 의한 것이므로 논란의 여지가 많을 것이다. 문 대통령은 참여정부가 매우 성공적인 것도 많지만 양극화를 해결하지 못해 실패했다는 구좌파들의 주장에 동의한다. 오연호와 조국의 『진보집권플랜』을 감명 깊게 읽고 조국을 핵심 참모로 등용한 게 그 증거이다. 필자가 2007년 대선을 연구한 논문을 노무현재단 관계자에게 돌리며 노무현 때문에 이명박이 당선되었다는 주장은 오류라고 말하자 당시 문 이사장은 빙그레 웃으며 필자의 말을 별로 신뢰하지 않는 눈치였다. 2012년 대선을 앞두고 필자는 문재인 후보와 다음과 같은 대화를 나눴다.

> "문 후보님 공약이 너무 좌클릭했습니다. 우리 국민들은 아직 다수가 발전주의를 선호합니다. 이렇게 가시면 선거에 이기기 어렵습니다. 경제 쟁점으로 가면 여전히 보수에게 유리합니다. 진보는 정치 쟁점으로 가든지 교육 쟁점을 통해 중상층을 잡아야 이깁니다. 그렇게 좌

파 정책 내놓는다고 고연령 저소득층이 표를 주지 않습니다. 어차피 그들은 오래된 보수당 지지층이라 변하지 않습니다."

"선거에 지는 한이 있어도 노무현 대통령처럼 나무 위에 홀로 앉아 흔들리는 일은 다시 당하고 싶지 않습니다."

문 후보의 답변이 너무 단호했기에 필자는 선거에 이기기 어렵겠다고 생각했다. 그분을 설득할 수 없으니 필자가 할 수 있는 일을 찾아 선거 전략을 공개적으로 발표해 캠프와 지지자에게 영향을 줘야겠다고 생각했다. 그래서 2012년 선거 직전에 쓴 책이 『문재인이 이긴다』였다. 과학으로는 문재인이 도저히 이길 수 없으니 만일 당선된다면 운명이라는 내용이었다. 만일 이기고 싶으면 스윙 보터인 중상층을 잡을 수 있는 교육을 핵심 쟁점으로 내세우라는 제언서이기도 했다. 이를 위해 필자는 2010년부터 2년간 교수, 교사 십여 명과 함께 연구하여 출간한 『아이를 살리는 교육』을 후보에게 전달했다. 물론 문 후보 캠프는 필자의 책은 보지도 않았고, 교육시민단체로부터 캠프의 교육 정책이 박근혜, 안철수, 문재인 세 후보 중 가장 나쁘다는 평가를 받았다. 그 후 필자가 할 수 있는 일이라고는 안철수 인기는 거품이라 곧 빠질 것이고 문재인으로 후보가 단일화될 수밖에 없는 구도이니 안철수는 차기를 목표로 하라는 조언 정도였다. 문재인이 단일 후보가 되지 않으면 민주당은 해산되고 역사 속으로 사라질 것이라는 경고도 했다. 필자의 경고가 사실임은 민주당의 역사를 부정한 안철수의 새정연으로 증명되었다.

문재인 후보의 캠프는 민주발전연구원에서 시작되었다. 구좌파의 노무현 평가에 동의하는 분들이 주축이었다. 그렇게 해서 부동산 정책이 실패하게 되었음은 이미 설명한 바 있다. 민주발전연구원에서 준비한 또 다른 계획은 검찰 개혁이었다. 노무현 대통령 서거의 직접적 원인이 검찰에 있다고 문 후보나 측근들은 생각할 만하다. 하지만 필자는 그 원인은 이명박에 있지 검찰은 하수인에 불과하다고 생각한다. 당시에 공수처가 있었다면 그런 일이 없었을까? 그나마 검찰이었으니 직접 증거가 없어 노 대통령을 기소도 하지 못하고 가족과 측근을 압박했던 것 아닐까? 공수처에서 수사했다면 뭐가 달라졌을지 누군가 내게 답을 주면 좋겠다. 노무현의 비극은 앞으로 정권 교체가 여러 번 반복되면서 정적에 대한 표적 수사를 없애는 관행이 만들어져야 해결되고 치유될 일이 아닐까 생각한다.

적어도 검찰 개혁을 하려면 힘이 있던 임기 초에 했어야 했다. 그런데 적폐 수사를 하느라 조국 민정수석은 특수부를 키웠고, 적폐 인사들을 무리하게 기소한 윤석열을 검찰총장에 임명했던 게 검찰 개혁을 가로막는 원죄라고 본다. 이게 무당파층의 시각이다. 윤석열이 죄는 끝까지 털고 본다는 검찰주의자라는 사실을 몰랐단 말인가. 그는 검찰주의자이지만 적어도 아직까지는 원칙주의자이기는 하다. 적폐나 현 정부에 대해 똑같이 예봉을 과도하게 휘두르니 말이다. 지금 적폐 판사들이 줄줄이 1심에서 무죄 선고를 받고 있다. 비교적 젊고 진보적인 법관이 이런 판결을 내린다면 2심에서 유죄 받을 가능성은 거의 없다고 할 수 있다. 그래서 적폐 판사를 탄핵해야 한다는 주장도 나올 수 있지만, 다른 한쪽에서는 윤석열의 기소가 무리했다는 비판이 나올 수도 있다. 성공한 국정을 하거나, 선거에서 이기려면 상대의 입장에서 문제를 바라보는 악마의 대변인devil's advocate이 필수적이다. 상대의 입장에서 문제를 바라봐도 재판관을 설득할 수 있을 때에만 무당파층 국민도 설득할 수 있기 때문이다. 하지만 사람이 트라우마를 가지면 그것에만 집착한 나머지 합리적이고 이성적인 판단이 어려워진다.

친노에게는 또 하나의 트라우마가 있다. 참여정부의 붕괴는 3.1절 골프로 인한 이해찬의 총리직 사퇴에서 시작되었다는 것이다. 3.1절 골프가 왜 문제인지도 모르겠지만 그게 사과로 끝날 일이지 사퇴까지 할 일인지 필자는 사퇴의 명분을 찾지 못하겠다. 2012년 대선에서 안철수 캠프의 요구로 이해찬, 박지원 두 대표가 사퇴한 것이 대선 패배의 결정적 이유라는 데에도 친노 다수가 공감한다. 즉 친노는 상대와 팽팽하게 전투 중에 우리 편 장군의 목을 치는 일은 군사의 사기도 저하시키고 결국 패배로 이어진다는 교훈을 얻은 것이다. 그래서 청문회에서 지지자의 시각으로 봐도 문제가 있는 인사의 임명을 밀어붙이는 무리수가 문재인 정부에서 다수 있었다고 생각한다. 참여정부에서는 없었던 일이다. 그 과정에서 문파들은 승리의 기쁨을 맛보며 환호했지만, 합리적 지지자들은 이 정부를 외면하지는 않았을지언정 이 정부를 옹호할 명분이나 열정을 잃어버린 게 사실이다. 이런 말을 하면 일부 문파들은 한 자리 안 줘서 삐졌다고 공격하는데 그런 천박한 인식이 문파와는 질이 다른 문빠들의 한계라고 생각된다.

문 대통령의 조국 임명은 필자에겐 정말 뜻밖이었다. 원칙주의

자이자 도덕의 표상인 문 대통령의 결정이라고는 믿을 수 없었다. 조국의 청문회 전까지만 해도 필자는 여기서 밀리면 안 되니까 대통령이 임명하면 어떻게든 밀어줘야겠다고 생각했다. 여기서 밀리면 안 된다는 교훈은 이해찬의 사퇴에서 얻은 친노들의 트라우마이다. 그러나 청문회를 보면서 필자는 생각이 변했다. 심리학을 조금만 공부한 사람이라면 조국 교수가 위증을 하는 것 같다는 의문을 품은 사람이 많았을 것이다. 청문회에서 자한당 의원들의 무능 덕분에 조국이 잘 방어했다는 데에는 필자도 동의한다. 하지만 향후 일어날 일을 예측해야 하는 참모라면 청문회를 본 후에도 대통령에게 조국 임명을 강행해야 한다고 조언하는 건 곤란하다고 생각한다. 역대 모든 장관 후보자들이 도덕성의 문제로 사퇴했는데, 본인의 법적 문제만 아니면 장관 임명에 문제가 없다는 문 대통령의 입장은 트라우마가 아니라면 이해하기 어려운 이중잣대라고 생각된다. 이건 단순히 도덕성의 문제가 아니라 국민들이 문재인 정부가 원칙을 훼손했다고 생각할 여지를 주게 되었다. 조국 임명 후에도 조국 임명에 찬성하는 여론은 최대 48%였다. 즉, 조국 임명 여론은 한 달이나 시간을 끌었지만 한 번도 50%를 넘지 못했다. 이것이 국민적 명분을 확보하지 못한 증거라고 생각한다.

경향신문 칼럼이 위기의 트리거가 된 이유

작은 트리거가 선거운동도 시작하기 전에 큰 소란을 일으키게 된 원인을 파악하려면 이 과정에서 문파의 역할을 되돌아볼 필요가 있다. 마음에 들지 않는 기사를 쓴 언론인이나 윤석열 검찰총장, 여야당 의원, 연예인, 심지어는 시장 상인 등에게도 떼를 지어 SNS로 언어폭력을 한다든지, 소포로 엿을 보낸다든지, 전화를 걸어 협박한다든지, 불매운동을 하는 등 문파에 의한 무차별적 응징과 보상운동이 지난 3년간 지속적으로 이루어져 왔다. 마음에 들지 않는 언론에 대해선 소비자운동을 통해 구독과 절독을 번갈아 가며 길들이기를 했다. 검찰, 언론도 하나의 권력이므로 시민의 소비자운동을 문제 삼을 수는 없다. 하지만 언어폭력이나 혐오 발언은 아무리 시민이라도 권력자가 약자에게 가하는 갑질이나 다름없다고 생각된다. 언론사나 정치인, 상인도 다수의 국민에게는 을일 수밖에 없는 입장이다.

지난 3년간 이런 갈등을 직접적으로 체험한 사람들은 무분별한 문빠에 대해 적개심을 키우게 되었을 것이다. 특히 SNS는 모든 것이 기록으로 남을 뿐만 아니라 갈등의 전선이 점점 확대되면서 심정적인 반문 연대가 만들어지기 시작했다. 당시에는 세가 부족해서(문파는 거대한 숫자가 한 몸이 되어 움직인다) 또는 명분이 부족해서 참았던 사람들이 화를 켜켜이 쌓아놓고 선거 날만 기다리고 있었을 것이다. 진중권 전 교수의 민주당과 문파에 대한 독설은 이런 오랜 기간의 갈등 속에서 키워진 것이지 하루아침에 돌출된 게 아니다.

그러면 왜 이런 폭발이 조국 사태 때에는 목도되지 않았는지 의문이 제기될 것이다. 조국 사태 때만 하더라도 무당파층의 판단이 쉽지 않았다. 조국 가족의 위법 행위가 사실일까 하는 의구심을 가질 수밖에 없었던 건 검찰이 특수부 수십 명을 동원한 수사가 비상식적인데다 수십 번의 영장으로 나온 수사 결과치고는 기소 내용이 너무 초라했기 때문이다. 무엇보다 권력을 이용한 범죄라는 결정적 증거가 없었다. 오히려 조국 가족 수사를 보면서 70%의 국민이 검찰 개혁의 필요성을 절감하게 되었다.

물론 장관 임명엔 법적 쟁점만 문제가 되는 건 아니다. 도덕성도 중요하다. 그러나 대학의 실정을 잘 모르는 일반인의 눈에는 조국 교수 정도의 도덕성 문제는 대부분 교수에게서 발견되는 관행이라고 생각할 여지가 있다. 강남 사는 사람들은 다 했던 관행이 아니냐는 시각이 만연하기도 했다. 특히 우리 사회의 엘리트를 불신하는 포퓰리즘 분위기는 조국이 유별나게 부도덕한 건 아니라며 면죄부를 주기에 충분했다. 오히려 조국 가족이 순교자로 보이면서 왜 검찰 개혁이 필요한지 명분을 제공했다며 다수의 지지자들이 조국 가족에게 빚을 졌다는 생각을 하게 되었다.

조국에 대해 가장 비판적인 사람들은 대학 교수들이다. 그런 불공정한 일을 하지 않기 위해 얼마나 절제하고 이익 충돌을 피하며 살아왔는데 조국 한 명 때문에 교수 전체가 욕을 먹는다는 분노와 자괴감이 상당했다. 시민들이 조국 수호를 외칠 때마다 다수의 교수들은 그런 편법을 쓰지 않고 열심히 살아온 자신들의 삶이 모욕당하는 기분이었다고 고백했다. 일부 민주당 지지자들이 조국 사태로 이탈하기는 했지만 이처럼 양쪽 입장이 모두 이해의 여지가 있는데다가 교수 커뮤니티는 영향력은 있지만 수적으로 소수에 불과해 조국 장관의 사퇴 이후 문 대통령과 민주당의 지지도는 다시 회복되었다.

그런데 조국 사태에 비하면 별것 아닌 것으로 보이는 임미리 사건이 이처럼 폭발력을 보인 것에 대해서는 다들 당황하는 눈치이다 조국 사태에서는 검찰의 행태도 정상이라고 보기 어려워 조국을 일방적으로 매도하기에는 명분이 부족했다고 할 수 있다. 조국이 장관을 사퇴한 이상 민주당 지지자들은 그 가족들에게 더 큰 희생이 없기만을 바라는 게 인지상정이었을 것이다. 하지만 일개 칼럼니스트의 의견을 다수당이자 여당인 민주당이 검찰에 고발한 건 민주주의 가치를 훼손한다는 점에서 충분히 분노할 명분이 있었다고 할 수 있다. 민주당이 경향신문만 고발했어도 사건이 이렇게까지 커지지는 않았을 것이다. 언론사는 공정 보도의 의무를 지켜야 하기 때문이다. 게다가 표현의 자유를 보장하는 건 민주당의 정체성 아니겠는가. 문파에게 당하기만 하던 사람들이 드디어 민주당을 공격할 명분을 찾았기에 반격에 나선 것으로 보인다.

문파들은 왜 언론과 무당파층 국민들은 민주당과 보수당을 다른 잣대로 평가하느냐고 반론을 제기한다. 다른 나라도 마찬가지라고 본다. 트럼프는 대통령이 되어서도 자기 기업의 이익을 추구하지만, 진보적 후보인 블룸버그는 대통령이 되면 블룸버그통신을 매각하겠다고 발표했다. 특히 우리 국민들은 보수 정당과 진보 정당의 평가에 다른 잣대를 사용한다고 한다(이상신, 2012). 보수 정치인은 능력과 전문성, 진보 정치인은 도덕성과 가치를 잣대로 평가한다는 것이다. 우리나라 보수 정당이 경제 기적의 신화를 가지고 있음에도 불구하고 다수 국민이 이를 외면하고 민주당에 표를 주는 건 보수당보다는 뭐라도 낫다고 생각하기 때문일 것이다. 민주당은 보수처럼 이익으로 뭉친 정당이 아니라 가치 지향적이었기에 지지자들이 자신의 계급 이익을 배반하고 가치 지향적으로 지지해온 것이다.

그런데 왜 우리에게만 다른 잣대를 사용하느냐는 민주당원의 항의는 무당파 입장에서는 부당해 보인다. 같은 잣대로 평가할 거면 왜 민주당에 표를 주겠는가. 둘 다 같으면 계급 이익을 위해 보수당에 투표하거나 그것이 싫으면 그냥 기권하고 말 것이다. 결과적으로 조국 사태에서 문파들이 내뱉은 "조국 능력 없다. 마누라가 영문학 박사인데 그 정도 대학밖에 취업시키지 못하는가", "그까짓 동양대 표창장, 노벨상도 아닌데 뭐 그렇게 난리인가" 등의 발언은 도덕적 파탄을 보여주는 대표적인 발언이다. 젊은 층이 양 정당의 차이가 뭐냐는 인식을 갖도록 만들었다. 대학생들에게 입시 문제는 생존과 직결된 것이었다. 이는 민주당의 핵심 가치를 훼손했다는 점에서 정당 역사상 가장 큰 위기 요인이라고 할 수 있다.

소수의 문파에서 거대한 문빠로의 진화

문파의 집단행동도 그 원인은 트라우마에 있다고 생각된다. 다시는 우리 대통령을 잃고 싶지 않다는, 그래서 성공하도록 밀어줘야 한다는 열정 하나로 낮밤을 가리지 않고 활동하는 문파에게 경의를 표한다. 그들은 나의 가장 가까운 동지이자 협력 파트너이기도 했다. 사실 이런 집단행동의 원죄는 필자에게 있다고 누군가 강변을 한다면 필자는 이를 부정할 자격이 없다. 그동안 필자가 누구보다 진영주의자로 보였기에 조선일보는 필자를 문파의 배후로 지목하기도 했다. 하지만 이는 사실과 다르다.

필자는 2012년 대선에서부터 시작해 4년간 민주당에서 혼득리는 문재인 후보를 지키기 위해 안철수 후보의 문제점을 지적하고 문재인 후보에게 적대적인 보수 언론뿐만 아니라 진보 언론의 문제를 팟캐스트에서 비판했다. 팟캐스트를 책으로 엮은 『왕따의 정치학』이 베스트셀러가 되면서 문파들에게 정신적 위안을 주고 그들의 자부심과 자존감을 높이는 데에도 도움이 되었을 것이다. 당시엔 안철수 지지자보다도 수적으로 적었던 문파가 언론에서는 늘 동네북으로 비판받았지만 깨어 있는 시민의 대표적인 예라는 통계 분석을 담은 논문까지 발표해 필자는 이들을 응원했다.

국정농단 사건이 보도되기 시작한 초기에 야당이 지명하는 책임총리에 의한 거국 내각을 구상했던 문재인 후보와 달리 필자는 자신도 탄핵이 성공할 줄 몰랐다는 이재명 지사 다음으로 탄핵을 주장하며, 이를 관철시키기 위한 방법으로 당시 새누리당의 수도권 의원들에게 호소 문자 보내기 운동을 제안했다. 더불어민주당 의원들에겐 사직서를 제출해 탄핵 찬성 이탈자가 나오는 것을 막자고 했고, 탄핵 이후 여야 의원이 내각제 개헌을 추진하려는 계획을 미리 알고 민주당 내 개헌 찬성파 의원과 추미애 당대표를 압박해 의원총회 개최 자체를 무산시키는 데 파트너로서 함께한 사람들이 문파였다. 필자가 주도했던 게 아니라 서로 영향을 주고받는 파트너 관계였다.

당시에도 문파라고 모두 내 생각에 동의하는 건 아니었다. 나도 끊임없이 의심과 막말을 들어가며 그들을 설득했다. "문 후보는 탄핵을 반대하는데 당신은 이재명 지지자라서 탄핵을 찬성하는 게 아니냐"는 음모론부터 "어차피 헌법재판관들이 박근혜에 의해 임명되었는데 탄핵이 가능하겠느냐"는 조국 교수의 현실론을 들이 비판하는 사람까지 충돌이 있었지만 필자가 여론을 모으는 데 일조할 수 있었던 것은 난상토론이 가능한 분위기였기 때문이다. 왜 탄핵만이 유일한 해결책인지, 왜 탄핵이 성공할 수 있는지 추가로 설명하면 반대하던 사람들도 찬성으로 돌아서면서 의견이 통일되어갔다. SNS가 건전한 여론 형성의 장으로 작동했던 것이다.

문재인 정부 출범 직후 있었던 언론과의 갈등에서도 필자는 문파와 뜻을 같이했다. 김정숙 여사 대신 '김정숙 씨'를 사용했던 오마이뉴스와 한겨레신문과의 갈등에서도 필자는 문파의 편을 들었다. 의도적이든 아니든 일관되지 않은 영부인에 대한 용어 사용은 김정숙 여사를 폄훼하는 것으로 보일 수 있다는 데 동의했기 때문이다. 문파들도 사람이 다양하다 보니 비속어와 막말을 하는 사람은 언제나 섞여 있기 마련이다. 하지만 이들이 원하는 건 언론의 일관된 잣대라는 점에서 본질이 타당하다고 생각해 막말은 곁가지로 생각한 필자의 책임이 크다. 사실 필자가 노력했다고 바꿀 수 있는 것도 아니었다. 문파는 문 대통령도 자신들에게 이래라저래라 할 수 없고 오로지 집단 지성만이 자신들을 움직인다는 걸 신조와 자랑으로 여기기 때문이다.

하지만 언제부터인지, 아니 정확히는 필자가 SNS를 접고 1년 정도의 공백 기간을 거치고 돌아오자 일부 문파는 일체의 토론이 불가능한 집단으로 변해 있었다. 저질 논객들이 SNS에서 '모두까기' 선동을 하고 있었다. 대통령에 대한 부정적인 언사를 하는 사람은 무차별적 언어 폭격을 맞았다. 필자가 2019년 『대통령의 협상』에서 문재인 대통령이 조화와 화합을 강조하다 보니 청와대 내에 견제와 균형이 실종된 시스템 문제, 그중에서도 폐쇄적 의사소통 구조의 문제를 지적하며 이의 개선이 필요하다고 지적하자 융단 폭격이 쏟아졌다. 지금 바로잡지 않으면 선거 때에나 위기가 닥칠 때 위험해서 하는 애정 어린 비판이라고 해명해도 보수 언론에게 먹잇감만 제공하니 입 닥치고 조용히 있으라는 막말을 들었다. 물론 그들의 주장은 참여정부를 경험한 필자가 지난 십여 년간 해왔던 주장이다. 보수 언론은 민주-진보 진영의 갈등을 파고들어 이를 확대 보도하니 비판할 게 있으면 내부적으로 하거나 침묵하라고 했으니 그들이 틀린 게 아니다. 하지만 필자는 내부적으로 했음에도 달라지는 게 없는 것 같아 공개적으로 했다고 밝혔지만 소용이 없었다.

그러나 필자에게까지 필자가 제안한 이론으로 막말하는 사람들은 대통령 당선 전 여기저기서 터지면서도 논리정연하게 팩트로 폭격하던 문파와 같은 사람이 아니다. 필자를 공격한 SNS 계정은 대부분 대선 이후에 새롭게 만든 사람들이다. 아니면 필자와 협력하던 사람들이 아니라 문파로 전향한 사람들일 것이다. 필자에 대한 공격에 가담한 사람들의 친구 관계를 끊으려고 봤더니 그 수가 다섯 명도 채 되지 않았다. 문파가 문빠로 변질된 가장 큰 이유는 새로운 지지자의 유입에 있다고 필자가 추측하는 건 이 때문이다. 초기 문파도 친노와 마찬가지로 트라우마가 있으니 비이성적으로 행동할 수 있다는 점은 충분히 이해한다. 하지만 새로 유입된 문빠들이 그런 트라우마를 가지고 있다고 보기 어렵다. 노무현을 아는 사람이 2017년 대선 때까지도 문파가 되지 않았다는 게 논리적으로 설명하기 쉽지 않기 때문이다.

임기 초 대통령의 높은 지지도가 정치를 잘 모르는 포퓰리스트의 유입을 가능하게 만들었으리라 추측된다. 포퓰리스트 지지자는 제도를 불신하며 한 명의 지도자에게 의지한다. 강력한 지도자가 원하는 대로 신세계를 만들어주길 기대하는 것이다. 이들은 민주적인 의사소통을 방해하며 '이니'를 위한다는 명분으로 적개심과 혐오를 표출할 대상을 찾아 헤맸다. 포퓰리즘은 전염되는 특징이 있다. 포퓰리즘은 정치를 선과 악으로 나누고 상대를 악으로 몰아붙인다. 악에게는 혐오의 발언을 해도 괜찮다는 것이다. 포퓰리스트가 되는 데에는 깊은 생각이 필요하지 않다. 포퓰리즘은 단순하고, 남에게 혐오를 발사해 스트레스를 해소하니 자신의 위치가 불안한 사람들에게 인기가 있다. 그래서 옆 사람도 따라가는 전염성을 갖는다. 사람이 가장 쉽게 친해지는 방법은 공동의 적을 두고 함께 협력해 싸우는 것이다. 욕하면서 친해진다는 말이 실감났다. 문파들도 문빠에 동화되어가면서 거대한 덩어리로 진화했다. 이들은 달콤한 열매의 맛을 함께 봤다. 문 대통령의 당선, 높은 지지도, 문제가 된 인사의 임명 강행… 이들은 승리의 기쁨에 취해 결국은 권력의 맛에 길들여지게 되었다.

문파들과의 대화방에서 문 대통령이 조국을 임명하지 않는 쪽으로 생각이 정리됐다고 필자가 한 언론인의 소식을 전하자 "그럼 나 내년 총선에서 민주당 안 찍을 거야"라는 발언이 튀어나왔다. 이들이 애초에 조국을 지지했던 건 문재인 대통령이 원하는 사람이니 최고의 적임자라는 이유 때문이었다. 그런데 어느새 자신들이 왕이 되어 있었다. "우리가 조국을 지금까지 밀었는데 감히 문재인이 조국을 임명하지 않겠다고? 그럼 민주당을 안 찍어서 문 대통령에게 보복하겠다"는 의미였다. 이 모습을 보며 문파는 이해관계에 민감한 엘리트와 달리 계산 없이 자신의 시간과 돈을 바쳐 대통령을 지지하는 순수한 사람들이라고만 생각했던 필자는 시민도 권력에 취한다는 걸 처음 깨달았다. 왕따 당하던 문재인 대통령을 방어하던 이들이 어느새 누구든지 왕따를 만들어 혐오 발언으로 공격하면 백전백승한다는 걸 알아차렸다. 인터넷에서 국지적으로는 이들이 늘 다수였다. 하지만 시민 권력도 절제하지 않으면 공권력과 마찬가지로 타락하게 되어 있다. 시민 권력은 공권력처럼 책임질 필요도 없으니 더 추악하게 타락할 수도 있다. 그래서 포퓰리즘이 위험한 것이다.

더불어민주당의 위협 요인은 어떻게 만들어졌나?

2020년 총선에서 더불어민주당의 1당 승리를 가장 어렵게 만드는 것은 선거법 개정이다. 자한당은 선거법이 개정되면 위성 비례 정당을 만들어 비례대표 의석을 가져갈 것임을 선언했지만 설마 하면서 민주당이 이 법을 통과시킨 이유는 바로 공수처법에 대한 집착 때문이었을 것이라 짐작한다. 실제 언론에도 그렇게 보도되었다. 선거법을 통과시키기 위해 국회는 공전했고 민생 입법은 팽개쳐졌다. 당시엔 이를 막는 자한당이 비난을 받았지만 시간이 지나고 나면 결국 극한 투쟁의 빌미를 제공한 여당에게도 비난 여론이 돌아오는 건 피할 수 없다. 검찰 개혁에는 다수의 국민이 동의했지만 공수처가 검찰 개혁을 완성해줄 것이라는 데에 동의한 응답자는 절반 정도밖에

되지 않는다. 압도적인 국민적 합의가 있었다고 보기는 어렵다. 그럼에도 민주당이 자신의 다리를 잘라가면서 공수처법을 통과시킨 것은 조국 사태 여파 때문이라고 할 수 있다. 뒤에서 보겠지만 조국 사태와 부동산 정책 실패는 올 총선의 선거 구도 자체를 민주당에 매우 불리하게 바꾸어놓았다. 그러면 왜 이 두 쟁점이 선거 구도를 변화시켰는가?

필자는 2007년 대선이 우리 정당 재편성의 역사에서 매우 중요한 선거였음을 앞에서 지적한 바 있다. 노무현 정부 임기 5년 동안 한국 정당 체계에 지각 변동이 일어났다. 한나라당이 참여정부 5년간 발전주의로 뭉치면서 지역 정당을 벗어나 근대적 의미의 이념 정당으로 재탄생했다. 보수 정당에 대한 지지자들의 소속감과 충성도가 올라가면서 한나라당의 지지도가 안정되었다. 이명박에 대한 평가와 한나라당에 대한 지지를 구분해 이명박을 부정적으로 평가하는 사람도 여전히 한나라당을 지지했었다(장승진, 2012b). 필자는 2007년 대선에서 처음으로 발전주의와 복지의 균열이 미약하게나마 등장하기 시작했고 노무현에 대한 지지에서 계층 투표가 발견되었다고 주장했다. 하지만 필자의 이러한 주장을 외면했던 정치학자들이 갑자기 적절한 설명도 없이 2010년 지방 선거부터 계층 투표와 자산 기반 투표의 증거를 보고하기 시작했고, 2012년부터는 정당 일체감을 선거 분석에 사용하기 시작했다. 이 모든 현상은 이미 2007년 대선에서 시작되었고 노무현 대통령이 지역주의 타파를 위해 보수와 진보의 이념을 담은 정책들을 제안하고 실천한 결과였다.

보수의 정당 재편성이 발전주의로 쉽게 이루어지고 견고했던 데 비해 진보의 정당 재편성은 구좌파(노동과 자본의 균열), 신좌파(탈물질주의와 물질주의의 균열), 호남(민주화 세력이지만 이념적으로는 중도보수)의 세 집단으로 나뉘어 표류하고 있었다. 예상을 뒤엎은 2012년 선거 패배도 이 때문이다. 그러나 박근혜 탄핵으로 갑자기 보수가 궤멸되면서 대안이 없어지자 진보의 재편성이 매우 성공적인 것 같은 착시 현상을 불러왔다. 문재인 대통령과 민주당의 지지도가 높았던 것이 그런 오해의 배경이다. 하지만 구좌파는 물질주의자로서 신좌파와 문화적으로나 정책적으로 과거 민주화운동의 동지라는 점 외에는 공통점을 찾기 어렵다. 연동형 비례제 선거 제도를 도입했음에도 불구하고 정의당의 지지도가 좀체 상승하지 않는 데에는 두 가지 이유가 있다. 하나는 조국을 장관으로 인준함으로써 정의당이 정의를 외면했다는 모순에 빠지게 되었다는 것이고, 다른 하나는 문대통령과 민주당이 구좌파로 좌클릭함으로써 정의당이 민주당과 차별성을 갖기 어려워졌기 때문이다.

민주당의 핵심 지지층은 호남과 수도권의 전통적인 민주화 세력이지만, 민주당 승리에 꼭 필요한 집단은 수도권 화이트칼라를 포함하는 30~40대 신중산층이라고 할 수 있다. 이들은 신좌파 세력을 대변한다. 이들의 민주당 지지는 신중산층의 가치 지향 때문이지 계층의 이익과는 무관하다. 오히려 이들은 계급 배반 투표를 통해 공정과 정의의 가치를 추구한다고 할 수 있다. 오수진 · 박상훈 · 이재묵(2017)도 중산층은 정치 지식이 높을수록 계급 배반 투표를 하는 경향을 발견했다. 이들은 이념적으로는 민주당의 전통적 지지자보다 훨씬 진보적이지만 반드시 민주당에 투표하는 건 아니다. 즉 민주당이 가치 지향에 맞으면 투표하지만 2012년 민주당이 이념적인 통합진보당과 연대했던 총선에서는 다수가 기권을 택했다(박원호 · 송정민, 2012). 앞의 8장에서 보았듯이 이들 수도권 화이트칼라는 2016년 총선에서 국민의당에 투표함으로써 민주당을 심판했다. 조국 사태로 인해 민주당 지지에서 이탈한 유권자 또한 수도권 30~40대의 신중산층이라고 할 수 있다. 가치 때문에 문 대통령과 민주당을 지지한 사람들이라 민주당이 가치를 외면하면 이탈하는 것 외에 다른 대안이 없는 것이다.

이들의 문 대통령에 대한 신뢰는 매우 높았던 것으로 생각된다. 조국이 사퇴한 후 대통령과 민주당의 지지도가 다시 회복된 것이 그 증거이다. 그러나 문 대통령의 "조국에 마음의 빚이 있다"는 발언에 이어 추미애 장관의 일련의 검찰과의 갈등은 민주당 지지자의 이탈을 가속화시키고 있다. 수도권 30~40대 화이트칼라는 여론의 바로미터라고 할 수 있다. 이들이 투표하면 민주당이 승리했고 이들이 기권하면 패배했다. 이들이 보수 정당에 투표하지는 않지만 그렇다고 민주당에 쉽게 표를 주지는 않는다. 한마디로 까다로운 유권자이자 적극적 부동층이다(조성대, 2013). 이들은 정치적 식견이 높아 정치에 대한 정보를 끝까지 파악해 투표할지를 결정하는 인지적 동원이 가능한 집단이라고 할 수 있다.

또 하나 민주당의 최대 약점은 아직 부동산 정책이 성공하지 못했다는 점이다. 선거를 앞두고 개발 공약이 쏟아지면서 정책의 성공은 더 멀어지는 느낌이다. 최근 연구 결과(김도균 · 최종호, 2018)에 따르면 첫째, 주택 소유자와 그렇지 않은 사람은 투표 행태에서 차이를 드러낸다. 주택 소유자가 보수 정당에 투표할 확률이 더 높다. 주택 소유가 투표 행태에 직접 영향을 주기도 하지만 보수 정당 지지 성향을 통해 보수당에 투표할 확률을 간접적으로 높이기도 한다. 게다가 지금처럼 부동산값은 폭등했는데 그에 따라 높아진 세금을 감당해야 하는 부동산 소유자는 강북 지역에서도 강남의 투표 행태를 따라갈 가능성이 크다.

둘째, 주택 소유가 모든 선거에서 투표에 영향을 미치기보다는 경제 정책이 쟁점이 되는 선거에서 그 영향이 분명해진다. 민주당 승리에 꼭 필요한 스윙 보터는 수도권 중상층이라고 할 수 있다. 이들은 경제가 쟁점이 되면 계층의 이익을 대변하는 보수 정당에, 정치 개혁이나 가치가 쟁점이 되면 민주당에 투표하는 경향이 있다. 이들이 2007년에는 이명박을 찍었지만 2010년에는 민주당을 찍었다. 부동산 폭등은 중상층의 보수화를 필연적으로 가져오게 될 것이다. 게다가 국회 임기 말 4+1 연대에 의한 선거법, 공수처법, 검경수사권조정 관련법의 통과는 민주당이 원하는 대로 모든 정치 개혁이 마무리되었다는 신호이다. 민주당이 정치 개혁을 쟁점화할 수 없으면 자연히 경제가 쟁점으로 부각될 수밖에 없고 민주당은 스윙 보터를 잡을 수 없는 상황이 벌어지게 된다. 게다가 조국 사태와 부동산 폭등은 20대 유권자의 이탈마저도 초래하고 있다.

신중산층이 단지 조국 사태로만 민주당 지지를 철회하는 건 아니다. 이들은 신좌파라서 문화적으로는 매우 진보적이지만 경제 문제에서는 매우 실용적이다. 급격한 최저임금 인상, 갑작스러운 주 52시간 근무제 도입, 타다 불법화, 우원식 의원이 제안한 고속도로 휴게소의 식당을 도로공사가 직영하는 '휴게소 직영법' 등의 정책들이 신중산층에게는 매우 이념적이고 포퓰리즘적이라고 인식된다. 실제 주52시간 근무제는 많은 대기업 직원들에게 구체적인 피해를 주기도 했다. 이들은 노무현 대통령의 가장 강력한 지지자였고 지금도 가장 높이 평가하지만 점점 문재인 정부의 경제 정책에 대해 회의하기 시작했다. 이건 인터넷 커뮤니티에서의 여론 흐름을 보면 알 수 있다. 문재인 정부와 민주당의 선부른 좌파 정책이 이들의 실용주의적 경제 관념과는 맞지 않는다고 생각해 이미 이탈 기미를 보이고 있었다. 하지만 문 대통령에 대한 인간적 신뢰를 가지고 아직 평가는 이르다며 지켜보고 있었던 것이다. 조국 사태와 검찰과의 충돌이 이들이 민주당으로부터 이탈할 명분을 결정적으로 제공했다고 할 수 있다. 가치를 중시하는 이들이 이익 때문에 이탈하는 건 자존심이 상하지만 도덕성 때문에 이탈하는 건 명분이 있기 때문이다.

4. 2020년 총선의 핵심 선거 전략

더불어민주당의 위기 극복 전략은 있는가?

결과적으로 더불어민주당이 중상층 스윙 보터의 이탈을 막는 건 불가능해 보인다. 그러나 앞에서 필자가 설명했듯이 민주당은 꾸준히 투표율을 올리며 매 선거마다 젊은 층을 유입해왔다. 무엇보다 코로나 바이러스 사태에서 초기에 너무 방심한 탓에 신천지 교도를 중심으로 한 급격한 확산이라는 위기 상황은 있었지만 정부가 일관되게 보여준 국민의 생명과 안전을 보호하는 모습은 세월호를 대하는 보수 정부와 대비될 수 있다. 아직 성과는 없지만 현 정부의 외교 정책은 지지자들로부터 상당한 호응을 얻었다. 문재인 케어나 복지 정책도 중하·중산층을 보다 견고한 지지자로 만들고 있다.

따라서 하루 빨리 조국 정국에서 벗어나는 것만이 민주당이 살 길이다. 문파들이 조국 수호가 아니라 검찰 개혁으로 서초동 촛불 집회만 했어도 일이 이렇게까지 어려워지지는 않았을 것이다. 지금이라도 조국 수호를 내려놓고 신중산층이 기권하지 않고 투표할 수 있도록 하는 방법을 찾아야 한다. 그러기 위해서는 보수와 똑같은 방법으로 개싸움을 할 것이 아니라 핵심 지지층이 원하는 가치 지향적인 정당이 되어야 한다. 노무현 대통령은 정치는 명분이라고 했다. 조국 사태 때보다 임미리 사태에 반대자들이 더 흥분하는 것에서도 명분의 중요성을 깨달을 수 있다.

요즘 문재인을 찍었다가 실망한 주위 사람들에게 종종 듣는 이야기는 문파를 트라우마에서 깨어나게 만드는 유일한 방법은 선거에서 패배를 맛보게 해야 한다는 것이다. 수없는 전투에서 이김으로써 권력에 취한 문파들이 중요한 전쟁에서 패해야 권력의 쓴맛을 보게 될 것이란다. 그동안 민주당을 지지했던 무당파층이 기권하지 않고 투표할 유인을 제공하는 게 민주당 전략의 핵심이라고 할 수 있다. 아직 그들이 마음을 닫은 건 아니다. 다만 그들은 화가 났고 그들이 화가 났다는 것을 민주당과 대통령이 알아주기를 바라는 것이다. 이들에게 필요한 위로와 관심을 주면 그들은 다시 투표장으로 나오게 될 것이다.

따라서 민주당의 선거 전략에서 가장 중요한 건 성찰이다. 그동안 뭘 잘못했기에 이렇게 폭발물과 지뢰를 곳곳에 심어두게 되었는지 되돌아봐야 한다. 성찰 후에 잘못이 무엇인지 알았다면 그걸 구체적으로 밝히는 게 중요하다. 진심 어린 사과는 자신이 뭘 잘못했는지를 고백하는 것이다. 그걸 알아야 어떻게 변할지 말할 수 있다. 무조건 '살려주십시오,' '싹쓸이를 막아주십시오' 같은 구호는 진정성이 없다. 무슨 정책을 어떻게 잘못했고 무슨 행동을 왜 잘못했는지를 밝히며 향후 2년 남은 기간 동안 어떻게 할 것이라는 계획을 말하는 것만으로도 화난 사람들의 마음을 돌릴 수 있다. 어차피 그들에겐 보수 정당이 대안이 아니기 때문이다.

필자가 스스로의 잘못과 정부 여당의 잘못을 있는 그대로 냉정하게 지적하는 이유도 그런 불만을 가진 사람들의 마음을 풀어주기 위함이다. 충분히 노여움을 풀어준 후라야 문재인 정부의 업적 홍보에 시선이 가게 될 것이다. 사람은 마음이 다치면 아무리 진실이라고 해도 귀에 들어오지 않는 법이다. 집권 여당이 과거 업적에 대한 자체 평가 없이 앞으로 뭘 할 것인지만 공약하는 건 진정성이 없어 보여 믿기 어렵다. 지금까지 성과를 얻지 못한 정책에 대한 성찰과 미래 계획을 밝히는 게 신뢰도 회복의 첩경이다.

더불어민주당의 비례 정당 창당 필요한가?

앞에서 민주당의 가장 큰 위협 요인이 새로운 선거법의 도입이라고 했다. 더불어민주당도 미래통합당처럼 위성 비례 정당을 설립해야 한다는 의견이 당내에서 나왔었다. 결론부터 먼저 말한다면 민주당은 위성 비례 정당을 창당할 명분을 가지고 있지 않다. 따라서 민주당과 관련된 일체의 위성 정당 창당 시도와는 확실히 거리 두기를 해야 한다고 생각한다. 노무현 대통령은 정치는 명분이라고 했다. 죽기를 각오하고 명분을 지켜야 솟아날 희망이 보인다. 민주당이 위성 비례 정당을 만들지 않는 것이 오히려 보수당의 과반수 저지에 유리하고 후반기 국정 운영을 순조롭게 끌고 갈 수 있다고 생각하는 근거를 살펴보자.

민주당은 2012년(민주통합당)과 2016년(더불어민주당)에 각각 127석, 123석을 얻었다. 많이들 민주당이 2012년엔 패배, 2016년엔 성공했다고 기억하는데 민주당 의석만 보면 2012년이 더 많다. 하지만 새누리당의 의석이 152석, 122석이었던 것과 비교하면 2016년이 성공한 것은 맞다. 더 많이 얻을 수 있었던 의석이 국민의당으로 감으로써 새누리당을 2당으로 만드는 데 성공한 것이다. 2016년 총선 투표율이 2012년보다 높았기에 그 표가 국민의당과 민주당으로 나눠지면서 2016년에 민주당이 1당이 된 것이다. 민주당이 좌파 정당인 통합진보당과 연대했던 2012년보다 2016년 투표율이 더 높은 이유가 여기에 있다. 물론 사전 투표가 투표율을 높였다는 주장이 있지만 사전 투표 제도가 도입되었다고 진보 진영 지지자들이 기권을 택할지언정 지지하지 않는 정당에 투표하지는 않는다. 진보 지식인들이 민주당에게 늘 좌클릭 안 해서 패했다고 노래를 부르지만 이건 그들의 희망사항일 뿐 선거 전문성과는 거리가 멀다고 할 수 있다.

이번 총선에서 주목해야 할 정당은 호남에 기반한 정당들과 바른미래당이 합쳐서 만든 민생당이다. 새로 탄생한 중도진보 정당이 호남에서는 민주당과 경쟁하고 정책 전문가를 영입해 부동산 안정화 대책과 합리적 경제 정책을 제안한다면 민주당의 좌클릭과 조국 사태로 실망해 기권할 유권자의 표를 받아낼 수 있을 것이다. 또한 연동형 비례제는 그동안 거대 양당이 싫어 투표하지 않던 중도층은 물론 정의당, 여성당, 녹색당 등 범진보 유권자를 투표장으로 이끌어냄으로써 투표율이 올라가게 될 것이다. 외국에서 비례제를 도입한 후 나타난 분명한 변화는 투표율 상승이다.

민주당이 위성 정당을 포기함으로써 범진보 유권자의 투표율이 올라가면 그들이 비례에서는 자신이 원하는 정당에 표를 주겠지만 손해를 보면서도 이런 제도를 도입해준 민주당에 지역구 표는 줄 확률이 높다. 겉으로 말은 하지 않아도 탄핵 세력의 부활은 막아야 한다는 공감대가 형성될 수 있다. 민주-진보 진영의 맏형으로서 극한 정치적 대결을 지양하고 연대 정치의 정신을 살리겠다고 연동형 비례 제도를 도입했다면, 그 정신을 지키는 게 공당의 자세이다.

필자는 처음부터 대통령 중심제와는 정합성이 떨어지는 연동형 비례 선거제에 반대했고 지금도 듣도 보도 못한 50%의 준연동형 제도를 칭찬할 수는 없지만 민주당이 양당의 진영 정치에 식상한 다수 합리적 유권자를 위해 연대 정치를 선택한 점은 높이 살 만하다. 특히 보수 진영은 뿌리가 깊고 분열 요인이 없는 데 비해, 진보 진영은 구좌파, 신좌파, 보수색을 띤 호남 중도 세력으로의 삼분이 구조적이라서 하나의 정당에 담는 게 불가능하다. 새로운 선거 제도는 분열을 제도화하고 협상과 타협의 정치를 실현할 수 있는 매우 좋은 계기를 제공한다는 점에서 민주당이 손해를 보면서도 옳은 방향을 선택했다고 생각한다. 다만 보수 정당의 비례 위성 정당을 근본적으로 막지 못한 실책은 아쉬운 점이다.

시민연합정당이 성공하려면

민주당의 위성 비례 정당이 명분도 실리도 없기 때문에 선거 승리에 도움이 되지 않는다면 다른 대안은 없을까? 시민 사회가 주도하는 비례 정당인 '정치개혁연합'이 3월 5일 선관위에 등록되자 이에 대한 생각을 묻는 페친들의 질문이 쇄도했다. 결론부터 말하자면 '시민을 위하여'라는 시민연합정당도 있다는데 시민연합정당(시연정)은 무효표 최소화를 위해 일단 하나로 합치는 게 좋을 것 같다.

시민 사회가 주도하는 정당을 민주당이 이래라저래라 할 수는 없는 일이다. 따라서 이것마저 민주당의 꼼수라며 비난하는 사람은 어차피 민주-진보 진영에 표를 줄 생각은 없는 사람이니 크게 신경 쓸 필요는 없다고 본다. 따라서 협상의 현실적인 성공 가능성만 따져보겠다.

협상이 성사되려면 나의 이익은 만족스럽게, 상대의 이익은 받아들일 수 있게, 제3자인 국민은 참아줄 만해야 한다(조기숙, 2019). 지금 민주당으로서는 상대의 이익은 만족스럽게, 나의 이익은 받아들일 수만 있으면 할 수도 있다고 생각된다. 따라서 원천적으로 시연정이 불가능한 대안은 아니다. 그러나 이의 성사를 위해선 두 가지가 필요하다.

첫째, 왜 시연정이 필요한지 국민의 마음을 움직일 수 있는 잘 짜인 스토리텔링이 필요하다. 이 스토리텔링을 위해서는 각 정당이 기꺼이 연대에 참여하겠다는 자발성이 필요한데 이걸 민주당이 아닌 시정연 측에서 주도해 성사시켜야 한다. 3월 11일 현재 정의당은 강경한 반대 입장이고, 얼마 전까지만 해도 민생당, 녹색당도 반대 입장을 표명했다. 가장 큰 이유는 비례 의원을 시정연에서 선발 후 당선되면 당을 해체하고 각 정당으로 되돌아가야 한다는 점에서 스스로 정당성을 찾기 어렵다는 점이 아닐까 싶다.

둘째, 이번 선거법 정신의 핵심은 소수당에 대한 배려를 통해 연대 정치를 하겠다는 것이다. 따라서 이들의 의견을 존중하면서 갈등이 분출하지 않도록 과정 관리에 성공해야 한다. 그 과정에서 선거의 주요 쟁점이 흐려지고 내분만 국민들에게 보여준다면 안 하느니만 못한 결과가 나올 수도 있다. 이 두 가지 전제 조건은 민주-진보 진영의 정치력을 요구하고 있다. 가능할까?

결국 소수 정당의 동참을 이끌어내기 위해서는 이들을 압박할 수 있는 바트나(BATNA: 택할 수 있는 대안 중 가장 좋은 대안)가 있어야 한다. 즉 시정연이 페이퍼 정당이 아니라 4년간 실질적인 정당으로서 존치하겠다는 각오로 별도의 후보를 선발하면 소수 정당에 압박이 될 수 있다. 이를 위해 선거인단을 모으고 후보자 신청을 받고 비례 정신에 맞게 상향식으로 전문가를 충원한다면 국민에게 감동을 주면서도 성공할 가능성이 없는 건 아니다. 시정연이 감동을 준다면 선거 이슈를 삼켜버리는 게 심판을 앞둔 민주당의 입장에서도 나쁠 게 없다. 소수 정당과 민주당 모두를 한 그릇에 담을 생각보다는 각 정당의 특성에 맞게 참여와 이탈을 자율적으로 선택하도록 존중하는 것도 방법이다. 민주당이 후보 7명의 추천을 고려한다면 민생당과 녹색당은 들어오고, 정의당은 별도로 가는 것도 나쁘지 않은 방법이라고 생각한다.

시정연이 최근 민주당에서 이탈한 청년층과 가치 지향적인 무당파 유권자를 담아내면 가장 좋을 것 같다. 전문성 부족으로 포퓰리즘 공약을 남발하는 운동권 출신 정치인은 민주-진보 진영에 이미 많이 있기 때문이다. 탈물질주의 가치를 추구하면서도 정치 개혁 전문성으로 승부하는 정당이면 기존의 정당과 차별화되면서도 민주당에 실망해 기권할 가능성이 있는 유권자들의 열정을 불러일으킬 수 있다고 본다.

미래통합당의 선거 전략

2020년 총선 구도가 미래통합당에게 별로 유리해 보이지 않았음에도 불구하고 정부 여당이 적지 않은 위기 요인을 쌓아온 건 미래통합당에겐 기회 요인이라고 할 수 있다. 보수 정당들이 통합에 성공하게 된 것도 조국 사태가 야당에게 보여준 가능성 덕분일 것이다. 이때 자한당의 지지도가 30%를 상회하면서 총선에서 이 기회를 잡을 수 있다는 희망을 가졌을 것이다. 황교안 대표가 사심을 버리고 비교적 합리적인 인사로 통합추진위원장을 임명하고 공천관리위원회를 꾸렸기에 황 대표의 종로 출마와 통합이 성사될 수 있었다고 본다. 정치인들은 마음을 비우고 죽기를 각오하면 오히려 살아난다는 교훈을 노무현으로부터 얻은 것 같다.

무엇보다 박근혜 탄핵에 대한 책임을 묻지 않고 통합을 결단한 건 가장 좋은 전략이었다. 보수당은 통합만 해도 30%의 안정된 지지를 확보할 수 있다. 유승민의 불출마 선언도 책임 정치의 차원에서 의미 있어 보인다. 나중에 정치인이 어떤 꼼수를 가지고 있든 당장 눈앞의 이익을 버리는 게 쉽지 않은 일이기 때문이다. 현역 의원들의 잇따른 불출마 선언도 지지자들에겐 감동을 준다. 선거법 협상에서 초기에 이탈한 미래통합당은 민주당과 달리 위성 비례 정당인 미래한국당의 설립으로 여론의 비난을 받을 여지는 크지 않다고 본다. 정치에서 중요한 건 명분인데 처음부터 이 법에 반대했기에 크게 명분을 잃었다고 보기는 어렵다.

이번 총선에서 조국 선거가 되지 않도록 하는 게 민주당의 핵심 전략이라면, 미래통합당은 박근혜 선거가 되지 않도록 하는 게 핵심 전략이라고 할 수 있다. 단지 박근혜를 옹호하지 않아야 할 뿐만 아니라 현역이 은퇴한 자리에 이명박, 박근혜를 연상시키는 인물의 공천을 조심해야 한다. 과거 두 보수 정부에 부역했던 인사들, 특히 언론의 자유를 탄압하고 호가호위했던 인사들을 공천에서 배제하지 않는다면 무당파층에게 희망을 다시 주기는 어려울 것이다.

보수당의 잠재적 지지층 중에서 중상층은 스윙 보터라 보수당에 투표할 가능성이 높다. 하지만 이들은 대안이 없어서 이익 투표를 할 뿐 보수 정당은 신뢰하지도 않고 탄핵의 악몽으로부터 완전히 벗어난 것도 아니다. 따라서 여당과 정부에 대한 근거 없는 폭로, 대안 없는 비판을 기존처럼 이어간다면 아직 2년이나 남은 현직 대통령의 임기 동안 끔찍한 의회 교착을 두려워하는 국민들이 여전히 미래통합당에 표를 주는 데 주저하게 될 것이다. 특히 심재철 원내대표의 문 대통령 탄핵 주장은 중도보수층의 이탈은 가져오면서 민주당 지지층의 결집을 초래하니 민주당에게는 매우 고마운 선거 전략이 될 것이다. 수도권의 지역구가 몇 표 차이로도 승패가 갈린다는 걸 안다면 구태에서 벗어나려는 각고의 노력이 요구된다.

미래통합당의 가장 큰 위협 요인은 위성 정당으로 창당한 미래한국당의 당대표가 친박으로 분류되는 한선교 의원이라는 점이다. 만일 한 대표가 친박계 후보를 다수 공천한다면 미래한국당의 득표율은 20%에 불과하게 될 것이다. 안철수의 국민의당은 이미 보수 쪽으로 넘어갔다. 지역구 후보 공천을 하지 않겠다는 건 중도보수 성향 유권자의 비례 표를 얻겠다는 말이다. 중상층 유권자는 특히 민주당을 찍지 않더라도 국민의당이 대안이지 친박 정당에 표를 주지는 않을 것이다.

미래통합당과 미래한국당 후보들이 기꺼이 공천 결과에 승복하지 않는다면 선거 구도 자체가 보수 정당에 매우 불리하게 돌아갈 것이다. 제도화된 정당의 힘은 갈등 조정 능력에서 비롯되기 때문이다. 보수당은 선거 때마다 늘 카리스마가 있는 리더가 있었기에 처음 경험해보는 춘추전국 시대와 같은 현재 상황은 민주당에 기회 요인이 될 것이다.

에필로그

내 인생의 가장 중대한 시기는 2005년부터 2006년까지 노무현 대통령과 함께했던 시기였던 같다. 남들처럼 그 시절을 추억하거나 권력을 즐기는 것과는 거리가 멀다. 오죽하면 여행을 싫어하고 방콕에 집착하던 내가 청와대 1년을 견디기 힘들어 여기서 나가면 훌훌 여행을 다니겠다고 간절히 바랐을까. 난생처음 미국과 일본이 아닌 다른 나라를 여행하게 된 건 전적으로 청와대 1년의 악몽 같은 경험 때문이었다.

정치권에 발을 담그지 않겠다고 인수위원회 위원도 취임사 준비위원도 청와대 홍보수석도 여러 차례 거절했지만, 결국 취임사 준비위원과 홍보수석을 맡게 된 건 노무현이 시대정신이라 생각했기 때문이다. 그분이 너무 힘든 상황을 맞이할 것을 알고 있었기에 시대정신을 외면하면 평생 후회할 것 같아 함께 비라도 맞아주고 싶었다. 그 선택으로 인해 내 인생은 180도 달라졌다. 아주 나쁜 쪽으로…. 대학 시절 꿈은 사라졌고, 보수 진영에서도 최악이었지만, 학계에서도 민주 진영 내에서도 대표적 비호감 아니면 투명인간 취급을 받았다.

대학 시절 내 꿈은 공정한 논평가가 되는 것이었다. 모래시계 세대였기에 그 혼란하던 시절 우리에게 뭐가 잘된 것이고 뭐가 잘못된 것인지를 말해주는 용기 있는 교수님을 찾기 어려웠다. 한국 정치 강의는 개설도 되지 않았고, 현실 정치에 대해 질문하면 지청구를 들었다. 서울역 회군이 잘된 것인지, 광주의 아픔에 동참하지 않고 살아남은 우리를 용서해도 되는 건지…. 그렇다고 수업 시간에 들어오지도 않던 운동권 학우에게 답을 찾을 수도 없었다.

준공무원이었던 아버지 때문에 운동에 동참할 수 없었던 나는 공부를 통해 언젠가 저들이 필요할 때 도움이 되겠다는 결심을 했다. 미국으로 유학을 떠나며 민주주의에 무임 승차할 미래를 생각하니 명치끝에 뭐가 얹힌 느낌이었다. 공감 능력 떨어지는 운동권 출신 남편과 결혼을 하게 된 것도 그런 부채의식이 컸을 것이다. 유학 중에도 김대중 선생을 재학하던 미국 대학에 강연자로 모시기 위해 서명하고 모금에 동참했으며, 장학금을 모아 운동권 학생들에게 보내며 한시도 그들의 고마움을 잊은 적이 없었다.

귀국 후 여성이 거의 없던 정치학회에서 활동하면서 다시 태어나면 결혼하고 싶은 여자 1순위로 꼽힐 만큼 나는 대인관계가 좋았고, 여성을 동료로 생각지 않던 남성 학자들과의 공동 저작도 활발히 했다. 여성 후배가 입회하면 키워주고 밀어주는 것도 내 몫이었다. TV에 나오는 학자들에게 뒤에서 욕을 해대던 신배들이 내게는 부잣집 맏며느리 같은 사람이 TV에 나오니 할머니들이 찍어주겠다고 난리라며 출마를 권했다.

불혹이 되면 시시비비를 분명히 가리겠다던 대학 시절 결심대로 공정한 논평가가 되었다. 얼마나 객관적이었으면 국정원도 내 정체를 모르겠다고 불평하더라는 소식을 한 기자로부터 들었다. 노무현에 대해서는 유학 시절 도서관에서 읽었던 신문 기사를 통해 호감을 키웠지만 남들 선입견과는 다르게 나서는 것 싫어하고 워낙 수줍은 성격이라 청와대 근무 전에는 말 한 번 제대로 나눠보지 못했다. 노무현의 폭발을 2년 전에 예측했기에 그의 행보를 유심히 지켜보다 나의 공정한 논평이 위선이라는 생각이 들었다. 기울어진 운동장에서 공정은 힘 센 놈 편드는 것이나 다름없다고 생각했다. 보수 언론에 기고하면서 그들이 노무현에게 얼마나 불공정한지를 직접 체험했기에 그랬다.

언론에 이름만 알리면 블랙홀처럼 정치권으로 빨려 들어가는 논객들을 보며 나만은 그렇게 되지 말자고 다짐했다. 우리나라에 적어도 대중이 신뢰하는 논평가 하나쯤은 있어야 된다고 생각했다. 하지만 세상에 계획대로 되는 일이 어디 있겠는가. 노무현을 만난 이후로 나는 친노라는 주홍글씨를 달고 살게 되었다. 운동권 출신이 아닌 학자들 중에 학계로 돌아간 이후에도 친노로 불리는 사람은 내가 유일하지 않을까 싶다. 정치할 생각이 아니라면 인생에 하등 도움이 되지 않는 친노 딱지를 나는 벗어던질 생각이 전혀 없다.

노무현의 사상을 평생 전파하면서 살기로 결심한 이유는 그분은 한 번도 자신의 사익을 위해 공익을 저버린 적이 없기 때문이다.

그분은 남들이 가지 않는 험한 길을 갔으며, 정치에서 명분을 중시했고, 이념주의자가 아니라 따뜻한 휴머니스트였으며, 적극적으로 손해를 보며 살았다. 이념에 기초하기보다는 과학적인 검증을 통해 객관적으로 효과가 증명된 정책을 도입했던 것도 딱 내 성향이었다. 그분처럼 위대한 삶이야 어렵겠지만 나는 적어도 일관되고 합리적인 삶은 닮고 싶었다.

그분이 못 이룬 꿈을 실현하는 길은 민주당이 안정된 다수당이 되고 정권을 재창출하는 것이라 생각했다. 그러기 위해서는 우파 기득권을 지원하는 보수 언론과 좌파 기득권을 후원하는 진보 언론 모두와 싸워야 했다. 노무현을 지지하는 신좌파 시민은 있어도 확성기를 가진 언론이나 학자는 별로 없었기 때문이다. 보수적인 학계에서 왕따 당할 걸 뻔히 알면서도 대중과 SNS로 소통하며, 거대 언론과 싸우면 괴물이 된다는 걸 알면서도 기득권 언론과 싸웠다. 정치인은 감히 시민을 비판할 수도, 언론에 대들 수도 없다는 걸 알았기에 정치에 뜻이 없는 내가 민주당 의원을 대신해 이 싸움을 해야 한다고 생각했다.

탄핵으로 보수 세력이 궤멸한 상태에서 더 이상 기울어진 운동장은 존재하지 않는다. 특히 보수가 너무 힘이 세서 민주당 성적이 별로 좋지 않다고 했던 내 가설이 틀렸음을 이번 책을 쓰면서 다시 확인했다. 민주당은 민심을 읽는 실력이 부족하다는 결론을 내렸다. 자신들이 다 안다는 오만함에 전문가를 존중하지 않는 문화 때문이 아닐까 싶다.

여의도연구소에서 끊임없이 나를 초청했다. 나중엔 그들이 무은 생각을 하는지 궁금해 삼고초려에 응했다. 학계에 내로라하는 선거 전문가들이 다 모여 있었고 나를 포함 세 명이 발제를 했다. 부소장을 포함한 임원, 박사연구원들이 모여 함께 세미나를 했다. 발제 후 질문은 주로 나를 향했다. 내가 그분들에게 이기는 전략을 주지 않을 것을 알면서도 간절히 질문하는 모습이 인상적이었다. 그렇게 욕을 하면서도 국민들이 보수 정당을 계속 선택하는 데에는 나름의 이유가 있다는 생각이 들었다.

보수 세력이 여전히 다수의 기득권을 독점하고 있는 건 사실이다. 하지만 이명박, 박근혜 정부를 통해 그 무능함이 증명되었고 지지 기반도 많이 이완되었다. 민주당은 더 이상 약자가 아니다. 무당파 국민들은 더 이상 민주당은 선이고 보수 세력은 악이라는 흑백 논리에 동의하지 않는다. 조국 사태가 그런 분기점을 만들었다는 건 가슴 아픈 일이다. 앞으로 정당이나 사람을 총체적으로 비판하는 진영 논리는 무당파층에선 점점 설 자리를 잃게 될 것이다. 실패한 두 보수 대통령에게도 잘한 게 있듯이, 문재인 대통령도 잘못된 발언과 정책이 있을 수 있음을 받아들여야 한다. 촛불정부가 사람의 목숨과 안전을 존중한다는 점에서는 감동을 받았지만, 민주 진영에 노무현의 실력을 기대해선 곤란하다는 걸 깨달았다. 무엇보다 조국 사태는 내가 민주당에 가지고 있던 부채의식을 탕감해주었다. 조국 개인 때문이 아니라 그를 장관으로 수호하고자 했던 다수의 포퓰리즘이 노무현의 원칙과 상식의 정치에 어긋난다는 생각에 내가 운동권에 진 마음의 빚을 털어내는 데 도움이 되었다.

노무현은 이제 진영을 뛰어넘어 존경받는 몇 안 되는 역대 대통령이 되었다. 그분은 재직 시에 다수 국민을 바라봤지 진영을 위해 정치하지 않았기 때문이다. 이제야 나도 노무현의 꿈을 계승하면서도 공정한 논평가의 꿈을 다시 찾을 수 있을 것 같다. 이 책의 출간을 앞두고 2월 초부터 모든 정당에 객관적 시각으로 선거 전략 훈수를 두기 시작했다. 내 역할은 각 정당이 민심을 정확하게 읽는 걸 돕는 일이라 생각한다. 그중 상당수가 받아들여진 건 고무적인 일이다.

남들과 다르게 살다 보니 편한 곳에 안주하지 못하고 나는 항상 다리가 되고 싶었다. 전문가와 시민을 잇는 교량, 운동권과 전문가를 잇는 다리 말이다. 하지만 나는 다리가 되지 못하고 늘 아웃사이더였다. 한 네티즌이 지어준 내 인터넷 필명은 에델바이스의 우리말인 솜다리였다. 한겨울 바위틈에 피는 에델바이스는 순수한 용기의 상징이지만 서로 다른 걸 매개하는 다리이기도 하다.

어차피 어디에도 속하지 못하는 아웃사이더가 내 운명이라는 생각이 든다. 민주당이 싸워보지도 못하고 보수 진영의 프레임에 끌려다닐 때 나는 누구보다 진영주의자로서 전투의 맨 앞줄에 섰다. 하지만 양 진영이 팽팽하게 진영 논리에 휘둘리는 지금이야말로 이를 깨려는 노력이 시대정신이라고 생각한다. 대연정 화두를 던졌던 노무현처럼 나는 이제 진보와 보수를 잇는 다리가 되어 협상과 대화의 정치를 정착시키기 위해 노력할 생각이다. 우리 사회가 장기적 안목에서 국민을 위한 정책을 선택할 수 있도록 정치권과 시민의 원만한 소통에 기여하고 승리지상주의 대신 가치를 중시하는 공정한 논평가로서의 역할을 다하고 싶다.

참고문헌

가상준 · 노규형(2010), "지지율로 본 노무현 대통령의 임기 5년", 『한국정당학회보』 9권 2호.

강명세(2004), "제17대 총선과 한국정당체제의 재편?", 한국정치학회 춘계학술회의 발표논문(2004. 3. 30).

강원택(2003a), "한국 정치의 이념적 특성: 국회의원과 국민에 대한 경험적 분석을 중심으로", 『한국정당학회보』 2권 1호.

_______(2003b), 『한국의 선거정치: 이념, 지역, 세대와 미디어』, 푸른길.

_______(2009), "2007년 대통령 선거와 네거티브 캠페인의 효과", 『한국정치학회보』 43집 2호.

_______(2010), 『한국 선거정치의 변화와 지속』, 나남.

_______(2012a), "19대 국회의원의 이념성향과 정책 태도", 국회입법조사처 · 한국정당학회 주최 총선평가 학술회의 발표논문(2012. 4. 25).

_______(2012b), "왜 회고적 평가가 이뤄지지 않았을까: 2012년 국회의원 선거분석", 한국정당학회 하계학술대회 발표논문(2012. 6. 22).

_______(2013), "'안철수 현상'과 2012년 대선", 박찬욱 · 김지윤 · 우정엽 엮음, 『한국유권자의 선택2: 18대 대선』(아산정책연구원 선거연구 시리즈 3).

________(2019), “정당 지지의 재편성과 지역주의의 변화: 영남 지역의 2018년 지방선거 결과를 중심으로”, 『한국정당학회보』 18권 2호.

강우진(2013), “제18대 대선과 경제투표: 경제성장에 대한 정책선호의 일치의 영향력을 중심으로”, 『한국정치학회보』 47집 5호.

강정인 외(2009), 『한국 정치의 이념과 사상』, 후마니타스.

강찬호(2020), “‘文지지율 왜 높나요’ 묻자 여론조사 대표 “5%P 빼고 보시라”, 중앙일보(2020. 1. 29). https://n.news.naver.com/article/025/0002971000

고원(2014), “안철수 ‘중도정치’의 효과성에 관한 연구: 방향이론(directional theory)의 관점을 중심으로”, 『한국정치연구』 23집 3호.

김관규 · 김춘식(2008), “2007년(제17대) 대통령선거 TV토론의 설득적 전략 분석”, 『언론과학연구』 8권 2호.

김관규 · 박연진(2011), “2010년 서울시장 후보 TV토론의 설득전략 분석”, 『한국지역언론학』 11권 4호.

김남권(2018), “이해찬, ‘3주택 이상 · 초고가 주택 종부세 강화 검토해야’(종합), 연합뉴스(2018. 8. 30). https://www.yna.co.kr/view/AKR20180830021152001?input=1195m

김도균 · 최종호(2018), “주택 소유와 자산기반 투표: 17대~19대 대통령 선거 분석”, 『한국정치학회보』 52집 5호.

김성연(2016), “한국 선거에서 경제 투표의 영향: 제18대 대통령 선거 패널 데이터 분석 결과”, 『한국정치학회보』 50집 5호.

김성재(2010), 『야만의 언론, 노무현의 선택』, 책보세.

김수진(1996), “민주이행기 한국 정당정치의 비판적 분석”, 『의정연구』 2권 1호.

김시연(2019), “노무현 정부 부동산 정책 실패 안 해, 문재인 정부 ‘종부세 트라우마’ 깨야‘, [인터뷰] 『부동산 공화국 경제사』 쓴 전강수 교수”, 오마이뉴스(2019. 2. 18). http://www.ohmynews.com/NWS_Web/View/at_pg.aspx?CNTN_CD=A0002512283&CMPT_CD=P0010&utm_

source=naver&utm_medium=newsearch&utm_campaign=naver_news

김영태(2003), "16대 대선 후보 선정 및 후보 단일화 과정에 대한 분석", 한국정치학회 춘계학술회의.

김용호(2001), 『한국 정당정치의 이해』, 나남출판.

______(2012), "총선 평가와 대선 전망: 역사적 조망", 국회입법조사처 · 한국정당학회 주최 총선 평가 학술회의 발표논문((2012. 4. 25).

김정훈(2012), "안철수 현상, 그리고 희망 혹은 희망고문", 『경제와 사회』 93집.

김지원(2018), "젊은 층 적극 투표 증가…'투표율' 지방 선거 핵심 변수 되나", 데일리안(2018. 5. 27).

김창남(2007), 『선거캠페인의 원리와 실행전략』, 나남.

김창룡(2014), 『여론이 선거를 결정한다』, 이지출판.

김학량(2009), 『선거전략기획을 위한 선거공학론』, 캠스트.

김형기(2005), "비교민주주의 연구의 이론적 경향: 동아시아 민주주의 연구에 대한 함의", 김웅진 외 지음, 『비교민주주의: 분석모형과 측정지표』, 한국외국어대학교출판부.

김형준(2003), "미디어와 인터넷 선거운동에 대한 평가", 한국정치학회 춘계학술회의.

______(2011), "2012년 선거와 한국정치: 대통령선거를 중심으로", 한국정치학회 연례학술회의 발표논문.

김홍순 · 이원우(2008), 『선거전술전략』, 청어.

동아시아 연구원(2011), 『EAI 여론브리핑 97호』, 2011년 5월호.

http://www.eai.or.kr/korean/index.asp

남기업(2018), "보유세 강화 없는 부동산 개혁은 불가능하다", 프레시안(2018. 7. 7). https://news.naver.com/main/read.nhn?mode=LSD&mid=sec&oid=002&aid=0002062606&sid1=001&lfrom=facebook&fbclid=IwAR1OjmQxex40htBqyPDEnstNkMo9iQp8XMHdccO-

ft2XtvbuwvCqQOIfstE
남인용·박한우(2007), "대권 예비후보자 관련 신문기사의 네트워크 분석과 홍보전략", 『한국정당학회보』 1권 1호.
류재성(2010), "제5회 영남지역 지방선거 결과 분석: 지역패권 정당체계의 지속과 변화", 『의정논총』 5권 2호.
문동성(2016), "[단독]국민의당, '비례대표 심사, 의결권 위임'도 절차 논란… 공천 전 도대체 무슨 일 있었나", 국민일보(2016. 6. 15).
문우진(2012), "대통령 지지도의 필연적 하락의 법칙: 누가 왜 대통령에 대한 지지를 바꾸는가?", 『한국정치학회보』 46집 1호.
_______(2017), "한국에서의 소득기반 투표의 비활성화: 이론적 모형과 경험자료 분석", 『한국정치학회보』 51집 4호.
문재인(2011), 『문재인의 운명』, 가교.
민청련동지회(2017), "민청련, 1985년 '2.12 총선' 돌풍의 현장에 서다", 오마이뉴스(2017. 12. 4). http://www.ohmynews.com/NWS_Web/View/at_pg.aspx?CNTN_CD=A0002382589
박동순(2006), 『(전국동시지방선거) 필승전략』, 제이플러스애드.
박신용철(2006), "노무현 정부, 상당히 성공한 부분 있다", 오마이뉴스(2006. 12. 14). http://www.ohmynews.com/NWS_Web/View/at_pg.aspx?CNTN_CD=A0000380024&CMPT_CD=SEARCH
박원호·송정민(2012), "정당은 유권자에게 얼마나 유의미한가?: 한국의 무당파층과 국회의원 총선거", 『한국정치연구』 21집 2호.
박원호(2013), "정당일체감의 재구성: 18대 대선을 중심으로", 『2012 대선에 나타난 한국정치의 특성과 변화』, 서울대학교 한국정치연구소 주최 세미나.
박종민(2008), "한국인의 정부 역할에 대한 태도", 『한국정치학회보』 42집 4호.
박찬욱(1993), "제14대 국회의원 총선거에서의 정당 지지 분석", 이남영 엮음, 『한국의 선거 Ⅰ』, 나남.

박홍규(2013), "유교적 정치가와 성숙한 민주주의: 안철수 민란", 한국정치학회 춘계학술회의(2013. 4).

백낙청(2012), "야권 대선후보, 71년 DJ처럼 색깔공세에 맞서라", 김윤나영(정리), 프레시안(2012. 4. 23). http://www.pressian.com/article/article.asp? article_num=30120422235153

서경선(2012), 『(선거경험 20년 보좌관이 쓴) 선거전략 노하우』, 리딩라이프북스.

선대식(2012), "박선숙 "단일화 필승론 경계해야", 오마이뉴스(2012. 10. 22). http://www.ohmynews.com/NWS_Web/View/at_pg.aspx?CNTN_CD=A0001792566&CMPT_CD=SEARCH (검색일: 2015. 11. 14).

손덕호(2019), "4+1 연동형 선거법 적용하면… 범여권 전체 5분의 3 의석도 가능할 수도", 조선일보(2019. 12. 23). http://news.chosun.com/site/data/html_dir/2019/12/23/2019122302897.html

손상원(2016), "'천정배측' 국민의당 광주시당 공동위원장 탈당 선언", 연합뉴스(2016. 3. 11).

손호철(2007), "[손호철의 정치논평] 양극화 해소, 공약 아니었다?", 한국일보(2007. 3. 11). http://j.mp/fEZE2T

새사연 20대 프로젝트팀(2010), "정말 트위터가 20대를 투표소로 불러왔을까", 오마이뉴스(2010. 12. 9). http://j.mp/brGP1D

소순창(1999), "한국 지방선거에서 나타난 '무당파층'의 실증 분석: 특징과 전망", 조중빈 엮음, 『한국의 선거 III』, 푸른길.

소순창 · 현근(2006), "한국 선거에서 나타난 "무당파층"과 정당정치", 『한국정책과학학회보』 10권 2호.

신강균(2010), 『선거당선비법 37전략』, 컴온북스.

신상호(2017), "부동산 보유세 인상, 골든타임 놓치나", 오마이뉴스(2017. 9. 12). www.ohmynews.com/NWS_Web/View/at_pg.aspx?CNTN_CD=A0002359506& CMPT_CD=P0010&utm_source=naver&utm_medium=newsearch&utm_campaign=naver_news

신창운(2009), "MB 정부, 지지율보다 신뢰 회복이 더 급해", 중앙일보(2009. 2. 23). https://news.joins.com/article/3503178

신창운 · 고정애(2010), "노무현 긍정 평가 늘어… 현직 때와 '극과 극'", 중앙일보(2010. 12. 7). http://www.joins.com

안병만(1977), "우리나라의 정당과 정치발전: 중대선거와 정당체제의 제도화 과정," 『한국정치학회보』 11권.

안종기(2015), "제3후보로서의 안철수의 부상(浮上) 원인의 이해: 2012년 대통령선거 과정에 대한 분석을 중심으로", 『사회과학연구』 31집 3호.

양재진(2008), "적극적 복지정책, 그러나 실패한 지지 동원", 한반도사회경제연구회 엮음, 『노무현시대의 좌절: 진보의 비판적 재구성을 위한 비판적 진단』, 창비.

양정철(2011), "'노무현 대 이명박' 경제성적표 실증적 대비교", http://j.mp/fV271y (2011. 2. 24).

연합뉴스(2011), "대통령 신년연설 · 신년사 키워드 그래프", http://j.mp/hnQnSP (2011. 1. 3).

오수진 · 박상훈 · 이재묵(2017), "유권자의 계급배반과 정치지식: 제20대 총선에서 나타난 투표향태를 중심으로", 『한국정치학회보』 51집 1호.

오연호(2007), "자기혁신 없는 집권세력에 대한 국민의 분노 심판은 처절했다, 밑바닥에서 다시 출발하자", 오마이뉴스(2007. 12. 20). http://j.mp/i0Awea

윤호우(2009), "[특집]정당 지지도 '30 · 40대의 대이동'", 주간경향(2009. 6. 23). http://j.mp/fADgZF

이갑윤 · 이현우(2000). "국회의원선거에서 후보자 요인의 영향력: 14~16대 총선을 중심으로", 『한국정치학회보』 34집 2호.

이남영(2000), "[방송 3사 출구조사의 현주소] '빗나간 예측보도' 무엇이 문제인가", 『관훈저널』 41집 2호.

이내영 · 정한울(2007), "이슈와 한국 정당 지지의 변동", 『한국정치학회보』 41집 1호.

이내영 · 허석재(2010), “합리적인 유권자인가, 합리화하는 유권자인가?: 17대 대선에 나타난 유권자의 이념과 후보선택”, 『한국정치학회보』 44집 2호.

이동윤(2012), “제19대 국회의원선거와 부산지역 정당 지지도 분석”, 『OUGHTOPIA』 27권 1호.

이동환, “여심위, '보수야당 심판론 높다' 조사에 선거법 준수 촉구 통보”, 연합뉴스(2020. 1. 16). https://www.yna.co.kr/view/AKR20200116172600001?input=1195m

이상신(2012), “정치의 사인화와 대선 후보자의 인지적 평가: 박근혜, 안철수, 문재인의 스키마(Schema) 분석”, 『한국정치학회보』 46집 4호.

이영섭(2009), “76% ‘올해 기억에 남는 정치사건, 盧 서거’ [여론조사] 83% ‘정치에 불만족’, 60% ‘삶의 질에 불만족’”, 뷰스앤뉴스(2009. 12. 31). http://www.viewsnnews.com/article?q=58280

이영작(2002), 『이영작 리포트: 1997 김대중 선거전략 보고서』, 나남.

이용마(2014), “2000년대 이후 한국 사회 계층균열 구조의 등장”, 『한국정치학회보』 48집 4호.

이재술(2010), 『(최고의 정치컨설턴트가 말하는) 선거 전략의 법칙: 제5회 전국동시지방선거 실전대비』, 인뱅크코리아.

이철희(2009), “무당파, 민주당으로 움직였다 ‘서거 정국’에서 30%대까지 지지율 급상승… 수도권 · 노년층에서 ‘한나라당 이탈’ 두드러져”, 시사저널(2009. 6. 10). http://j.mp/hlnGIy

이택수(2012), “여론조사 공표금지 기간 전후, 총선 다큐멘터리 10일”, 리얼미터 홈페이지(2012. 4. 23). http://www.realmeter.net/여론조사-공표금지-기간-전후-총선-다큐멘터리-10일

이현경 · 권혁용(2016), “한국의 불평등과 정치선호의 계층화”, 『한국정치학회보』 50집 5호.

이현우(2006), “16대 대통령 선거에서 나타난 이슈와 후보자 전략”, 어수영 엮음, 『한국의 선거 V』, 오름.

________(2011), "제5회 지방선거의 주요 이슈와 유권자 평가", 『선거연구』 1권 1호.
이현출(2001), "무당파층의 투표행태: 16대 총선을 중심으로." 『한국정치학회보』 34집 4호.
________(2005), "한국 국민의 이념성향: 특성과 변화", 『한국정치학회보』 39집 2호.
임혁백(1994), 『시장 · 국가 · 민주주의: 한국 민주화와 정치경제이론』, 나남.
장승진(2012a), "19대 총선의 이슈와 유권자의 선택", 한국정치학회 특별학술회의 발표논문.
________(2012b), "제19대 총선의 투표 선택: 정권심판론, 이념 투표, 정서적 태도", 『한국정치학회보』 46집 5호.
________(2013), "2012년 양대 선거에서 나타난 계층균열의 가능성과 한계", 『한국정치학회보』 47집 4호.
________(2016), "제20대 총선의 투표선택: 회고적 투표와 세 가지 심판론", 『한국정치학회보』 50집 4호.
장훈(2012), "19대 총선 결과의 의미: 구조를 누른 행위자와 제도의 효과?", 국회입법조사처 · 한국정당학회 주최 총선평가 학술회의 발표논문(2012. 4. 25).
전용주 · 김도경 · 서영조(2008), "부산 · 광주지역 대학생들의 정치성향 비교연구: 설문조사 결과를 중심으로", 『한국정치학회보』 42집 4호.
전용주(2012), "19대 총선 결과가 대선에 미칠 영향력 분석", 한국정치학회 특별학술회의 발표논문.
정병기(2012), "서유럽 포퓰리즘의 성격과 특징: 프랑스, 이탈리아, 오스트리아, 벨기에, 노르웨이의 네오포퓰리즘 정당을 중심으로", 『대한정치학회보』 20집 2호.
정재도 · 이재묵(2018), "영남 지역주의 투표형태의 변화연구", 『대한정치학회보』 26권 4호.
정진민(2003), "한국 사회의 이념성향과 정당체계의 재편성", 『한국정당학회보』 2권 1호.
_______(2007), "민주화 이후의 정치제도: 원내정당화를 중심으로", 『국가전략』 13권 2호.
정진형(2016), "국민의당 3위 수도권 후보들 '단일화하느니 낙선하겠다' 안철수 '4.13 총선은 정치혁명의 날', 2위권 후보들은 단일화 요구", 뉴스앤뉴스(2016. 3. 30).
조국 · 오연호(2010), 『진보집권플랜: 오연호가 묻고 조국이 답하다』, 오마이북.
조기숙(1992a), "합리적 유권자모델과 한국의 선거분석: 여촌야도, 지역주의, 정당본위투표를 중심으로", 한국정치학회 하계학술회의.
_______(1992b), "유권자의 선호강도와 대의민주주의: 합리적선택이론과 다원주의의 비판적 분석", 『한국정치학회보』 26집 1호.
_______(1993), "합리적 유권자모델과 한국의 선거분석: 여촌야도, 지역주의, 정당본위투표를 중심으로", 이남영 엮음, 『한국의 선거 I』, 나남.
_______(1995), "선거제도와 선거행태의 변화", 한국학술진흥재단 엮음, 『광복50주년 기념 논문집』.
_______(1996), 『합리적 선택 : 한국의 선거와 유권자』, 한울.
_______(1997), "지역주의 논쟁: 비판이론적 시각에 대한 비판", 『한국정치학회보』 31집 2호.
_______(1999), "쉬운쟁점의 선거전략", 『한국정치학회보』 32집 4호.
_______(2000), 『지역주의 선거와 합리적 유권자』, 나남.
_______(2001), "한국의 지역주의 선거와 민주화", 민준기 엮음, 『21세기 한국의 정치』, 법문사.
_______(2002), 『16대 총선과 낙선운동』, 집문당.
_______(2007), 『마법에 걸린 나라』, 지식공작소.
_______(2008), "광장의 정치와 문화적 충돌: 2008 촛불집회에 대한 경험적 분석", 『한국정치학회보』 42집 4호.
_______(2011), "정당 재편성 이론으로 분석한 2007 대선", 『한국과 국제정

치』 27권 4호.

_______(2012a), "정당 재편성 이론으로 분석한 2012 총선", 한국정당학회 하계학술대회 발표논문(2012. 6. 22).

_______(2012b), "4.11 총선의 선거 전략 평가: 민주적 거버넌스에 주는 함의를 중심으로", 『한국정당학회보』 제11권 제3호.

_______(2013), "'정당 지지'에 기초한 선거예측 종합모형: 19대 총선의 구조를 중심으로", 『한국정치학회보』 47집 4호.

_______(2015a), "안철수 현상의 동인: 정당불신 혹은 정치냉소주의?", 『한국정치연구』 24집 3호.

_______(2015b), "안철수 현상에 대한 진영언론의 담론평가: 변혁의 리더십 혹은 포퓰리즘", 『의정논총』 10집 2호.

_______(2016), 『포퓰리즘의 정치학』, 인간사랑.

_______(2017), "'국민의당'은 포퓰리즘 정당인가: 안철수와 국민의당 지지자 특성의 변화와 지속성: 2012-2016", 한국선거학회 엮음, 『한국의 선거 VII』, 오름.

_______(2019), 『대통령의 협상』, 위즈덤하우스.

조기숙 · 김선웅(2002), "총선연대의 낙선운동이 16대 총선 투표율을 낮추었나?", 『한국정치학회보』 36집 1호.

조성대(2013), "부동층에 관한 연구: 19대 총선에서 정당선호, 선거쟁점과 투표 결정시기", 『한국정치학회보』 47집 2호.

조중빈(1993), "유권자의 이야성향과 투표행태", 이남영 엮음, 『한국의 선거 I』, 나남.

조성흠 · 박수윤(2016), "'강 건너 불구경할 때 아냐'… 국민의당도 공천내홍 '난장판'", 연합뉴스(2016. 3. 21).

조희연 · 이창언(2013), "대안정치성의 접합경쟁, 안철수 현상, 이정희 효과", 『경제와 사회』 97집.

중앙일보(2007), "중앙일보-SBS-EAI-한국리서치 공동 여론조사", 중앙일보(2007. 12. 24). https://news.joins.com/article/2988788

진영재 · 박준식(2008), “한국 정당통합 및 연합 유형과 선거 결과와의 관계에서 나타난 특질: 1987년 민주화 이후를 중심으로”, 『한국정치학회보』 42집 2호.

최문휴(2004), 『e시대 선거전략』, 예응.

최윤선(2003), “제16대 대통령 선거 후보들의 언술전략 분석”, 『언론과학연구』 3권 3호.

최장집(1993), 『한국민주주의의 이론』, 한길사.

최장집 · 박상훈(2008), “선거 결과, 반동이라고 여기면 안 된다”, 시사IN(2008. 1. 3). http://j.mp/e6VlZp

최종숙(2013), “복합적 유권자층의 등장? 안철수 지지집단의 이념성향 분석”, 『한국과 국제정치』 29집 3호.

최종호(2016), “한국의 자영업자는 어떤 정책을 선호 하는가?: 2007, 2012 대선의 경험적 분석”, 『한국정치학회보』 50집 1호.

최준영 · 조진만(2005), “지역균열의 변화가능성에 대한 경험적 고찰”, 『한국정치학회보』 39집 3호.

한귀영(2011), “대통령의 정책 아젠다와 대통령 지지의 관계에 관한 연구: 참여정부 및 이명박정부 초반 여론조사를 중심으로”, 서울대 행정대학원 박사학위논문.

한운희 · 권영전(2016), “총선 당선인들 어떤 단어 가장 많이 썼나… ‘정치’와 ‘국민’”, 연합뉴스(2016. 5. 8).

한정훈(2012), “한국 유권자의 정당일체감: 정강, 정당지도자 및 정당활동가의 영향”, 박찬욱 · 강원택 엮음. 『2012년 국회의원선거 분석』, 나남.

황아란(2008), “영남 지역주의의 지속성과 변화: 긍정적, 부정적 정당태도를 중심으로”, 『21세기정치학회보』 18집 1호.

현재호(2008), “한국사회의 이데올로기 갈등: 정치적 대표체제로서의 정당을 중심으로”, 『한국정치학회보』 42집 4호.

홍석준(2004), “[총선 D-100] 역대 최대 불확실성 선거 예상”, 조선일보(2004. 1. 5).

홍영림(2007), "세대, 이념, 지역구도 약화", 조선일보(2007. 12. 13). http://j.mp/hnv3Uf

_______(2020), "15대 이후 출구조사 5전 5패", 조선일보(2020. 1. 19). https://news.chosun.com/site/data/html_dir/2020/01/17/2020011703129.html

홍지인 · 박수윤(2016), "安 빠진 '박지원 비대위', 安색깔 유지하며 脫지역당 시도", 연합뉴스(2016. 7. 6).

황준범(2012), "전문가 28명 중 21명 "1 · 2당 의석 차이 10석 미만", 한겨레(2012. 4. 8). http://www.hani.co.kr/arti/politics/assembly/527303.html

Abramowitz, Alan (1985), "Economic Conditions, Presidential Popularity, and Voting Behavior in Midterm Congressional Elections", *Journal of Politics*, 47:31-43.

Abramowitz, Alan, David J. Lanoue, and Subha Ramesh (1988), "Economic Conditions, Causal Attributions, and Political Evaluations in the 1984 Presidential Election", *Journal of Politics*, 50:848-63.

Beck, Paul Allen (1979), "The Electoral Cycle and Patterns of American Politics", *British Journal of Political Science*, 9(2):129-56.

Berry, Christopher R. and William G. Howell (2007). "Accountability and Local Elections: Rethinking Retrospective Voting", *The Journal of Politics*, 69(3):844-858.

Bromley, Catherine and John Curtice (2004), "Are non-voters cynics anyway?" *Journal of Public Affairs*, 4(4):328-337.

Burnham, Walter Dean (1970), *Critical Elections and the Mainsprings of American Politics*, New York: Norton.

_______(1974), "The United States: The Politics of Heterogeneity", in Rose R. ed, *Electoral Behaviour: A Comparative Handbook*, New York: Free Press.

Burns, McGregor (2003). *Transforming Leadership*, New York: Grove Press.

Campbell, Angus, Philip Converse, Warren Miller, and Donald Stokes (1960), *The American Voter*, New York: John Wiley & Sons, Inc.

Campbell, James (1985), "Sources of the New Deal Realignment: The Contribution of Conversion and Mobilization to Partisan Changes", *Western Political Quarterly*, 38(3):357-376.

Canovan, Margaret (1984). "'People', Politicians and Populism", *Government & Opposition*, 19(3):312-327.

Carmines, Edward G. (1991), "The Logic of Party Alignments", *Journal of Theoretical Politics*, 3(1):65-80.

Carmines, Edward G. and James A. Stimson (1984), "Two Faces of Issue Voting", *Controversies in Voting Behavior*. 2nd ed., edited by Richard G. Niemi and Herbert F. Weisberg, Washington, D.C.: Congressional Quarterly Inc.

_______(1989), *Issue Evolution-Race and the Transformation of American Politics*, Princeton: Princeton University Press.

Carmines, Edward G., John P. McIver, and James A. Stimson (1987), "Unrealized Partisanship: A Theory of Dealignment", *Journal of Politics*, 49:376-400.

Cho, Kisuk (1998), "Regionalism in Korean Elections and Democratization: An Empirical Analysis", *Asian Perspective*, 22(1):135-136.

_______(2000), "Regional Voting in New Democracies: the Case of South Korea from a Comparative Perspective", *Global Public Policy: Among and Within Nations*, edited by Stuart Nagel, New York: Macmillan.

_______(2003), "Continuity and Change in the 2002 Presidential

Election", *Korea Journal*, 43(2):109-128.

_______(2008), "Presidential Leadership and Trust in Government Revisited: A Comparative Analysis of Presidents Reagan and Clinton", *Journal of American Studies*, 40(1):211-248.

_______(2015), "A Model on the rise and decline of South Korean anti-American Sentiments", *Korean Observer*. Vol. 46-2: 233-264.

Choi, Jang-jip (1993), "Political Cleavages in South Korea", *State and Society in Contemporary Korea*, edited by Hagen Koo. Ithaca: Cornell University Press.

Citrin, Jack (1974), "Comment: the political relevance of trust in government." *American Political Science Review*, 68(3):973-988.

Citrin, Jack and Donald P. Green (1986), "Presidential Leadership and the Resurgence of Trust in Government", *British Journal of Political Science*, 16(4):431-453.

Clubb, Jerome M., William H. Flanigan and Nancy H. Zingale (1980), Partisan Realignment: Voters, *Parties and Government in American History*, Beverly Hills: Sage Publications.

Conniff, Michael L. (1999), *Populism in Latin America*. Tuscaloosa: University of Alabama Press.

Dalton, Russell J. and Martin Wattenberg (2001), *Parties without Partisans*, New York: Oxford University Press.

Dekker, Paul (2007), "'Political cynicism' in the course of time: Negative attitudes towards politics in The Netherlands, 2002-2007", 6-8, ECPR. Pisa, Italy, September.

Downs, Anthony (1957), *An economic theory of democracy*. New York: Harper and Brothers.

Economist (2016), "The Populists are on top", (February 10), http://www.economist.com/blogs/democracyinamerica/2016/02/populists-aretop (검색일: 2017. 1. 11).

Eisinger, Robert M. (2000), "Questioning cynicism", Society, 37(5):55-60.

Erikson, Robert S. and Kent L. Tedin (1981), "The 1928-1936 partisan realignment: The case for the conversion hypothesis", *American Political Science Review*, 75(4):951-962.

_______ (1986), "Voter Conversion and A New Deal Alignment: A Response to Campbell", *Western Political Quarterly*, 39:729-731.

Fiorina, Morris P. (1981), *Retrospective Voting in American National Elections*, New Haven, CT: Yale University Press.

Fiorina, Morris P., Samuel Abrams, and Jeremy Pope (2003), "The 2000 Presidential Election: Can Retrospective Voting Be Saved?", *British Journal of Political Science*, 33(2):163-187.

Franklin, Charles H. (1992), "Measurement and the Dynamics of Party Identification", *Political Behavior*, 14:297-309.

Franklin, Charles H. and John E. Jackson (1983), "The Dynamics of Party Identification", *American Political Science Review*, 77(4):957-973.

Gallup (2016), "Trust in Government", (http://www.gallup.com/poll/5392/trust-government.aspx (검색일: 2016. 11. 30).

_______ (2016), "Job Creation Index", http://www.gallup.com/poll/201203/job-creation-index-ends-2016-high-note.aspx?g_source=Economy&g_medium=newsfeed&g_campaign=tiles (검색일: 2016. 12. 1).

Greenstein, Fred I. (2000), *The Presidential Difference*, Princeton, N.J.: Princeton University Press.

Groenendyk, Eric (2012), "Justifying Party Identification: A Case of Identifying with the 'Lesser of Two Evils'", *Political Behavior*, 34(3):453-475.

Hawkins, Kirk (2009), "Is Chavez Populist?: Measuring Populist Discourse in Comparative Perspective", *Comparative Political Studies*, 42(8):1040-1067.

Held, David (1987), *Models of Democracy*, Stanford: Stanford University Press.

Hibbing, J. R., and J. R. Alford (1981), "The Electoral Impact of Economic Conditions: Who is Held Responsible?", *American Joumal of Political Science*, 25:423-39.

Horowitz, Shale and Sunwoong Kim (2002), "Public Interest 'Blackballing' in South Korea's Elections", *Party Politics*, 8(5):541-562.

Inglehart, Ronald (1977), *The Silent Revolution: Changing Values and Political Styles Among Western Publics*, Princeton, N.J.: Princeton University Press.

_______(1990), *Culture Shift in Advanced Industrial Society*, Princeton: Princeton University Press.

_______(1997), *Modernization and Postmodernization*, Princeton: Princeton University Press.

Jhee, Byong-Kuen (2008), "Economic Origins of Electoral Support for Authoritarian Successors: A Cross-National Analysis of Economic Voting in New Democracies", *Comparative Political Studies*, 41(3):362-388.

Kang, Won-Take (2008), "How Ideology divides Generation? The 2002 and 2004 South Korean Elections", *Canadian Journal of Political Science*, 41(2):877-889.

Key Jr., Vladimer O. (1955), "A Theory of Critical Realignment", *Journal of Politics*, 17:3-18.

_______(1959), "Secular Realignment and the Party System", *Journal of Politics*, 21:198-210.

_______(1966), *The responsible electorate*, Cambridge: Belknap Press of Harvard University Press.

Kinder, Donald R. and D. Roderick Kiewiet (1979), "Economic Grievances and Political Behavior: The Role of Personal Discontents and Collective Judgments in Con-gressional Voting", *American Journal of Political Science*, 23:495-527.

Kitschelt, Herbert (2002), "Popular Dissatisfaction with Democracy: Populism and Party Systems", In Yves Mény and Yves Surel eds., *Democracies and the Populist Challenge*, York: Palgrave.

Kramer, Gerald H. (1983), "The Ecological Fallacy Revisted: Aggregate- vs. Individual- Level Findings on Election, and Sociotropic Voting", *American Political Science Review*, 77:92-111.

Krouwel, André and Koen Abts (2007), "Varieties of Euroscepticism and populist mobilization: transforming attitudes from mild Euroscepticism to harsh Eurocynicism", *Acta politica*, 42(2):252-270.

Krugman, Paul (2007), *(The) conscience of a liberal*. 『미래를 말하다』, 박태일 · 유병규 · 예상한 · 한상완 옮김, 현대경제사회연구원, 2008.

Kuklinski, James H. and Darrell M. West (1981), "Economic Expectations and Voting Behavior in United States Senate and House Elections", *American Political Science Review*, 75:436-47.

Lanoue, David J. (1994), "Retrospective and Prospective Voting in Presidential-Year Elections", *Political Research Quarterly*, 47(1):193-205.

Lewis-Beck, Michael S. (1988), "Economics and the American voter: Past, present, future", *Political Behavior*, 10(1):5-21

Lipset, Seymour Martin, and Stein Rokkan (1967), "Cleavage Structures, Party Systems, and Voter Alignments: An Introduction", in Seymour M. Lipset and Stein Rokkan eds, *Party Systems and Voter*

Alignments: Cross-National Perspectives, New York: Free Press.

Lockerbie, Brad (1991), "Prospective Economic Voting in U.S. House Elections, 1956-88", *Legislative Studies Quarterly*, 16:239-61.

MacKuen, Michael B., Robert S. Erickson, and James A. Stimson (1992), "Peasants or Bankers? The American Electorate and the U.S. Economy", *American Political Science Review*, 86:597-611.

Markus, G. B. (1988), "The Impact of Personal and National Economic Conditions on the Presidential Vote: A Pooled Cross-Sectional Analysis", *American Journal of Political Science*, 32:137-54.

Mayhew, David (2002), *Electoral realignments: A critique of an American genre*, New Haven: Yale University Press.

Mény, Yves and Yves Surel(ed.) (2002), *Democracies and the Populist Challenge*, New York: Palgrave.

Miller, Arthur H. and Martin P. Wattenberg (1985), "Throwing the Rascals Out: Policy and Performance Evaluations of Presidential Candidates, 1952-1980", *American Political Science Review*, 79:359-72.

Morris, Dick (2000), *(The) new prince: Machiavelli updated for the twenty-first century*, 『신군주론』, 홍대운 옮김, 아르케, 2002.

Mouzelis, Nicos (1985), "On the Concept of Populism: Populist and Clientelist Modes of Incorporation in Semiperipheral Politics", *Politics & Soceity*, 14(3):329-348.

Mudde, Cas (2007), *Populist radical right parties in Europe*, Cambridge, UK: Cambridge University Press.

Mudde, Cas and Cristóbal R. Kaltwasser (2013), "Exclusionary vs. Inclusionary populism: Comparing Europe and Latin Americ", *Government and Opposition*, 48(2):147-174.

Nadeau, Richard, Richard G. Niemi, and Antoine Yoshinaka (2002), "A

Cross-National Analysis of Economic Voting: Taking Account of the Political Context Across Time and Nations", *Electoral Studies*, 21:403-23.

Newman, Saul (1991), "Does Modernization Breed Ethnic Political Conflict?", *World Politics*, 43:451-478.

_______(1992), "The Rise and Decline of the Scottish National Party: Ethnic Politics in a Post-Industrial Environment", *Ethnic and Racial Studies*, 15(1): 1-35.

_______(1994), "Ethno Regional Parties: A Comparative Perspective", *Regional Politics & Policy*, 4(2):28-66.

Nye, Joseph S., Philip Zelikow, and David C. King (1997), *Why People Don't Trust Government*, Cambridge, Mass.: Harvard University Press.

Oh, Jang Hun and Celeste Arrington (2007), "Democratization and Changing Anti-American Sentiments in South Korea", *Asian Survey*, 47(2):327-350.

Pauwels, Teun (2011), "Measuring Populism: A Quantitative Text Analysis of Party Literature in Belgium", *Journal of Elections, Public Opinion & Parties*, 21(1):97-119.

Patterson, Thomas (1993), *Out of Order*, New York: Alfred A. Knopf.

Powell, G. Bingham Jr. and Guy D. Whitten (1993), "A Cross-National Analysis of Economic Voting: Taking Account of the Political Context", *American Journal of Political Science*, 37(2):391-414.

Rosema, Martin (2006), "Partisanship, candidate evaluations, and prospective voting", *Electoral Studies*, 25:467-488.

Schumpeter, Joseph A. (1943), *Capitalism, Socialism, and Democracy*, London: George Allen and Unwin.

Shills, Edward (1956), *The Torment of Secrecy: The Background and*

Consequences of American Security Policies, Michigan University: Free press.

Sörensen, Georg (1993), *Democracy and Democratization*, Westview Press Inc., 『민주주의와 민주화』, 김만흠 옮김, 풀빛, 1994.

Sundquist, James L. (1983), *Dynamics of the Party System*, Washington D.C.: Brookings Institution.

Taggart, Paul A. (2000), *Populism*, Buckingham: Open University Press.

_______(2002), "Populism and the pathology of representative politics", In Yves Mény and Yves Surel eds. *Democracies and the populist challenge*, 62-80. New York: Palgrave.

The Commission on Global Governance (1995), *Our Global Neighborhood: The Report of the Commission on Global Governance*. London: Oxford University Press.

Tufte, Edward R. (1975), "Determinants of the Outcomes of Midterm Congressional Elections", *American Political Science Review*, 69:812-26.

Urbinati, Nadia (1998), "Democracy and populism", *Constellations*, 5(1): 110-124.

Uslaner, Eric M. (1989), "Looking Forward and Looking Backward: Prospective and Retrospective Voting in the 1980 Federal Elections in Canada", *British Journal of Political Science*, 19(4):495-513.

Ware, Alan (2002), "The United States: Populism as Political Strategy", In Yves Mény and Yves Surel eds. *Democracies And The Populist Challenge*, 101-119, New York: Palgrave.

Weisberg, Herbert (1980), "A Multidimensional Conceptualization of Party Identification", *Political Behavior*, 2(1):33-60.

한국 선거 예측가능한가

정당 체계의 변화와 선거예측모형

펴낸날 1판 1쇄 2020년 3월 23일
지은이 조기숙
펴낸이 이승아
펴낸곳 이화여자대학교출판문화원
주소 서울특별시 서대문구 이화여대길 52 (우03760)
등록 1954년 7월 6일 제9-61호
전화 02) 3277-2965(편집), 362-6076(마케팅)
팩스 02) 312-4312
전자우편 press@ewha.ac.kr
홈페이지 www.ewhapress.com
책임편집 이혜지
찍은곳 (주)현문자현

ISBN 979-11-5890-357-2 93340
값 22,000원

이 도서의 국립중앙도서관 출판예정도서목록(CIP)은 서지정보유통지원시스템 홈페이지(http://seoji.nl.go.kr)와 국가자료공동목록시스템(http://www.nl.go.kr/kolisnet)에서 이용하실 수 있습니다. (CIP제어번호: CIP2020010745)